2020—2021年网络舆情热点扫描

姚正凡 刘春阳 著

国际文化出版公司

·北京·

图书在版编目（CIP）数据

2020—2021 年网络舆情热点扫描 ／ 姚正凡，刘春阳
著 . —— 北京 ：国际文化出版公司，2021.7
ISBN 978-7-5125-1322-8

I . ① 2… Ⅱ . ① 姚… ② 刘… Ⅲ . ① 互联网络－舆论
－研究－中国－ 2020－2021 Ⅳ . ① G219.2

中国版本图书馆 CIP 数据核字 (2021) 第 171608 号

2020—2021 年网络舆情热点扫描

作　　者	姚正凡　刘春阳	
统筹监制	吴昌荣	
责任编辑	侯娟雅	
品质总监	张震宇	
出版发行	国际文化出版公司	
经　　销	全国新华书店	
印　　刷	广东虎彩云印刷有限公司	
开　　本	710 毫米 ×1000 毫米	16 开
	19.5 印张	280 千字
版　　次	2021 年 7 月第 1 版	
	2021 年 7 月第 1 次印刷	
书　　号	ISBN 978-7-5125-1322-8	
定　　价	59.00 元	

国际文化出版公司
北京朝阳区东土城路乙 9 号　　　　　邮编：100013
总编室：（010）64271551　　　　　传真：（010）64271578
销售热线：（010）64271187
传真：（010）64271187–800
E-mail: icpc@95777.sina.net

本书参编作者：（按姓氏笔画排序）

王鹏远　牛一丹　龙晓蕾　冯江湖　刘　树

胡　英　钟　欢　詹嘉措　解　峥

前　言

　　2020年是极不平凡的一年，新冠肺炎疫情肆虐全球，中国人民众志成城谱写了抗疫史诗，战胜了史所罕见的风险挑战；中国经济逆势发展，决战脱贫攻坚取得决定性胜利，继续深化改革、扩大开放，外交方面尽显大国风范；教育、就业等民生领域克服疫情影响，稳中求进；网络主流文化在疫情中发挥了凝心聚力的正面作用，网络技术为疫情防控保驾护航。纵观全年，各领域大事要事频发，网上舆论热潮迭起。本书从时政、经济、社会、网络四个维度梳理了2020年的网络舆情热点，力争为读者全面重现2020年的社会发展脉络。

　　本书是此套丛书系列的第四本，该丛书每年出版一本，前后相承，力争完整展示历年来舆情演变的历史脉络，有助于读者连贯地了解我国社会和网络舆情发展态势。

目　录

第一章　治国理政：逆风破浪开新局

2020年是中华人民共和国历史上极不平凡的一年。在世纪疫情和百年变局交织的复杂局面下，以习近平同志为核心的党中央带领亿万人民团结奋斗、苦干实干，在攻坚克难中奏响了实干兴邦的时代强音，凝聚起"开启新征程、扬帆再出发"的底气和信心，交出一份人民满意、世界瞩目、可以载入史册的答卷。回顾2020年，我国克服疫情影响，统筹疫情防控和经济社会发展取得重大成果，成功召开十九届五中全会，持续推进改革开放事业，国家治理能力提升"振奋人心"，外交步伐"英姿飒爽"，党建、内政、外交全面"开花"，获得境内外舆论盛赞。"十三五"圆满收官，"十四五"全面启航，我国仍将乘风破浪、赓续前行，继续唱响中华民族伟大复兴的时代强音。

第一节　五年收官：提速换挡交答卷

2020年，面对世界经济复苏乏力、全球性问题加剧的外部环境，我国始终坚持稳中求进的工作总基调，迎难而上，深化发展"主旋律"，营造创新"新风尚"。2020年，十九届五中全会胜利召开擘画建设新蓝图，脱贫攻坚战如期收官满足人民生活新期待；基础民生工程陆续"发力"打通发展"中梗阻"；科技成果"上天下海"凸显制度新优势，用实际行动奏响"中国之歌"。

十九届五中全会胜利召开

　　2020年10月26日至29日，中国共产党第十九届中央委员会第五次全体会议在北京胜利召开。全会听取和讨论了习近平总书记受中央政治局委托作的工作报告，审议通过了《中共中央关于制定国民经济和社会发展第十四个五年规划和二〇三五年远景目标的建议》和习近平总书记就《建议（讨论稿）》向全会做的说明。自10月19日开始，境内外舆论开始纷纷关注即将召开的五中全会，其中境内新闻报道量达90万条，微博评论和转载量达56万次，论坛、微信公众号等报道和转载量达10.6万次，境外平台报道和转载量达17.9万次。网上有关全会的报道和评论总量超过175.3万条，其中五中全会公报经新华社授权发布当日百度指数跃升至5000。舆论纷纷关注"第十四个五年规划"和"二〇三五年远景目标的建议"，"高质量""发展""全面""创新""新格局"等词汇成为网民热议的焦点。

图1-1　十九届五中全会关键词云图

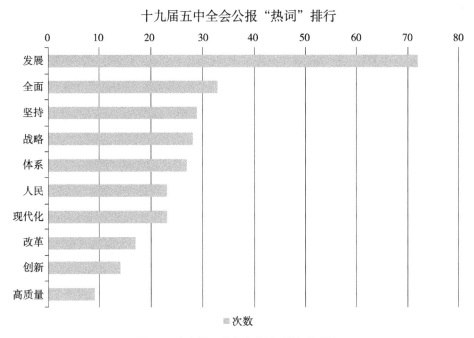

图1-2 十九届五中全会公报"热词"排行

党的十九届五中全会是在实现"两个一百年"奋斗目标、实现中华民族伟大复兴中国梦的伟大进程中，一次具有里程碑意义的重要会议。全会召开后，境内媒体网站纷纷在首页醒目位置对全会进行报道和解读，盛赞习近平主席指挥谋划"十四五"规划为未来擘画新蓝图、开启新征程，并诠释了"中国之治"的独特魅力。中新网称，"十四五"时期是开启全面建设社会主义现代化国家新征程、向第二个百年奋斗目标进军的第一个五年。在"两个一百年"的历史交汇点上，"十四五"画卷即将铺展，一幅更高质量、更有温度、更富活力的发展图景跃然纸上。人民网称，加强顶层设计与坚持问计于民的统一，"十四五"画卷厚铺着破解发展难题、厚植发展优势的底色。央视新闻网称，未来我们将面临更多"顶风逆水"的发展环境，习近平总书记作出的关于新发展格局的重大战略部署，是引领我们开好"顶风船"的指南针。网民盛赞在以习近平同志为核心的党中央领导下实现国家繁荣昌盛、民族伟大复兴将指日可待，纷纷表示："愿在我党领导下，中国大踏步前进。""中华民族的伟大复兴不是梦。""我们的国家会越来越好，现代化强国指日可待。"

脱贫攻坚收官战取得圆满成功

2020年是三年脱贫攻坚战的全面收官之年，也是决战完成脱贫任务、实现脱贫目标的最后一年。如期实现脱贫攻坚目标任务本来就有许多硬骨头要啃，突袭而至的新冠肺炎疫情又增加了难度。面对这次异常严峻的大考，以习近平同志为核心的党中央团结带领全国人民奋勇前进，在脱贫攻坚决战决胜之年写下了浓墨重彩的一笔。2020年1月底，在脱贫攻坚决战决胜关键时刻，国务院扶贫开发领导小组对2019年年底未摘帽的52个贫困县和1113个贫困村实施挂牌督战，吹响攻克脱贫攻坚最后"堡垒"的冲锋号。中央财政专项扶贫资金增加了15.8%，中央和省级财政对52个贫困县投入资金308亿元，各省对1000多个村在扶贫资金上给予倾斜。2月5日，2020年中央一号文件公布，再次对脱贫攻坚做出部署，提出坚决打赢脱贫攻坚战等两大重点任务。这份题为《中共中央 国务院关于抓好"三农"领域重点工作确保如期实现全面小康的意见》的文件，明确2020年两大重点任务是集中力量完成打赢脱贫攻坚战和补上全面小康"三农"领域突出短板，并提出一系列含金量高、操作性强的政策举措。3月6日，中央专门召开决战决胜脱贫攻坚座谈会吹响打赢脱贫攻坚战冲锋号。习近平总书记在座谈会上强调，坚决克服新冠肺炎疫情影响，坚决夺取脱贫攻坚战全面胜利，坚决完成这项对中华民族、对人类都具有重大意义的伟业。这一年来，习近平总书记亲自前往全国各地考察脱贫工作，北到长春，南至腾冲，东赴宁波，西行银川，始终心系脱贫攻坚。

此外，东西部扶贫协作，开展消费扶贫行动，建立防止返贫监测和帮扶机制等一系列举措，凝聚了全社会共助脱贫的合力；数百万扶贫干部筑起扶贫、战疫的坚强堤坝，数百位县、市长直播"带货"更是为广大农村地区人口减少了疫情带来的损失，拓宽了致富道路。党和国家一系列举措扎实有效，全国上下团结一心、铆足干劲，为打赢脱贫攻坚收官战打下了坚实的基础。2020年11月23日，贵州宣布最后9个深度贫困县退出贫困县序列，标志着贵州省66个贫困县实现整体脱贫，也标志着国务院扶贫办确定的全国832个贫困县全部脱贫摘帽，全国脱贫攻坚目标任务已经完成。经过8年持续奋斗，我国如期完成了新时代脱贫攻坚目标任务，现行标准下农村贫困人口全部脱贫，贫困县全部摘帽，消除了绝对贫困和区域性整体贫困，近1亿贫困人口实现脱贫，提前10年实现《联合国2030年可持续发展议程》减贫目标。脱贫攻坚战的圆满收官得到了境内外舆论的普遍赞誉。世界银行发布的报告指出，中国在快速经济增长和减少贫困方面取得了"史无前例的成就"；世界银行前行长金墉评价中国的扶贫事业是"人类历史上最伟大的事件之一"。联合国秘书长古特雷斯评价称，过去10年，中国是为全球减贫作出最大贡献的国家。美国联邦参议员桑德斯表示，"中国消除极端贫困的成就，超过了文明史上任何国家"。美国《华尔街日报》则在报道我国贫困县全部脱贫摘帽的文章中表示："这是中国共产党减少社会不平等政策的一项重要成就。"

图1-3　全国22个省区市完成脱贫攻坚目标任务时间

（图片来源：央视新闻）

2020年，我国脱贫攻坚取得的亮眼成绩单，也为全球减贫事业提供了中国方案和中国经验，尤其为广大发展中国家的贫困治理提供了可资借鉴的经验。12月14日，人类减贫经验国际论坛在北京开幕，来自60多个国家及地区、20多个国际组织的200余位代表参会。会上，海外人士高度评价我国为全球减贫事业做出的重大贡献，认为中国丰富的减贫经验值得借鉴。埃及中国问题专家艾哈迈德·萨拉姆表示，如果没有深思熟虑的规划，中国不可能在短时间内实现脱贫，埃及可以向中国学习很多发展经验，中国的扶贫经验尤其宝贵。

2021年2月25日，全国脱贫攻坚总结表彰大会在北京人民大会堂隆重举行，习近平总书记向全国脱贫攻坚楷模荣誉称号获得者颁奖并发表重要讲话，讲话中指出："这是中国人民的伟大光荣，是中国共产党的伟大光荣，是中华民族的伟大光荣！"会上庄严宣告，我国脱贫攻坚战取得了全面胜利，完成了消除绝对贫困的艰巨任务，创造了又一个彪炳史册的人间奇迹。习近平总书记指出，脱贫摘帽不是终点，而是新生活、新奋斗的起点。当前，我国发展不平衡不充分的问题仍然突出，巩固拓展脱贫攻坚成果的任务依然艰巨。党的十九届五中全会将"脱贫攻坚成果巩固拓展、乡村振兴战略全面推进"明确列为"十四五"时期经济社会发展主要目标[①]。2020年12月18日召开的中央经济工作会议也重点提及"全面推进乡村振兴，加快农业农村现代化"，2021年2月21日发布的2021年中央一号文件《中共中央 国务院关于全面推进乡村振兴加快农业农村现代化的意见》则对如何巩固拓展脱贫攻坚成果同乡村振兴有效衔接、如何接续推进脱贫地区乡村振兴等提出解决方案。2021年2月25日，国家乡村振兴局挂牌亮相，标志着我国开启全面推进乡村振兴的崭新时代。我国的脱贫攻坚事业已踏上新征程，未来必将在更加辉煌壮阔的道

---

① 张德勇：《新时代脱贫攻坚战取得完胜》，中国青年报，2020-12-14。

路上行稳致远。

对外开放再启新征程

在中国40多年改革开放进程中，2020年尤为不同寻常。这一年，突袭而至的新冠肺炎疫情对我国经济社会发展带来了巨大冲击。在疫情最吃紧、最严峻的时候，我国推进改革开放的决心不仅没有动摇，反而更加坚定了在危机中育先机、于变局中开新局的信心。一年来，面对复杂严峻的外部形势、前所未有的挑战压力，以习近平同志为核心的党中央带领亿万人民，以一往无前的奋斗姿态、风雨无阻的精神状态，改革不停顿，开放不止步，在更高起点上推进改革开放。

2020年6月1日，《海南自由贸易港建设总体方案》正式公布。6月3日，海南自由贸易港11个重点园区同时挂牌，利用制度创新优势，率先实施相关政策和进行压力测试，推动海南自由贸易港建设加快发展、创新发展。8月24日，海南公布了中英文《2020海南自由贸易港投资指南》，为全球投资者提供一站式服务。9月28日，海南自贸港开通洲际（洋浦—南太平洋—澳大利亚航线）航线，填补了海南与菲律宾、巴布亚新几内亚、澳大利亚的海运航线空白。12月1日，海南自贸港首张"零关税"商品清单正式执行。自贸区已经成为我国对外开放的前沿阵地，我们用实际行动向世界表明，我们将一以贯之推动贸易投资自由化便利化，促进全球开放合作。

2020年9月21日，国务院印发《中国（北京）、（湖南）、（安徽）自由贸易试验区总体方案》和《中国（浙江）自由贸易试验区扩展区域方案》。至此，我国自贸试验区数量增至21个，一个覆盖沿海与内陆、东中西协调发展的对外开放新"雁阵"已基本形成。在探索建立自贸试验区的过程中，各地先行先试、探路前行，形成了超过200个创新成果，不少经验已向全国推广。国家税务总局税收科学研究所研究员李平认为，在"加快形成以国内大循环为主体、国内国际双循环相互促进的新发展格局"背景下，自贸试验区将成为我国探索形成新发展格局的试验场，为加快形成新发展格局积累经验，税收则在这片改革开放的高地上，发挥自身力量，助力创新之路，助推开放之门。

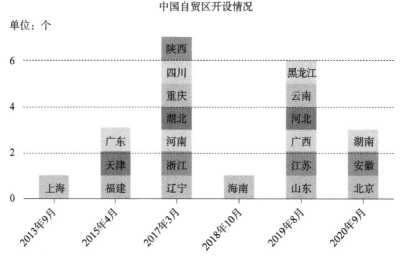

图1-4　中国自贸区开设情况
（图片来源：经济观察网）

2020年8月26日是深圳经济特区建立40周年纪念日。2020年1月20日，深圳市优化营商环境改革工作领导小组印发《深圳市2020年优化营商环境改革重点任务清单》，涉及14个重点领域，提出了210项具体改革举措，让企业发展更安心。10月11日，中共中央办公厅、国务院办公厅对外发布《深圳建设中国特色社会主义先行示范区综合改革试点实施方案（2020—2025年）》，明确在中央改革顶层设计和战略部署下，赋予深圳在重点领域和关键环节改革上更多自主权。10月14日，深圳经济特区建立40周年庆祝大会在深圳隆重举行。深圳大学中国经济特区研究中心主任陶一桃表示，从建立之初，深圳的改革开放就被赋予大胆地试、大胆地闯这一特色，形成了在统筹兼顾原则下坚持特区使命、敢于突破既有经验的"深圳模式"，而这也正是中国道路取得伟大成功的逻辑起点。

2020年也是上海浦东开发开放30周年，同时，上海自贸试验区临港新片区运行已满周年，正在加速勾勒更高水平开放的未来模样。11月11日，国务院常务会议提出，为深化上海自贸试验区改革，在浦东新区开展市场准入"一业一证"改革试点，对于进一步增强市场主体活力，优化稳定、透明、公平、可预期的法制化营商环境，具有重大的现实意义和深远的历史意义。11月12日，浦东开发开放30周年庆祝大会在上海世博中心举行。从全国第一个保税区，到第一个自由贸易试验区，再到定位特殊经济功能区的临港新片区，折射浦东开发开放之路的鲜明特点：坚定不移深化改革开放，与时俱进开展创新探索，先行先试挺立潮头。

2020年，我国对外开放进程中最亮眼的一笔当属《区域全面经济伙伴关系协定》的签署。经过8年谈判，11月15日，由东盟发起、中国等亚太国家参与的《区域全面经济伙伴关系协定》（RCEP）正式签署。在区域联动方面，区域全面经济伙伴关系协定的签署，实现了全球人口最多、经贸规模最大的自由贸易协议。舆论认为RCEP是东亚区域合作极具标志性意义的成果，将有力推动地区经济整体复苏进程，为促进地区发展繁荣增添新动能，将成为拉动全球增长的重要引擎。第一财经称，RCEP协议涵盖了全球近1/3的人口、GDP和贸易总量，协议的签署充分说明了开放和合作仍然是国际经贸关系的主旋律[1]。亚洲开发银行首席经济学家泽田康幸称，RCEP不仅将惠及各成员经济体，还将惠及整个世界，对于整合国际价值链、促进国内改革、重振自由开放的贸易投资体系、推动实现疫后复苏将发挥重要的积极作用[2]。

---

[1]　朱梦韵：《2020年：RCEP签署 开放和合作仍然是国际经贸关系的主旋律》，第一财经，2020-12-31。

[2]　泽田康幸：《观中国|亚行首席经济学家谈RCEP：亚太成果，惠及全球》，中国日报网，2020-12-21。

图1-5　区域全面经济伙伴关系协定相关情况
（图片来源：中华人民共和国商务部网站）

此外，2020年1月1日，《中华人民共和国外商投资法》正式施行，开启了中国高水平对外开放新篇章。6月，国家发改委、商务部发布《外商投资准入特别管理措施（负面清单）（2020年版）》和《自由贸易试验区外商投资准入特别管理措施（负面清单）（2020年版）》。与2019年版相比，2020年版外商投资准入负面清单进一步缩减。12月19日，国家发改委、商务部发布《外商投资安全审查办法》，在法律层面正式确立准入前国民待遇加负面清单管理制度，建立外商投资信息报告制度。12月28日，国家发改委、商务部公开发布《鼓励外商投资产业目录（2020年版）》总条目1235条，比2019年版增加127条，外商投资准入范围进一步扩大。

2020年以来，在复杂严峻的国际形势下，我国率先控制疫情并以一系列更加精准有效的改革开放举措，持续推进复工复产复市，切实维护了全球产业链供应链运行，为稳定世界经济做出了令人瞩目的贡献。联合国贸发会议最新报告显示，2020年上半年，全球跨国直接投资总量同比下降49%，中国仅下降4%。世界银行发布的《全球营商环境报告2020》显示，过去两年间，中国在营商环境方面取得显著进步，营商环境指数位列全球第31位，较上一年提升15位。中诚信研究院院长张英杰表示，这绝非一次简单的名次晋级，而是指标的系统性提升。这一飞跃式发展是中国营商环境进一步优化的集中体现，必将为世界各国在中国投资提供更好更优的环境和更广阔的市场。无论是外商投资准入负面清单进一步缩减，还是自贸试验区、自由贸易港等开放新高地的建设，都有助于持续优化营商环境，成为众多外资企业为中国投下"信心票"的重要原因。2021年1月14日，海关总署发布的数据显示，2020年我国全年进口、出口总值双双创历史新高，成为全球唯一实现货物贸易正增长的主要经济体，推动我国国际市场份额也创下历史新高。中国新闻网称，2020年，世界经济增长和全球贸易遭受严重冲击，我国外贸发展外部环境复杂严峻，在这样困难的情况下，能实现正增长并创出新高，实属不易。路透社、CNN等外媒称，"其他国家已经从中国的经济增长中受益""中国外贸进出口数据为展望疫情后的未来提供了支撑"。

走过千山万水，仍需跋山涉水。历经多年创新探索，21个生机勃勃的自贸试验区，就像一颗颗闪亮的珍珠镶嵌在祖国大地上。面向未来，在习近平新时代中国特色社会主义思想指引下，作为新时代改革开放新高地的自贸试验区，定能乘风破浪、扬帆远航。

基础民生工程取得突出进展

2020年，一批能源、交通等领域的重大民生基础工程取得突出进展，展现了经济活力，传递着中国信心。10月8日，成昆铁路复线仅剩的峨眉至米易段建设一线传来好消息：泸沽安宁河双线特大桥跨京昆高速连续梁于既定节点时间顺利合龙。此次合龙的泸沽安宁河双线特大桥为峨米段重难点工程，具有施工工艺难度高、安全防护难度大、车流量大的特点，是架梁关键通道上的一道"卡脖子"工程。该工程的顺利完成，为下一步架梁、铺轨创造了有利条件。成昆铁路复线全线开通运行后，将大幅提升西南地区的铁路客货运输能力，并加强我国西南地区与西北地区、西部地区与南亚东南亚地区的互联互通。

11月1日，水利部、国家发改委公布，三峡工程已完成整体竣工验收全部程序。至此，"国之重器"三峡工程建设任务全面完成，工程质量满足规程规范和设计要求、总体优良，运行持续保持良好状态，防洪、发电、航运、水资源利用等综合效益全面发挥。三峡工程是迄今为止世界上规模最大的水利枢纽工程和综合效益最广泛的水电工程，极大减轻了长江中下游地区防洪压力，有力支持了华东、华中、广东等地区电力供应，推动了长江经济带发展。2021年1月23日，位于济南市天桥区的泺口浮桥渡口旁，济南黄河隧道工程西线隧道胜利贯通，是"万里黄河第一隧"。至此，我国在建最大直径公轨合建盾构隧道全线贯通。按照计划，2021年10月隧道将建成通车，届时，开车最快4分钟、乘坐地铁2.5分钟可穿越黄河，比绕道济南黄河大桥节约近一小时车程。消息一出引发舆论关注，话题"万里黄河第一隧已全线贯通"冲上1月24日微博热搜，阅读量超8300万。《济南日报》称，长距离、大断面穿越地上悬河，施工难度大、风险高，这必将成为人类开发利用黄河的又一壮举。

2020年12月至2021年1月初，云南滇中引水工程捷报频传。滇中引水工程第二长隧昆呈隧洞9号支洞提前146天完成与主洞段交会，昆明段蔡家村隧洞3号支洞提前两个月贯通，凤凰山隧洞4号支洞提前121天贯通。12月23日，滇中引水工程龙泉倒虹吸盾构掘进突破千米大关，标志着施工建设取得重大突破，夺得了阶段性胜利。2021年1月2日，滇中引水项目的"咽喉"工程狮子山隧洞安全掘进突破10公里，为整个工程提前一年建成通水创造了有利条件。滇中引水工程是目前我国在建规模最大、投资最多的水资源配置工程，被列入国务院172项节水供水十大标志性工程之首，工程竣工后每年平均引水量达34.03亿立方米，将有效缓解滇中缺水的困境，促进云南经济社会可持续发展。

除此之外，一系列民生基础工程均取得亮眼成绩，如广西大藤峡水利枢纽工程左岸工程全面投产运行，河南出山店水库基本建成，"三区三州"深度贫困地区电网建设攻坚任务全部完成，我国自主设计建造的沪苏通公铁大桥实现了五个"世界首创"，彰显了中国制度集中力量办大事的优越性。2020年是决胜全面小康和"十三五"规划的收官之年，我国进一步加大基础设施建设力度，强化高质量发展基础支撑，全力推进重大项目特别是重点民生工程建设，不断增强人民群众获得感、幸福感、安全感。2020年中央经济工作会议提出，以改善民生为导向扩大消费和有效投资，完善支持社会资本参与的机制和政策，更加注重民生基础设施补短板。在以习近平同志为核心的党中央坚强领导下，继续贯彻落实中央经济工作会议精神，民生基础必将进一步夯实。

重大科技成果突破捷报频传

2020年以来，我国科技创新克服疫情防控的不利因素取得重大进展，一大批具有自主知识产权的高科技投入使用或取得里程碑式突破，成为历史答卷中的一个精彩篇章。"问天"奔火、"北斗"闪耀、"鲲龙"击水、"嫦娥"揽月、"九章"飞驰……这些伟大成就体现出中国制度的生命力、凝聚力和战斗力，彰显我国科技发展新高度。

2020年1月11日，被誉为"中国天眼"的500米口径球面射电望远镜（FAST）通过国家验收正式开放运行，是目前世界上最大且最灵敏的射电望远镜，其反射面的面积相当于30个足球场大小。近一年来，"中国天眼"已观测服务超过5200个机时，超过预期设计目标近2倍。据新华网报道，"中国天眼"将于2021年4月1日正式对全球科学界开放，征集来自全球科学家的观测申请。法新社评论称，在此前很长一段时间内，中国在天文观测领域一直处于追赶状态，"天眼"的建成及开放再次凸显了中国迅速崛起的科技实力。

2020年7月23日12时41分，我国首次火星探测任务"天问一号"探测器在中国文昌航天发射场成功升空，正式开启中国人自主探测火星之旅。"天问一号"任务是我国独立开展行星际探测的第一步，将通过一次发射实现对火星的"绕、着、巡"，即火星环绕、火星着陆、火面巡视。"天问一号"着陆器/巡视器组合体携带13项科学仪器，计划对火星进行全方位研究，是近几十年来人类火星探测技术复杂度之最，将打破人类探测火星新纪录。2021年3月4日，国家航天局发布3幅由"天问一号"拍摄的高清火星影像图，包括2幅黑白图像和1幅彩色图像。

2020年7月26日，由我国自主研制的大型灭火/水上救援水陆两栖飞机"鲲龙"AG600成功实现海上首飞，成为继2017年陆上首飞、2018年水上首飞之后的第三次首飞。作为国家应急体系的"空中利器"，水陆两栖飞机"鲲龙"AG600是为满足我国森林灭火和水上救援的迫切需要，首次按照中国民航适航规章要求研制的大型特种用途民用飞机。它与C919、运-20并称国产大飞机"三剑客"，是我国航空工业坚持自主创新取得的又一重大科技成果。《人民日报》称，三次成功首飞是中国航空工业集团大力弘扬"忠诚奉献、逐梦蓝天"的航空报国精神，实施创新驱动战略，加快建设制造强国和科技强国取得的又一个标志性成果，对提升我国综合国力、增强民族自信心和自豪感具有重要意义。

2020年6月23日，我国"北斗三号"全球卫星导航系统最后一颗组网卫星在西昌卫星发射中心点火升空。7月底，北斗卫星导航系统第55颗卫星（北斗三号系统地球静止轨道卫星）完成在轨测试、入网评估等工作，正式入网工作。7月31日，习近平总书记在人民大会堂出席"北斗三号"全球卫星导航系统建成暨开通仪式，并宣布"北斗三号"全球卫星导航系统建成并正式开通服务。"北斗三号"全球卫星导航系统由24颗地球中圆轨道卫星（MEO）、3颗倾斜地球同步轨道卫星（IGSO）和3颗地球静止轨道卫星（GEO）组成。每种类型的卫星都有其独特功用，共同为全球用户提供高质量的定位导航授时服务。北斗部署完成后，我国将拥有完全自主可控的全球卫星导航系统，将在国际上与美国GPS、俄罗斯格洛纳斯"GLONASS"、欧洲伽利略系统同台竞技[①]。中国长安网称，北斗系统是"十三五"期间我国实现第一个百年奋斗目标过程中航天领域完成收官的首个国家重大工程。央视新闻称，北斗卫星导航系统成为中国第一个面向全球提供公共服务的重大空间基础设施，是我国从航天大国迈向航天强国的重要标志。一财网称，北斗系统是我国迄今为止规模最大、覆盖范围最广、服务性能最高、与百姓生活关联最紧密的巨型复杂航天系统。北斗三号全球卫星导航系统正式开通服务，标志着中国自主建设、独立运行的全球卫星导航系统已全面建成，中国北斗开启了高质量服务全球的新篇章。中国卫星导航系统管理办公室主任冉承其表示，北斗系统是中国航天人在建设科技强国征程上立起的又一座精神丰碑，激励着广大科研工作者继续勇攀科技高峰。

北京时间11月10日8时12分，中国"奋斗者"号全海深载人潜水器在马里亚纳海沟成功坐底，深度10909米，创造了中国载人深潜的新纪录，标志着我国在大深度载人深潜领域达到世界领先水平。"奋斗者"号是国家"十三五"重点研发计划"深海关键技术与装备"专项支持的深海重大科技装备。自2020年10月10日起，"奋斗者"号赴马里亚纳海沟开展万米海试，成功完成13

---

① 裴剑飞：《北斗三号已成为世界先进导航系统，未来将更智能》，新京报网，2020-09-06。

次下潜，其中8次突破万米。习近平总书记在贺信中指出，"奋斗者"号研制及海试的成功，标志着我国具有了进入世界海洋最深处开展科学探索和研究的能力，体现了我国在海洋高技术领域的综合实力。

2020年11月24日4时30分，中国探月工程"嫦娥五号"探测器在文昌航天发射场由"长征五号"遥五运载火箭发射升空。火箭飞行约2200多秒后，成功将"嫦娥五号"月球探测器送入地月转移轨道，打响探月工程的收官之战。《人民日报》等媒体纷纷以"'长五'飞天，'嫦五'奔月"等为题进行突出报道。12月17日1时59分，"嫦娥五号"返回器携带月球样品在内蒙古四子王旗预定区域安全着陆，标志着我国首次地外天体采样返回任务圆满完成。作为我国探月工程"绕、落、回"三步走中的收官之战，"嫦娥五号"创造了中国航天史上的五项"首次"，也是人类时隔44年后再次采集月球样品并带回地球，境内外媒体广泛关注此事。美国国家航空航天局（NASA）24日在社交媒体账号上表示，"嫦娥五号"的发射标志着中国致力成为继美国和苏联之后从月球上获取样本的国家。美国《纽约时报》称，这凸显了中国日益增强的太空实力，也是中国迄今最成功的一次太空行动。海外网称，"嫦娥五号"任务作为中国探月工程"绕、落、回"三部曲的最终篇章，它的成功将意味着中国掌握了无人月球探测的最主要基本技术，尤其是掌握从月球返回地球的技术能力，这无疑给载人登月直至月球科研站的设想奠定了坚实基础，意味着中国向航天强国迈出有力的一步。

12月4日，中国科学技术大学宣布该校潘建伟等人成功构建76个光子的量子计算原型机"九章"，求解数学算法"高斯玻色取样"只需200秒，比目前最快的超级计算机快100万亿倍，也等效地比2019年谷歌发布的53个超导比特量子计算原型机"悬铃木"快100亿倍。这一突破使我国成为全球第二个实现"量子优越性"的国家。随着研究成果在国际学术期刊《科学》的刊发，"九章"凭实力出圈，获境外舆论盛赞。英国《自然》杂志以"中国物理学家挑战谷歌'量子优越性'"为题对这一成果进行报道。《科学》杂志审稿人评价这是"一个最先进的实验""一个重大成就"，具有里程碑意义。德国帕德博恩大学的量子光学专家、高斯玻色取样开发者之一克里斯蒂娜·西尔伯霍恩表示，中科大装置的复杂性令人望而生畏。

2020年以来，我国的科技工作者不辱使命，在许多领域实现了从0到1的突破，烙下了中国的印记。浙江大学用自主研发的分析平台绘制出人类首个细胞图谱，中国自主三代核电"华龙一号"全球首堆首次并网成功，新一代"人造太阳"装置中国环流器二号M装置（HL-2M）建成并实现首次发电，由我国自主研发设计、自主制造的世界首台高温超导高速磁浮工程化样车及试验线下线启用，"嫦娥五号"顺利带月壤回来、珠穆朗玛峰重新测量高度、"奋斗者"号成功坐底马里亚纳海沟，这些都证明了中国在科技方面达成了"上九天揽月，下五洋捉鳖"的壮举，让世界为之震撼。党的十九届五中全会提出，把科技自立自强作为国家发展的战略支撑。"十三五"辉煌落幕，"十四五"任重道远。科技自立自强的号角已吹响，将激励我们在攀登科研高峰的道路上踏实前行。

第二节　国家治理：闯关夺隘拓新局

2020年，在全球疫情"肆虐"的背景下，我国国家治理建设蹄疾步稳。我国陆续出台"暖心"政策推动高质量发展，力求在危机中开拓新机，在变局中育新局。从北国到南海，我国各行业建设如火如荼。推动深化改革、加快生态文明建设、推动城乡区域一体化建设、加快民主法治建设等一系列治理能力现代化举措加速落实彰显"中国速度"、诠释"中国温度"。

深化改革夯实制度基础

正是扬帆搏浪时。2020年以来，我国召开7次涉及全面深化改革的会议。中央层面快速布局，狠抓深化改革制度举措，不断将深化改革往纵深推进。全面深化改革委员会会议不断释放"改革"红利，发出新时代改革"最强音"。2020年2月14日，习近平总书记主持召开中央全面深化改革委员会第十二次会议。会议审议通过了《关于新时代加快完善社会主义市场经济体制的意见》《关于进一步推进服务业改革开放发展的指导意见》等7项事关长远的重大改革文件。会议认为，改革到了新的历史关头，必须以更大的政治勇气和智慧，不失时机、蹄疾步稳深化重要领域关键环节改革。

雄关漫道真如铁，而今迈步从头越。2020年以来，面对错综复杂的国际国内形势，以习近平同志为核心的党中央继续坚定不移推进改革开放，中央

表1-1 2020年以来中央全面深化改革委员会会议召开情况

会议名称	召开时间	主题
中央全面深化改革委员会第十二次会议	2020 年 2 月 14 日	完善重大疫情防控体制机制 健全国家公共卫生应急管理体系
中央全面深化改革委员会第十三次会议	2020 年 4 月 27 日	深化改革健全制度完善治理体系 善于运用制度优势应对风险挑战冲击
中央全面深化改革委员会第十四次会议	2020 年 6 月 30 日	依靠改革应对变局开拓新局 扭住关键鼓励探索突出实效
中央全面深化改革委员会第十五次会议	2020 年 9 月 1 日	推动更深层次改革实行更高水平开放 为构建新发展格局提供强大动力
中央全面深化改革委员会第十六次会议	2020 年 11 月 2 日	全面贯彻党的十九届五中全会精神 推动改革和发展深度融合高效联动
中央全面深化改革委员会第十七次会议	2020 年 12 月 30 日	坚定改革信心汇聚改革合力 推动新发展阶段改革取得更大突破
中央全面深化改革委员会第十七次会议	2021 年 2 月 19 日	完整准确全面贯彻新发展理念 发挥改革在构建新发展格局中关键作用

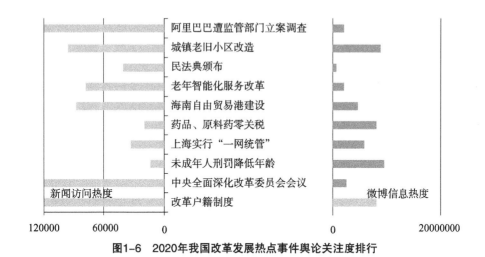

图1-6　2020年我国改革发展热点事件舆论关注度排行

深改委部署的50个重点改革任务和其他75个改革任务基本完成，中央和国家机关有关部门完成143个改革任务，各方面出台268个改革方案。

2020年以来，我国不断加快城镇化建设，加快户籍制度改革，保障基本民生，改革发展成果惠及人民。2020年4月9日，国家发改委印发《2020年新型城镇化建设和城乡融合发展重点任务》的通知指出，为打破阻碍劳动力自由流动的不合理壁垒，促进人力资源优化配置，要督促城区常住人口300万以下城市全面取消落户限制，助推新型城镇化进程。2021年1月31日，中共中央办公厅、国务院办公厅印发的《建设高标准市场体系行动方案》对外公布，成为继2020年我国公布第一份要素市场化配置改革文件后的又一重磅政策。根据方案，我国将在具备条件的都市圈或城市群探索实行户籍准入年限同城化累计互认，试行以经常居住地登记户口制度，有序引导人口落户。该《方案》的出炉意味着户籍改革将更进一步。

同时，我国有序实施城镇老旧小区改造，城镇老旧小区改造"新陈代谢"，实现"旧貌换新颜"。2020年《政府工作报告》提出，坚持房子是用来住的、不是用来炒的定位，因城施策，促进房地产市场平稳健康发展。业内普遍认为，《政府工作报告》坚持"房住不炒"、强调因城施策的总基调，再次显示国家抑制住房投机、稳定楼市的决心，新型城镇化建设和城镇老旧小区改造成为2020年工作的主要发力点①。2020年7月，国务院办公厅印发《关于全面推进城镇老旧小区改造工作的指导意见》，强调要大力改造提升城镇老旧小区，让人民群众生活更方便、更舒心、更美好。这是国务院首次就城镇老旧小区改造工作出台专门文件。2020年1至11月份，新开工改造城镇老旧小区3.97万个，惠及居民近725万户。住房和城乡建设部的最新数据显示，2020年老旧小区改造任务已经超额完成。据统计，2020年全年涉及老旧小区新闻累计达210.63万条，累计新闻评论量达714.56万条。中国经济网称，各地老旧小区改造已全面铺开，有序推进，极大改善了群众的居住条件②。

2020年我国医疗卫生体制改革如火如荼开展。2020年7月，国务院办公厅印发《深化医药卫生体制改革2020年下半年重点工作任务》，明确2020年下半年五项重点任务，要求优化医药卫生资源配置，提升医疗卫生服务水平，推动建立起世界上规模最大的基本医疗保障网络。2020年10月29日，国家药品监督管理局药品审评中心（CDE）公示了第三批临床急需境外新药名单，列入7款境内未上市的新药。新药进入医保目录也实现了加速度，一些具有自主知识产权的临床急需创新药及时纳入医保目录，让广大参保者受益。2020年1月1日开始实施的新版医保目录中，很多药品价格大幅下降。时隔不到一年，国家医保目录再次启动调整。12月14日，2020年国家医保药品目录准入谈判在北京启动，涉及癌症、精神疾病、眼病、儿科等药品品种。此外，2020年8月17日国家医保局公布的《2020年国家医保药品目录调整工作方案》显示，与新冠肺炎相关的呼吸系统疾病治疗用药可以纳入2020年国家医保药品目录拟新增药品范围。舆论纷纷点赞，认为患者就医负担逐步减轻，人民健康状

① 刘波：《促进房地产市场平稳健康发展新型城镇化建设或成工作重点》，中国产经新闻网，2020-05-26。

② 祝伟：《老旧小区改造不妨让居民"点菜"》，中国经济网，2020-12-20。

况和基本医疗卫生服务的公平性可及性持续改善。

生态文明建设进程加快

2020年，我国持续不断构筑生态文明进程，"生态兴则文明兴""绿水青山就是金山银山"等关键字眼刷屏网络。习近平主席强调"促进生态保护同民生改善相结合"，推进生态文明建设，最终目的是为了改善民生。我国不断加快构建生态文明理念，我国领导人在国际场合讲授"中国经验"。9月22日，习近平主席在第七十五届联合国大会一般性辩论上发表讲话时宣布将提高《巴黎协定》下国家自主贡献力度，承诺力争2030年前碳排放达峰，努力争取2060年前实现碳中和。舆论认为习近平主席宣布的中国行动为世界重新燃起了真正希望，在由长期跟踪气候变化的国际人士组成的网络社群里，"雄心勃勃""这是一个惊喜"等评价声音不绝于耳。继9月我国宣布"达峰"和"零碳"目标之后，"推动绿色发展、促进人与自然和谐共生"被写入我国未来五年的规划建议之中；在12月中共中央经济工作会议上，"做好碳达峰、碳中和工作"①也被列为我国2021年8项重点任务之一。在12月12日联合国气候雄心峰会上，习近平主席就未来全球气候治理提出3点倡议并提出中国治理新思路。习近平主席宣布，到2030年，中国单位国内生产总值二氧化碳排放将比2005年下降65%以上，非化石能源占一次能源消费比重将达到25%左右，森林蓄积量将比2005年增加60亿立方米，风电、太阳能发电总装机容量将达到12亿千瓦以上。舆论认为这一系列新举措可视作中国实现碳中和目标的具体行动方案，向国际社会清晰表明，中国应对气候变化的自主贡献承诺绝非"空

---

① 碳达峰是指我国承诺2030年前，二氧化碳的排放不再增长，达到峰值之后逐步降低。碳中和是指企业、团体或个人测算在一定时间内直接或间接产生的温室气体排放总量，然后通过植物造树造林、节能减排等形式，抵消自身产生的二氧化碳排放量，实现二氧化碳"零排放"。

头支票"，而是有明确的路径规划。联合国秘书长古特雷斯指出，中国为《巴黎协定》达成作出极为重要的贡献，为推动净零排放发挥了重要作用，中国还宣布了一系列重要的措施，"中国的方向是正确的，中国正在发挥引领作用"。

与此同时，国内生态治理不断加快，政策文件齐上阵，生态文明建设成为绿色中国发展的"主旋律"。这一年，治理臭氧污染成为确保蓝天保卫战圆满收官的主攻方向。2020年1—5月全国臭氧浓度同比上升2.8%，为有效遏制夏季臭氧污染，顺利完成优良天数比例指标，6月23日，生态环境部印发实施《2020年挥发性有机物治理攻坚方案》，实施夏季挥发性有机物治理攻坚行动，开展了共计5轮次的夏季臭氧污染防治监督帮扶工作，范围覆盖京津冀及周边地区、汾渭平原、苏皖鲁豫交界地区、长三角地区、长江中游城市群等区域，指导地方开展夏季臭氧污染防治。6—9月，全国臭氧浓度同比下降9.4%，臭氧浓度上升的势头得到抑制，蓝天保卫战圆满收官有惊无险。

这一年，长江生态保护政策持续加码。2019年12月27日，农业农村部发布《农业农村部关于长江流域重点水域禁捕范围和时间的通告》，长江"十年禁渔"计划从2020年1月1日开始实施。《通告》要求，长江干流、重要支流和大型通江湖泊最迟自2021年1月1日0时起实行暂定为期10年的常年禁捕。舆论纷纷以《长江"禁渔令"落地要打好持久战》等为题对此进行报道。《经济日报》称，从禁捕退捕攻坚战转向全面禁渔持久战，要水上岸上一起抓，非法捕捞非法交易一起管，正向激励反向约束一起用。从生态环境看，2020年，长江流域水质发生显著变化，2020年首次实现消除劣Ⅴ类水体。2021年3月1日，《中华人民共和国长江保护法》正式实施，舆论纷纷认为长江保护法作为我国首部流域专门法律，为长江大保护穿上"法治护甲"，将更有利于长江流域生态系统的全面保护。

此外，黄河流域生态保护和高质量发展被党中央作为一项重大战略部署持续推进。2020年1月3日，中央财经委员会第六次研究黄河流域生态保护和高质量发展问题，强调坚持因地制宜、分类施策，发挥各地比较优势。2020年8月31日，中共中央政治局召开会议审议《黄河流域生态保护和高质量发展规划纲要》，黄河流域生态保护和高质量发展由此上升为重要的国家战略、国家意志，揭开了黄河流域生态保护和高质量发展的新篇章，进入了新的历史时期。2020年12月9日，黄河流域生态保护和高质量发展领导小组举行全体会议，落实《黄河流域生态保护和高质量发展规划纲要》，就扎实做好黄河流域生态保护和高质量发展各项工作进行研究部署。

我国一直不断践行绿水青山的理念，传承做好生态保护。2020年11月2日，《关于全面推行林长制的意见》在中央深改委第16次会议上审议通过。2021年1月，中共中央办公厅、国务院正式印发《关于全面推行林长制的意见》，并就全面推行林长制提出了具体工作要求。同之前已全面推行的河长制、湖长制一样，林长制为维护森林河湖健康生命、实现功能永续利用提供制度保障。2020年12月29日，生态环境部印发《生态保护红线监管指标体系(试行)》，并同步发布了7项生态保护红线标准，对生态保护红线的面积、性质、功能和管理情况开展日常监管、年度和5年成效评估工作。相关新闻访问量达23.4万次，网民纷纷为此点赞，认为我国的生态环境将日益修复向好。2021年1月4日，生态环境部公布《关于加强生态保护监管工作的意见》，明确要求各级生态环境部门"将生态保护监管关键指标纳入各地高质量发展考核指标体系，实行举报奖励制度"。此外，我国多地积极探索生态环境损害赔偿制度改革，多措并举助力我国生态可持续发展。

民主法治建设足音铿锵

2020年在国家立法史册上注定将刻下刻骨铭心的篇章。这一年，国家立法机关此起彼伏的立法修法、绵延不断的"重大决定",写下了荡气回肠的立法传奇,2020年也成为名副其实的"法治年"。

2020年最牵动人心的立法成果,莫过于被称为"社会生活的百科全书"的民法典。2020年5月28日,第十三届全国人民代表大会第三次会议表决通过了《中华人民共和国民法典》,并已于2021年1月1日正式施行。《民法典》是我国历史上第一部以法典命名的标杆性大法,共7编、1260条,各编依次为总则、物权、合同、人格权、婚姻家庭、继承、侵权责任以及附则。自2015年3月正式启动,到2019年底整合成完整的民法典草案,再到2020年正式通过,《民法典》编纂历时5年多、跨越两届全国人大,是紧随时代步伐的制度创新,其新立或修改的条款多达588条,接近总量的一半。大到人格权独立成编,小到增设离婚冷静期,《民法典》处处融入了权利的温度、法律的情怀。新浪微博话题"民法典""民法典将怎样影响我们的生活""民法典2021年1月1日起施行"等阅读量均超过4亿次,法典中新增的30日内可撤回离婚登记申请的相关规定引发社会对"离婚冷静期"的激烈讨论,"离婚冷静期"话题更是多次冲上微博热搜。《人民日报》称,民法典的正式实施是我们在法治轨道上推进国家治理体系和治理能力现代化的又一个里程碑事件,是新时代社会主义法治建设的重大成果。

2020年以来,面对史无前例的疫情挑战,国家立法机关坚守法治思维,以紧锣密鼓的立法、修法节奏,为举国抗疫源源不断地提供法制利器,在立法史上留下了深深嵌入"抗疫"标记的独特轨迹。2020年2月24日,正当抗疫之战进入关键时刻,全国人大常委会出台了"关于全面禁止非法野生动物交易、革除滥食野生动物陋习、切实保障人民群众生命健康安全的决定",彻底叫停一切交易和食用陆生野生动物的行为,这是从源头防控疫情的重大制度突破,也为抗疫立法树立了最初的样板。2020年4月下旬,全国人大常委会发布"强化公共卫生法治保障立法修法工作计划",该计划直面新冠疫情暴露的诸多法制短板，拟在2020—2021年制定修改的法律多达17件，拟综合统筹、适时制定修改的相关法律13件。这是人大首次就专门领域制定立法计划，标志着公共卫生法制的整体重构、全面升级正式进入了快车道。与疫情防控息息相关的《中华人民共和国野生动物保护法(修订草案)》于2020年10月进入一审程序，《中华人民共和国动物防疫法》于2021年1月22日修订通过并将于2021年5月1日起施行，不断为决胜抗疫战争、保护国民安全凝聚法制合力。

2020年以来，以"国家安全"为使命的立法行动高歌猛进，聚焦重点议题，突入多个方向，在立法史册上写下了重彩浓墨的篇章，其中极为引人瞩目的是应对香港时局的立法之作。2020年5月28日，十三届全国人大三次会议通过《全国人民代表大会关于建立健全香港特别行政区维护国家安全的法律制度和执行机制的决定》。6月30日，十三届全国人大常委会第二十次会议全票通过《中华人民共和国香港特别行政区维护国家安全法》。2021年3月5日，全国人大常委会副委员长王晨在十三届全国人大四次会议上作关于《全国人民代表大会关于完善香港特别行政区选举制度的决定（草案）》的说明，强调将对香港特别行政区选举委员会重新建构并增加赋权，继续由该委员会选举产生行政长官。舆论认为，香港国安法堵住了香港维护国家安全的法律和制度漏洞，使"一国两制"在香港的实践进入新里程，而对香港选举制度的完善和改革将从根本上打击香港近年来愈演愈烈的歪风邪气，确保香港政治生活回到正确的轨道上。与此同时，国家安全立法还向更为专业、细分的领域挺进，其中的代表作当数2020年10月同时问世的《中华人民共和国生物安全》和《中华人民共和国出口管制法》。此外，在总体国家安全观的引领下，越来越多的立法融入了"国家安全"色彩。6月，《中华人民共和国档案法》修法完工，《中华人民共和国数据安全法(草案)》启动一审；10月，《中华人民共和国国旗法》和《中华人民共和国国徽法》同步修法告成，并于2021年1月1日起施行。

2020年以来，一系列法律法规密集修订或出台，民主法治建设迈出铿锵步伐，引领公共治理，破解现实困局。《中华人民共和国公职人员政务处分法》通过并施行，《中华人民共和国行政处罚法》修订通过并将于2021年7月15日起施行，《中华人民共和国监察官法（草案）》首次提请全国人大常委会审议，与"公权"有关的立法修法对公权运行进行规范与监督；《中华人民共和国未成年人保护法》和《中华人民共和国预防未成年人犯罪法》分别于2020年10月和12月由第十三届全国人大常委会修订通过并将于2021年6月1日起施行，以"未成年人"为关键词的两部法律携手大修，为国家撑起法律保护伞；《中华人民共和国固体废物污染环境防治法》于2020年4月完成时隔15年后的又一次大修，《中华人民共和国长江保护法》于2020年12月26日通过并已于2021年3月1日起施行，环境资源领域的法制建设一修一立，助推绿色发展新篇章。2020年以来，《中华人民共和国退役军人保障法》正式施行，《中华人民共和国刑法修正案（十一）》《中华人民共和国海警法》诞生并已正式施行，新修订的《中华人民共和国国防法》《中华人民共和国人民武装警察法》施行，《中华人民共和国专利法》《中华人民共和国著作权法》修法告捷并即将施行，《中华人民共和国个人信息保护法（草案）》首次亮相并公开征求意见，《中华人民共和国安全生产法（修正草案）》公开征求意见……我国立法工作多维突进，以法激活发展动力，以法奠定强军卫国新基石，结出了多姿多彩的法制硕果。

区域发展战略加快落实

2020年，我国克服疫情对经济发展造成的不利影响，加快落实区域发展战略，继续推动西部大开发、东北全面振兴、中部地区崛起，深入推进京津冀协同发展、粤港澳大湾区建设、长三角一体化发展，推动成渝地区双城经济圈建设，区域联动融合发展被持续注入动能。

粤港澳大湾区建设加速推进。2020年5月，中国人民银行、银保监会、证监会、外汇局发布《关于金融支持粤港澳大湾区建设的意见》，从促进粤港澳大湾区跨境贸易和投融资便利化、扩大金融业对外开放、促进金融市场和金融基础设施互联互通、提升粤港澳大湾区金融服务创新水平、切实防范跨境金融风险等5个方面提出26条具体措施。8月，《粤港澳大湾区城际铁路建设规划》获国家发改委批复，开启提升大湾区城际交通供给质量、引导和支撑大湾区建设新征程。10月，中共中央、国务院办公厅印发《深圳建设中国特色社会主义先行示范区综合改革试点实施方案(2020—2025年)》，首批40项授权事项清单正式对外发布；一系列意见、规划、方案相继推出，深入推进粤港澳大湾区建设。2020年，第128届广交会、第七届中国（深圳）国际旅游博览会等一系列展会在粤港澳大湾区举行，"2020·5G创新应用大会"在广州召开，粤澳宣布开通横琴口岸新旅检区域，横琴"澳门新街坊"项目持续推进，助力"双循环"新发展格局。此外，粤、港、澳三地还大胆创新合作模式，实现粤港澳大湾区的融合创新发展。借鉴2018年成立的深汕特别合作区的"飞地"治理模式，2020年5月，广州清远经济特别合作区正式启动，将清远市辖区范围内的近113平方公里土地交由广州黄埔区开发建设；珠海将粤澳合作产业园余下的2.57平方公里土地按"澳门特区政府牵头，横琴新区全力配合，琴澳双方共同参与"的方式重启招商，重点瞄准高新技术产业和人工智能、生物医药、数字经济等战略性新兴产业和高端服务业。粤港澳大湾区通过协同创新，促进各种生产要素在湾区城市之间的快速便捷流通，实现了高质量一体化发展。

成渝地区双城经济圈建设跑出"加速度"。2020年1月3日，习近平总书记在中央财经委员会第六次会议上提出，大力推动成渝地区双城经济圈建设。继长三角、粤港澳大湾区和京津冀三大增长极之后，中国西部正式启动建设新增长极。2020年"两会"上，推动成渝地区双城经济圈建设被写入政府工作报告。10月16日，习近平总书记主持召开中央政治局会议，审议《成渝地区双城经济圈建设规划纲要》，为成渝地区成为带动全国高质量发展的重要增长极和新的动力源作出系统谋划和战略部署。一年中，重庆市委五届八次、九次全会，四川省委十一届七次、八次全会，都以推动成渝地区双城经济圈建设为主题或主要内容；川渝两省市均将成渝地区双城经济圈建设作为战略引领，统揽"十四五"各项重点工作。川渝两次召开党政联席会议，共同制定一系列实施方案，一年来签署各类合作协议236份；共同推动开工建设27个标志性引领性项目，完成投资354亿元；包括产业合作在内的重大项目总投资额超5500亿元。短短一年间，在双城经济圈战略的引领下，川渝两地以成渝为龙头，迸发出前所未有的合作热情，在制度创新、基础设施互联互通、经济民生合作领域均取得重大突破，如同满载的"成渝号"中欧班列一样跑出了"加速度"，成为落实中央"一盘棋、一体化"发展要求的典型代表。

长三角一体化迈向新格局。2020年是实施《长江三角洲区域一体化发展规划纲要》的第一个完整年份，也是《长三角地区一体化发展三年行动计划（2018—2020年）》的收官之年。2020年8月20日，习近平总书记在安徽合肥主持召开扎实推进长三角一体化发展座谈会并发表重要讲话，对长三角一体化发展面临的新形势新要求作出最新战略部署。这是总书记2020年考察期间召开的第一个跨省专题座谈会，也是长三角一体化发展上升为国家战略以来总书记首次就这一重大战略专门召开座谈会进行部署。一年多来，在科技、金融、产业、基础设施建设等重大项目和重点领域上，长三角区域发展推进的步伐可谓"乘风破浪"：国家税务总局在长三角地区进一步推出10项税收征管服务措施，安徽合肥和上海张江的两大综合性国家科学中心正加紧建设，长三角一体化金融总部在上海成立，沪苏通铁路正式开通运行等。长三角区域合作办公室介绍，2020年长三角产业链跨区域协同发展进一步提速，三省一市加快集成电路、人工智能、生物医药、民用航空、新能源及智能网联汽车等战略性新兴产业龙头企业跨区域布局，优化产业链、创新链资源配置。此外，长三角生态建设加速推进。2020年6月18日，《长三角生态绿色一体化发展示范区国土空间总体规划（草案）》对社会公示。这是国内首个省级行政主体共同编制的跨省域国土空间规划，在全国具有首创意义。紧随其后，7月3日，《关于支持长三角生态绿色一体化发展示范区高质量发展的若干政策措施》重磅发布。习近平总书记11月13日在扬州考察时指出，生态文明建设在推动长三角一体化发展中占有重要地位，目前的长三角一体化发展从顶层规划到实际推动都取得了明显的成果，还要继续抓下去。以上海为龙头的长三角三省一市一年多来交出了高质量答卷，已开始在新的发展格局中找准发力点和突破口，通过国内、国际两个层面，实现更多新的增长点和增长极。中国人民大学长江经济带研究院院长罗来军称，长三角区域在国家经济社会发展中处于"领头羊"的地位，具备了率先形成新发展格局的重要条件。

京津冀协同发展驶入快车道。2020年，京、津、冀三地在交通、生态、产业等重点领域的协同发展方面取得积极进展。交通是京津冀协同发展率先突破的三个重点领域之一，京雄城际铁路年底全线开通运营及雄安站的顺利竣工成为舆论关注的焦点。2020年12月27日，北京至雄安新区城际铁路大兴机场至雄安新区段开通运营，京雄城际铁路实现全线贯通，雄安站同步投入使用。北京西站至雄安新区间最快旅行时间50分钟，大兴机场至雄安新区间最快19分钟可达。《人民日报海外版》称，作为中国建设的又一条智能高铁，京雄城际铁路在多项关键技术上取得了新的突破，以一个智慧大脑为核心，从智能建造、智能装备和智能运营三个方面描绘出智慧京雄的新蓝图[1]。除了

---

[1] 严冰、贾雪彤、黄嘉莹：《京雄城际铁路——中国高铁的"智慧名片"》，人民网，2021-01-12。

京雄城际铁路外，延崇高速建成通车，津石高速全线开通，京唐城际铁路、京滨城际铁路等多条高铁建设不断推进，京津冀协同发展正在因"高铁成网、普速成环"蓬勃发展的轨道交通而迸发出新时代的活力。与此同时，北京"大城市病"等突出问题得到缓解，生态环境联建联防联治跨上新台阶，产业联动发展取得重大进展，《京津冀协同发展规划纲要》2020年中期目标如期实现。

第三节 外交风范：守望相助共担当

2020年，全球新冠肺炎疫情蔓延，全球经济艰难"爬坡"，在面临百年未有之大变局的环境中，我国的外交战线在以习近平同志为核心的党中央坚强领导下，科学统筹国内国际两个大局。2020年以首脑外交为引领，以抗疫合作为主线，主动为国家担当，积极对世界尽责，守望相助、团结前行，中国外交体现"笃定"、彰显"气质"、赓续"和平"、续写"人类命运共同体"。

首脑外交领航掌舵发出"中国声音"

2020年，在全球新冠肺炎疫情蔓延背景下，我领导人继续开展务实外交、掌舵前行。2020年，习近平总书记亲自设计、亲自指挥、亲力亲为；秉持"人类命运共同体"理念，积极对外传播"中国声音"，有力彰显中国与世界各国肩并肩抗击新冠肺炎疫情的决心。通过"云外交"理性传达"中国声音"、展现中国担当精神成为中国首脑外交在2020年的新亮点。

国家首脑亲力亲为，出席活动频次多，展现大国领袖风范。纵观2020年全年，新冠肺炎疫情肆虐全球，习近平主席以大国领袖的全球视野和使命担当密集开展元首外交，同外国领导人及国际组织负责人会晤。据统计，2020年全年，习近平主席以"云外交"的方式同外国领导人和国际组织负责人会晤、通话87次，出席22场重要双多边活动，为深化互动关系起到了"定海神针"之效。2020年11月，从上海合作组织成员国元首理事会会议到金砖国家领导人会晤，从亚太经合组织（APEC）领导人非正式会议到二十国集团（G20）领导人峰会，习近平主席连续出席四场重量级多边"云峰会"，就加强国际抗疫合作、推动世界经济复苏、完善全球经济治理等关键问题，密集提出"中国方案"。在中国积极推动和与会各方共同努力下，上合组织成员国领导人发表了关于共同应对新冠肺炎疫情等6份声明，金砖国家制订了《金砖国家经济伙伴战略2025》，APEC领导人非正式会议通过了《2040年亚太经合组织布特拉加亚愿景》①。无论是开展双边交往，还是出席多边活动，习近平主席在各种外交场合主动回应外界关切，系统宣介中国发展新政策、新理念，全面阐释中国发展与世界发展的内在关系。

首脑外交形式多样化，为中国外交夯实沟通基础。得益于新技术和新业态的日新月异，2020年，习近平主席代表党中央和中国人民通过致慰问电、贺电等方式密集开展"电话外交""书信外交"，致力于不断推动各国关系发展。10月3日，习近平主席致电美国时任总统特朗普，就特朗普夫妇感染新冠病毒致以慰问。相关消息发布后，在新浪微博得到网民关注量达11.4万，评论共计10.6万条。此外，习近平主席不断与国外高层加强沟通，先后出席二十国集团领导人应对新冠肺炎特别峰会、第73届世界卫生大会视频会议，亲自主持中非团结抗疫特别峰会，为全球战"疫"凝聚强大合力。南非独立在线新闻网站评论称，"中国正在向我们展示'人道待人'的真正含义，并表

---

① 郝薇薇：《"大国的样子"——2020年中国元首外交的世界回响》，新华网，2020-12-30。

明自己是一个负责任的全球大国。"①12月8日，习近平主席同尼泊尔总统班达里互致信函，共同宣布珠穆朗玛峰高程，提出积极推进珠穆朗玛峰生态环境保护和科学研究合作，守护好两国人民共同的宝贵财富和家园。舆论认为，总书记为珠穆朗玛峰与尼政府沟通将继续深化两国互信基础。

我领导人积极利用国际等多边舞台，发出"中国声音"。2020年9月底至10月初，习近平主席应邀以视频方式出席联合国成立75周年系列高级别会议，先后在联合国成立75周年纪念峰会、第七十五届联合国大会一般性辩论、联合国生物多样性峰会及联合国大会纪念北京世界妇女大会25周年高级别会议上发表重要讲话。在联合国这一最重要的多边舞台，习近平主席就国际社会面临的重大挑战、事关人类前途命运的时代命题，向世界发出中国声音，提出中国方案，阐明中国立场，展示出博大的世界胸怀、坚定的大国担当②。习近平主席在各类国际会议和重要纪念典礼上正式提出的重大理论创新成果通过国内外媒体传播引发国际社会反响和认同。9月3日，习近平主席在纪念中国人民抗日战争暨世界反法西斯战争胜利75周年座谈会上发表重要讲话后，乌兹别克斯坦国立世界语言大学教授图尔苏纳利·库兹耶夫表示，习近平主席的讲话反映出中国人民对浴血奋战换来的和平的珍视，牢记历史、不忘国耻，又释放出维护世界和平的坚定决心，传递出中国和平发展的正能量③。2021年1月25日，习近平主席应邀以视频方式出席世界经济论坛"达沃斯议程"对话会并发表题为《让多边主义的火炬照亮人类前行之路》的特别致辞。习近平主席在致辞中指明了多边主义的"真伪之辨"，并首次提出"21世纪的

① 郝薇薇：《"大国的样子"——2020年中国元首外交的世界回响》，新华网，2020-12-30。

② 陈杉、王雅晨、金正：《第一报道 | 4个关键词，读懂习主席的"联合国云时间"》，新华网.2020-10-02。

③ 赵焱、陈威华、陈序等：《综合消息：以史为鉴维护世界和平 面向未来寄望中国发展——多国人士热议习近平在纪念中国人民抗日战争暨世界反法西斯战争胜利75周年座谈会上重要讲话》，新华网，2020-09-04。

多边主义"这一表述。舆论纷纷聚焦这场关键之年的关键致辞，点赞习近平主席为当下迷茫中的世界指明了发展的方向和路径，将有力促进重建全球互信、凝聚全球共识、团结全球力量，推动世界共同迈向人类命运共同体。

首脑话语积极词汇频现，亲和力受热赞。习近平主席通过"云外交"活动，发表的讲话振聋发聩、耐人寻味，充分彰显了大国领袖的全球视野和使命担当。2020年，"团结抗疫""对外援助""医疗服务"等成为高频词汇，我国"生命至上、人民至上"抗疫理念得到国际社会的普遍赞誉，"人类命运共同体""一家亲""大国担当""中国角色"等积极词汇不断刷屏。通过首脑外交搭建平台，加强顶层设计的构建，推动了双边和多边关系的重要进展，用坦诚交流、真诚合作、积极姿态和开放信号，为世界和平和人类发展带来希望与动力。

2020年以来，习近平主席通过"云外交"的方式在国际场合频频贡献中国智慧、展现大国担当，彰显共谋发展、共享红利的大国风范。6月17日，习近平主席在北京主持中非团结抗疫特别峰会并发表题为《团结抗疫 共克时艰》的主旨讲话，提出新冠疫苗研发完成并投入使用后，愿率先惠及非洲国家；加大对疫情特别重、压力特别大的非洲国家的支持力度，包括进一步延长缓债期限等。习近平主席的主旨讲话得到全球舆论的广泛评价和高度好评，

图1-7　2020年元首外交关键词云图

新浪微博相关话题点赞量达30.9万次，评论量累计突破101.08万次，网民纷纷以"厉害了，我的中非关系，我的铁哥们""中非关系长青树"进行点赞。舆论认为，习主席的讲话进一步彰显中非相互支持的坚强底色，中非团结抗疫特别峰会成功举行，在中非关系史上书写了新的篇章。2021年2月9日，国家主席习近平在北京以视频方式主持中国—中东欧国家领导人峰会并发表主旨讲话。会上，习近平主席总结中国—中东欧国家合作四项原则并就新形势下中国—中东欧国家合作发展提出四点建议，引发境内外舆论盛赞。新华网称，站在新起点、探讨新思路、提出新倡议、擘画新蓝图，此次峰会对今后一段时期中国—中东欧国家合作乃至整个中欧关系发展有着重要深远意义。匈牙利工人党主席蒂尔默·久洛表示，"17+1大于18"，中东欧国家和中国的合作为双方带来实实在在的利益，有利于增进人民福祉。

此外，2020年以来，我国积极倡导非传统安全观建设、打击恐怖主义成为中国首脑外交关切事项，赢得了国际社会的广泛共识和赞誉。11月12日，习近平主席在第三届巴黎和平论坛致辞时提出，坚持和平共处，尊重各国发展权利，尊重各国自主选择的发展道路和模式，坚持多边主义，反对单边主义、霸权主义、强权政治，反对各种形式的恐怖主义和极端暴力行径，维护世界公平正义和和平安全。相关讲话得到国际社会与会人士的高度赞誉。新加坡国立大学教授马凯硕称，在应对疫情、气候变暖等一系列全球挑战方面，中国树立了"积极榜样"，期待中国继续为世界"提供领导力"①。

主场外交备受瞩目见证"中国奇迹"

2020年，我国主场外交散发独特的魅力。"搬上云端"的广交会、2020年

---

① 郝薇薇：《"大国的样子"——2020年中国元首外交的世界回响》，新华网，2020-12-30。

图1-8 2020年我国举办的三大主场外交盛会
（图片来源：互联网）

中国国际服务贸易交易会、第三届中国国际进口博览会如期而至。特殊时期，中国架起扩大对外合作的桥梁，提出一系列扩大开放措施。通过举办主场外交，中国对外开放格局不断彰显"魅力"。外媒纷纷评价称，中国在确保防疫安全前提下如期举办盛会，体现了中国同世界分享市场机遇、推动世界经济复苏的真诚愿望。

9月4日，2020年中国国际服务贸易交易会开幕。这是疫情发生以来我国在线下举办的首场重大国际经贸活动。在短短5天会期内，来自148个国家和地区的2.2万家企业和机构、10万人报名参展参会，权威发布成果97项，联盟平台类成果19项，首发创新类成果99项，各省区市、大型中央企业和金融企业共签订协定协议类成果240项。本届服贸会亮点纷呈、成果丰硕，新华网等官方媒体每日推送《服贸会天天看点速览》，力求呈现每日精彩看点。服贸会相关话题百度搜索指数一直呈现高位趋势，9月4日话题指数更是超过20000。舆论纷纷以"风雨后，这道彩虹太美了！""打造永不落幕的服贸会"等为题进行报道。外媒认为，服贸会彰显了中国推动更高水平对外开放的恒心，成为中国宣示摆脱疫情扰动、经济重回正轨的重要举措，更彰显了中国经济的活力、潜力和对世界经济的助推力。日经中文网、韩国《中央日报》等媒体称，中国建立健全跨境服务贸易负面清单管理制度，推进服务贸易创新发展试点开放平台建设，继续放宽服务业市场准入，主动扩大优质服务进口，积极寻求发展利益最大公约数，不断做大"蛋糕"。联合国贸发会议秘书长穆希萨·基图伊在社交媒体上发布服贸会现场图片并分享了在会上获得的信息称，服务贸易占全球经济总量的2/3、就业总量的1/2以上、贸易总量的1/4，服务贸易一定能为大多数国家和地区的发展战略和努力提供支持，以应对新冠病毒带来的挑战。古巴驻美国大使乔赛·卡巴纳斯在服贸会召开前发推称，服贸会是古巴分享产品、能力和潜力的重要平台。古巴哈瓦那省行政委员会副主席路易斯·卡洛斯·贡戈拉也点赞服贸会，认为疫情突发后，本届展览会体现了团结和分享的精神①。境内舆论则聚焦服贸会顺利举行为我营商环境"提气"。《新京报》称，中国通过服贸会平台，向世界传递出推进经济全球化、支持多边主义的坚定信心，无疑对降低疫情影响、推动全球经济复苏起到积极作用。

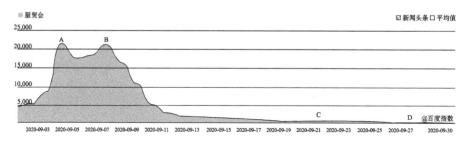

图1-9　百度有关"2020年中国（北京）国际服务贸易交易会"的检索指数趋势图

受疫情防控影响，2020年两届中国进出口商品交易会（简称广交会）在网上举办。6月15日，第127届广交会开幕，50个虚拟展区启动全天候网上推介、供采对接、在线洽谈服务，所有展品于6月15日至24日同期上线展示，展期为10天。广交会在网上举办期间免收参展费用，帮助企业减负纾困。这是广交会举办63年来首次整体搬上"云端"，在为期10天的展会期间，全球

---

① 张琪:《外媒点赞服贸会：中国为服务贸易提供平台加强世界经济联动》，海外网，2020-09-06。

首发、广交会首发产品集中亮相，众多"三自一高"产品为全球采购商呈现一场中国制造"盛宴"。同时，多个相关部门还在知识产权保护、金融服务、通关便利等方面出台举措，为企业拓展经贸合作护航。境内外舆论普遍盛赞"云端"广交会亮点纷呈，是应对当前疫情影响的创新之举。新华网称，10天会期、24小时不间断，"网上广交会"的举办被认为是对中国新型基础设施建设成果的检验。《光明日报》称，"冲上云霄"的广交会以创新之举探索国际贸易发展的新路子，向国际社会表明中国扩大开放、努力维护国际产业链供应链安全的坚定决心[①]。香港《经济日报》称，在网络上举办广交会有助于疫情防控，保证贸易活动正常进行，促进参展商与采购商交流合作，缓解企业困难。

2020年10月15日至24日，第128届广交会在网上举办，来自200多个国家和地区的采购商参会。本届广交会以全球合作伙伴计划和采购商激励计划为抓手，充分利用全球76个国家和地区134家合作伙伴、29个国家和地区41家媒体互惠合作伙伴及其他重要工商机构的渠道和网络，对广交会网上举办进行宣传推广，并在全球举办35场云推介活动。新华网、人民网、中国经济网等网站刊发评论称，广交会积极推动企业参与"双循环"，更好利用国际国内两个市场、两种资源，实现结构更加科学的可持续发展。《证券时报》称，作为中国外贸的"晴雨表"和"风向标"，广交会的成交量对未来半年到一年的贸易形势具有指示性。外媒也积极评价本次广交会的成功举办。澳大利亚维州工商会首席执行官保罗·瓜拉表示，尽管疫情对国际贸易产生了负面影响，但第128届广交会让全世界采购商能够居家参会，轻松地与参展商进行洽谈[②]。

---

① 张翼：《广交会"冲上云霄"》，光明网，2020-06-17。
② 吴少龙：《"云广交"助力双循环 出口韧性有望持续》，证券时报网，2020-10-16。

图1-10　第128届广交会相关情况
（图片来源：互联网）

2020年11月4日，第三届中国国际进口博览会如约而至。第三届进博会在国内外反响热烈。巴基斯坦等8国国家元首、政府首脑及联合国贸发会议、世界卫生组织、世界知识产权组织等4个国际组织负责人线上发表视频致辞。145个国家和国际组织的231名部级以上官员，以及110位世界500强企业及国际智库代表在线上出席开幕式，69个国家驻华使节和国际组织驻华代表线下参会。根据全球经济的新发展、新需求，本届进博会在6大展区的基础上，新设公共卫生防疫专区、智慧出行专区、节能环保专区和体育用品及赛事专区等四大专区，其中医疗器械和医药保健展区堪称整个展会最火爆、最具科技含量的展区之一，新冠肺炎疫苗成为公共卫生防疫专区的焦点。此外，本届进博会的展览能级和水平更高，众多企业携带新产品、新技术、新服务进行"全球首发、中国首展"。据不完全统计，进博会上"首发首展"新品达400多项。各国企业参展踊跃，为674家参展商、1351家采购商提供专业服务，达成合作意向861项，累计意向成交726.2亿美元，比上一届增长2.1%，达到了习近平主席关于进博会要"越办越好"的要求。

诚意靠持续行动展现，担当凭接续政策彰显。11月4日晚，习近平主席在第三届中国国际进口博览会开幕式上的主旨演讲引发境内外舆论高度点赞，百度相关话题指数一跃突破40000。《第三届进口博览会参展商联盟各专业委员会及相关企业报告》发布后引发境外舆论广泛关注。国际社会高度评价进博会"溢出效应"惠及民生，"诚意满满"地拥抱世界，彰显中国开放的决心和恒心，迸发无限活力和强烈磁力，成为全球共享的国际公共产品。英国《金融时报》、美国《华尔街日报》等境外主流媒体网站纷纷点赞我增设10个进口贸易促进创新示范区，兑现扩大开放的格局。美联社称，中国这个世界第二大经济体正在积极促进经济复苏。哈萨克斯坦中国贸易促进协会会长哈纳特·拜塞克称，中国拥有全球最具有发展潜力的消费市场，进博会为各国企业进入中国市场开辟了一条快速通道。法国经济学陕达尼埃尔·阿贝称，第三届进博会有助于世界各地外贸企业提振信心，推动全球经济复苏。

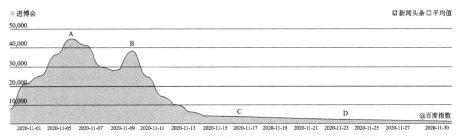

图1-11　百度有关"第三届进口博览会"的检索指数趋势图

"一带一路"扎实推进，获得感十足

2020年，"一带一路"航船继续向前行驶。面对新冠肺炎疫情冲击，"一带一路"国际合作展现出强大韧性和活力，为各国抗疫情、稳经济、保民生发挥了重要作用[1]。2020年，我领导人为"一带一路"发展"指点江山"引发境内外舆论关注。6月18日，习近平主席向"一带一路"国际合作高级别视频会议

[1]　李蓉：《新华国际时评："一带一路"合作驭风前行》新华网，2020-12-20。

发表书面致辞，发出"一带一路"版"中国倡议"，愿努力为全球尽早战胜疫情、促进世界经济恢复做出贡献。习近平主席指出，促进互联互通、坚持开放包容，是应对全球性危机和实现长远发展的必由之路，共建"一带一路"国际合作可以发挥重要作用。7月28日，习近平主席在亚洲基础设施投资银行第五届理事会年会视频会议开幕式上致辞，要求形成更加包容的全球治理、更加有效的多边机制、更加积极的区域合作，获得境内外舆论纷纷点赞。《人民日报》称，习近平主席发出一系列重要倡议，传递与合作伙伴高质量共建"一带一路"的坚定决心，为增强各国抗疫信心、加强协调合作发挥重要引领作用①。塞尔维亚前外长武克·耶雷米奇表示，疫情造成人与人、国与国之间暂时的物理隔阂，而"一带一路"倡议恰恰在推动人与人之间、社会与社会之间的联结②。

2020年"一带一路"合作之路持续拓宽，投资力度继续加大。统计显示，1—11月中国对"一带一路"沿线国家非金融类直接投资159.6亿美元，同比增长24.9%，占同期总额的16.8%，比上年提升3.9个百分点③。国家发改委新闻发言人孟玮11月17日在新闻发布会上称，面对新冠肺炎疫情冲击，共建"一带一路"合作呈现十足韧性，我国已经与138个国家、31个国际组织签署201份共建"一带一路"合作文件，各方面工作取得积极进展。2020年12月17日，国家发改委主任与非洲联盟委员会主席签署《中华人民共和国政府与非洲联盟关于共同推进"一带一路"建设的合作规划》。对此，非洲大陆自贸区贸易促进与项目主管弗朗西斯·曼格尼表示，在非洲大陆有很多中国投资项目，尤其是基础设施项目，有了非洲大陆自贸区，中非经贸合作将更上一层楼，其影响力会得到进一步增强④。

---

① 于景浩、王芳、杨迅等：《持续推进高质量共建一带一路（2020·年终专稿）》，人民网，2020-12-27。
② 李蓉：《新华国际时评："一带一路"合作取风前行》，新华网，2020-12-20。
③ 姚文：《中国对一带一路沿线国家投资增长24.9%》，《国际商报》，2021-01-04。
④ 周东洋：《中非经贸合作将更上一层楼》，中国贸易新闻网，2021-01-07。

2020年，我国同"一带一路"沿线国家增强"命运纽带"，提供力所能及的物资和技术援助，先后向150多个国家和国际组织提供280多批紧急抗疫物资援助。2020年，"一带一路"合作伙伴在疫情中相互支持，缔结起团结抗疫、共同发展的"命运纽带"。尤其，中欧班列在这方面的表现十分突出。2020年全年开行的班列就超过了一万列，将中国与欧洲的20多个国家、90多个城市联通起来，其中运送的紧急医疗物资到2020年11月底就已超过了800万件[①]，成为助力各国抗疫的"钢铁运输驼队"。"空中丝绸之路"运送超过1700吨中国援助医疗物资，搭建起"空中生命通道"。俄罗斯人民友谊大学教授尤里·塔夫罗夫斯基称，疫情对发展中国家的冲击最为严重，许多国家对开展"一带一路"框架下的合作寄予厚望[②]。

2020年，"一带一路"在加快基础设施联通方面持续发力，"厚重感"与"幸福感"收获满满。2020年，"一带一路"共建高质量发展工程，为沿线国家和地区带来沉甸甸的民生实惠。越来越多的"软服务"也走出国门，在国际舞台中发挥中国智慧。12月15日，雅万（雅加达—万隆）高铁1号隧道顺利贯通，这是整个雅万高铁建设的"咽喉"工程；12月21日，巴基斯坦最大交通基础设施项目白沙瓦—卡拉奇高速公路苏库尔至木尔坦段正式交付，两地通车时间从11小时压缩至4小时左右；巴基斯坦瓜达尔港创造多个第一。巴基斯坦中巴经济走廊事务局主席阿西姆·巴杰瓦称，走廊建设及时推进，不仅能帮助南亚国家从疫情中快速恢复，更能帮助本地区摆脱贫困，促进区域内互联互通，实现地区持久和平。境内外舆论积极评价"一带一路"所取得的成就。哈萨克斯坦国际通讯社9月18日发表评论文章《抓住共建"一带一路"巨大机遇实现新形势下全面发展》称，哈萨克斯坦有必要通过参与共建"一

---

① 胡必亮：《"一带一路"在疫情挑战中前行》，光明网，2021-01-04。
② 李蓉：《新华国际时评："一带一路"合作驭风前行》，新华网，2020-12-20。

带一路"合作，抓住发展机遇，实现各经济领域跨越式发展[①]。埃及前总理伊萨姆·沙拉夫表示，"一带一路"倡议源于中国，但惠及世界，未来也必定能在全球治理体系中发挥更重要的作用[②]。

有效融入国际治理彰显"中国形象"

和合共生，命运与共。2020年，中国积极参与全球治理，着眼于"推动改革全球治理体系中不公正不合理的安排"，针对事关中国、事关各国发展与安全的大事，提出全球治理的思想主张，积极推进全球治理体系改革与完善[③]。2020年，我国积极秉持"人类命运共同体"理念。得益于首脑外交顶层设计架构的顺利推进，通过"人类命运共同体"理念顺利推进"对外抗疫"援助，彰显大国担当、大国情怀。2020年，我国积极融入联合国各项事业建设和改革中。我国有序参与国际治理，赢得了国际社会的普遍赞誉。

一是积极融入国际事务，履行"中国责任"，承担"中国使命"。2020年，国家元首陆续参加联合国多项会议展现"大国形象"，积极传递"中国声音"。习近平主席连续出席联合国生物多样性峰会，呼吁各方坚持生态文明，增强建设美丽世界动力，积极分享生物多样性治理和生态文明建设"中国经验"。9月21日，在联合国成立75周年大会上，习近平主席呼吁"四点建议"勾勒联合国发展"新蓝图"。习近平主席在会上提出的中国将始终做多边主义的践行者，积极参与全球治理体系改革和建设得到境内外舆论高度点赞，"中国担当""中国声音""中国使命""中国责任"等词汇"霸屏"网络。10月1日，习近平主席在联合国大会纪念北京世界妇女大会25周年高级别会议上发表重

① 哈通社：《抓住共建"一带一路"巨大机遇 实现新形势下全面发展》，中国新闻网，2020-09-18。
② 《[2020中国答卷 世界瞩目]埃及前总理揭示"一带一路"成功原因》，央视网，2020-12-30。
③ 连俊：《[回顾与展望]全球治理的中国贡献》，中国经济网，2021-01-06。

要讲话，提出4点主张，指出要加快实现性别平等、促进全球妇女事业发展。习近平主席连续参与多场联合国舞台外交活动迅速刷屏，外媒为我积极融入国际事务点赞，认为习近平主席在国际舞台的讲话是"照亮前行方向的希望之光"，将深化全球"同舟共济的命运共同体"。

二是在全球抗疫中秉承守望相助理念，积极与国外对接疫苗研发，共同抗击疫情。2020年，中国积极投身国内和全球抗疫，展现了负责任大国的担当。在全球抗疫的关键时刻，中国明确指出，团结合作是战胜疫情的最有力武器，强调要秉持科学精神，推进国际联防联控和疫苗合作，为国际抗疫合作汇聚了力量[①]。2020年12月31日，国务委员兼外交部部长王毅就2020年国际形势和外交工作接受新华社和中央广播电视总台联合采访时表示，迄今我国已向各国提供了2200多亿只口罩、22.5亿件防护服、10.2亿份检测试剂盒，向150多个国家和10个国际组织提供抗疫援助，向有需要的34个国家派出36支医疗专家组，向世卫组织和联合国相关机制提供资金援助。这些"暖心"行动极大彰显了我国承担全球外交的使命与作用。此外，我国企业同俄罗斯、埃及等"一带一路"伙伴国家合作开展疫苗三期试验均已取得良好效果。有些国家如土耳其、埃及等国已经开始使用中国企业生产的疫苗，更多的国家如菲律宾、印度尼西亚等国也将很快使用中国企业生产的疫苗[②]。我国最早承诺将疫苗作为全球公共产品，致力于让发展中国家用得上、用得起疫苗，积极推进药物、疫苗研发合作，为饱受疫情之苦的发展中国家带来希望。

三是主动参与全球治理变革，继续践行多边主义理念，同各方合力应对各种全球性挑战，继续构建人类命运共同体，推动建设更加公平合理的全球治理体系。参与国际治理，彰显"中国责任"走向更深的维度。2020年，中

---

① 连俊：《［回顾与展望］全球治理的中国贡献》，中国经济网，2021-01-06。

② 胡必亮：《"一带一路"在疫情挑战中前行》，光明网，2021-01-04。

国主动参与新兴领域的国际规则制定，发布《全球数据安全倡议》，旨在与各国共同打造和平、安全、开放、合作的国际网络空间。联合国大会以压倒性多数通过一项关于应对新冠肺炎疫情大流行的广泛决议，敦促会员国通过加强国际合作与团结互助应对疫情，我国对此表示坚决支持并不断用实际行动践行相关决议，不断丰富人类命运共同体理念。《人民日报》称，中国积极引领抗疫国际合作，坚定不移扩大开放，为后疫情时代完善全球治理把脉开方，以实际行动推动人类命运共同体建设走深走实①。

区域外交成果丰硕，推动和平发展

2020年，我国积极与全球各个国家深化关系，积极构建稳定的新型大国关系。以首脑外交为引领，推动同主要大国关系稳定发展，厚植同周边和发展中国家团结友谊，持续深化国际和地区合作，大国与区域合作结出丰厚果实。

中俄关系方面，扎实稳步拓展。2020年以来，习近平主席同普京总统5次通话，多次互致函电，为两国关系的稳步前行发挥了最关键的战略引领作用。两国积极探索，围绕双边关系积极开展交流。双方围绕疫情联防联控、疫苗和药物研发开展了密切协作。两国积极确保产业链、供应链运转，科技创新年活动如期启动，数字经济、电子商务等新业态新模式合作快速拓展。

中非关系方面，持续向好发展。2020年，中方向非洲派出医疗专家组，建立医院对口合作，提供急需抗疫物资，及时开展疫苗合作，中方援建的非洲疾控中心总部项目开工奠基，成为中非团结抗疫的历史见证。双方加快落实中非合作论坛北京峰会成果，尤其是加强卫生健康行动。中方还同非洲12国签署缓债协议，减免15国到期无息贷款，成为G20成员中缓债金额最大的国家。

---

① 《人民日报社评选2020国际十大新闻》，人民网，2020-12-31。

中欧关系方面，合作成果突出。2020年是中国和欧盟建交45周年。中欧关系总体上保持了对话合作的主导面，维护了互利共赢的主基调，展现了与时俱进的生命力[①]。9月14日，在中德欧领导人"云会晤"中，中欧双方宣布签署《中欧地理标志协定》，并决定共同打造绿色合作伙伴、数字合作伙伴关系。《中国知识产权报》称，对于国家而言，协定的签署彰显了中国对对外开放和知识产权保护的重视，有利于经济可持续发展[②]。12月30日，习近平主席同德国总理默克尔、法国总统马克龙、欧洲理事会主席米歇尔、欧盟委员会主席冯德莱恩举行视频会晤，共同宣布如期完成中欧投资协定谈判。消息引发舆论广泛关注，媒体纷纷以《中欧投资协定谈判如期完成："二次入市"迈出第一步》《中欧投资协定是一座里程碑》等为题进行报道，点赞中欧投资协定的签署。网上有关中欧投资协定情况的报道和评论量达33.4万条，相关消息的微博搜索量达97.3万次，"互利共赢""开放经济""收获满满"等高频词成为舆论评论的焦点。国际锐评称，从积极推进区域全面经济合作伙伴协议的签署，到如今完成中欧投资协定谈判，中国一次又一次向世界展示了推进高水平对外开放的信心和决心，体现了作为负责任大国的担当[③]。《证券时报》称，中欧投资协定对标的是国际高水平经贸规则，着眼于制度型开放，是一项平衡、高水平、互利共赢的协定[④]。2021年2月15日，欧盟统计局发布数据显示，2020年中欧贸易总额达5860亿欧元，中国首次取代美国成为欧盟最大贸易伙伴。舆论认为，随着中国2020年成为欧盟最大贸易伙伴，特别是2020年底中欧投资协定谈判如期完成，为中欧经贸合作前景带来更多乐观情绪，未

① 《王毅谈中欧合作的最重要经验、结论和使命》，新华网，2021-01-02。

② 熊花平：《中欧地理标志协定：一张互惠互利的"国际通行证"》，中国知识产权资讯网，2020-12-10。

③ 国际锐评评论员：《[国际锐评]中欧投资协定利好各方》，中央广电总台国际在线，2020-12-31。

④ 云风：《谈妥了！历时七年35轮，中欧投资协定谈判终于完成。将带来什么影响？最新解读来了》，证券时报网，2020-12-31。

图1-12 中欧投资协定关键词云图

来中国和欧盟合作将不断加强。

中国与东盟关系方面，亮点频现。2020年，中国和东盟守望相助、互施援手，率先开展抗疫合作，推动复工复产合作，带动整个东亚成为全球抗疫的示范区、经济复苏的领头羊。第十七届中国—东盟博览会和中国—东盟商务与投资峰会11月27日开幕。东盟博览会举办了150多场线上线下经贸促进活动、签订国际国内投资合作项目86个、签约总额增幅创历年之最，签约总投资百亿元以上国内合作项目4个，签约项目平均投资规模超30亿元，重大项目在体量和质量上均比往届大幅度提升，东博会平台招大引强"磁场"效应持续增强。新华网称，本届东盟会取得丰硕成果，无疑为双方经济社会发展注入新动能，展示了中国与东盟之间巨大的合作潜力。

登高望远天地阔。2020年以来，我国外交事业不断夯实基础，不断向外拓展新思路，不断提升"人类命运共同体"理念，从提出"人类卫生健康共同体"、上合组织四个"共同体"，到全面阐述开放包容、创新增长、互联互通、合作共赢的亚太命运共同体；从与越来越多的友好伙伴构建双边命运共同体，到进一步夯实亚太、中国—东盟、中非、中阿、中拉命运共同体，中国与世界共建命运共同体之路越走越坚实、宽阔。一个重情义、有定力、讲原则、敢担当的中国，必将为世界传递更多温暖与希望，为各国共同发展注入更多信心和力量。

第二章　新冠肺炎疫情：凝心聚力克时艰

2020年新年伊始，突袭而至的新冠肺炎疫情蔓延华夏大地，中华民族面临中华人民共和国成立以来传播速度最快、感染范围最广、防控难度最大的一次重大突发公共卫生事件，这也是近百年来人类遭遇的影响范围最广的全球性大流行病①。在2020年网络热词评选中，"新冠"成为年度最热的词汇，与疫情相关的"新冠肺炎""抗疫""复工复产"三词均上榜。新冠肺炎疫情蔓延全球，全球经济也因此遭受了史无前例的冲击。面对不期而遇的疫情，在以习近平同志为核心的党中央坚强领导下，党政军民学、东西南北中，汇聚起排山倒海般的磅礴伟力，弘扬抗疫精神，同心协力打赢这场疫情防控的人民战争，国内防控形势持续向好，中国经济率先复苏，社会生产生活逐步恢复正常。

第一节　抗疫征程：五洲震荡风雷激

面对突袭而至的疫情，中国迅速采取措施，果断打响疫情防控阻击战，全国合力，采取最全面最严格最彻底的防控措施，有效阻断病毒传播链条。经过艰苦卓绝的努力，中国有力扭转了疫情局势，用一个多月的时间初步遏

---

① 国务院新闻办：《抗击新冠肺炎疫情的中国行动白皮书》，2020-06-07。

制了疫情蔓延势头，用两个月左右的时间将本土每日新增病例控制在个位数以内，用3个月左右的时间取得了武汉保卫战、湖北保卫战的决定性成果，疫情防控阻击战取得重大战略成果，维护了人民生命安全和身体健康，为维护地区和世界公共卫生安全做出了重要贡献①。

新冠肺炎疫情引发舆论高度关注，从百度搜索有关新冠肺炎疫情搜索量变化图可以看出，舆论对疫情的关注度自2020年1月之后逐步上升，在4月20日形成一个高峰。之后国内疫情基本得到控制，但部分地区仍有新增散发疫情，期间出现数次小高峰。到2020年底，由于气温走低，多地出现多点零星散发病例甚至局部聚集性疫情，此外英国等国发现新冠病毒出现变异毒株，新冠疫苗的投入使用，舆情随之再次攀上高峰。

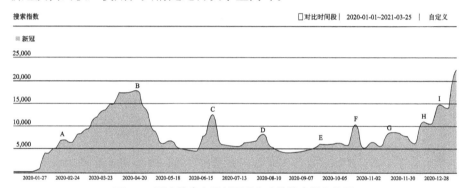

图2-1　百度搜索有关新冠肺炎疫情搜索量变化图

图2-2　网上有关新冠肺炎疫情相关话题词云图

① 国务院新闻办：《抗击新冠肺炎疫情的中国行动白皮书》，2020-06-07。

第一阶段　武汉突现疫情

2020年元旦新年钟声即将敲响之际，新冠肺炎疫情令人猝不及防地出现了。2019年12月27日，湖北省中西医结合医院向武汉市江汉区疾控中心报告不明原因肺炎病例。武汉市组织专家从病情、治疗转归、流行病学调查、实验室初步检测等方面情况分析，认为上述病例系病毒性肺炎。12月31日，武汉医疗机构已经收治了27例不明原因肺炎病例，大部分为武汉市华南海鲜城经营户。其中7例病情严重。病例临床表现主要为发热，少数病人呼吸困难，胸片呈双肺浸润性病灶。国家卫生健康委员会充分重视并采取紧急行动，在12月31日凌晨做出安排部署，派出工作组、专家组赶赴武汉市，指导做好疫情处置工作，开展现场调查。武汉市发布关于疫情的情况通报，并提示公众尽量避免到封闭、空气不流通的公众场合和人多集中的地方，外出可佩戴口罩。

2020年1月1日，国家卫生健康委成立疫情应对处置领导小组，并组织中国疾控中心等科研单位进一步开展病原鉴定。1月3日起，中方定期向世界卫生组织、有关国家和地区组织以及中国港澳台地区及时、主动通报疫情信息。1月7日，中国疾控中心成功分离新型冠状病毒毒株。1月9日，国家卫生健康委专家评估组对外发布武汉不明原因病毒性肺炎病原信息，病原体初步判断为新型冠状病毒。中国将病原学鉴定取得的初步进展分享给世界卫生组织，世界卫生组织网站发布关于中国武汉聚集性肺炎病例的声明，并表示中国在短时间内初步鉴定出新型冠状病毒是一项显著成就。1月10日，中国科学院武汉病毒研究所等专业机构初步研发出检测试剂盒，武汉市立即组织对在院收治的所有相关病例进行排查。1月12日，武汉市卫生健康委在情况通报中首次将"不明原因的病毒性肺炎"更名为"新型冠状病毒感染的肺炎"。武汉地区出现局部社区传播和聚集性病例后，河北等地也开始出现武汉关联确诊病例，中国全面展开疫情防控。1月20日，钟南山院士宣布该病毒"人传人"，呼吁所有人在没有必要的情况下不要前往武汉。

正常国际范围内病毒的命名由国际病毒分类委员会负责，而疾病的命名由世界卫生组织进行。国际病毒分类委员会冠状病毒小组给此次冠状病毒起的英文名为"SARS—CoV—2"，该名称反映了该病毒与导致当年SARS疫情突发的冠状SARS—CoV之间的遗传与相似性。而世界卫生组织给新冠肺炎的正式名称是COVID—19。作为迄今为止最晚发现、感染性最强的冠状病毒，此次的新冠病毒不仅可以通过飞沫、气溶胶、接触传播和母婴传播，还拥有无症状感染者传播这一隐藏"终极杀器"。

第二阶段　举国攻坚　迅速控制疫情

湖北省尤其是武汉市是此次疫情的中心，集中了全国确诊病例和死亡病例中的大多数，是疫情防控的重中之重。2020年1月23日，武汉新增确诊病例70例，累计确诊495例。2月2日，武汉新增病例首次突破四位数，达到1033例。

截至2020年2月3日24时，全国累计报告确诊新型冠状病毒感染的肺炎20438例，累计死亡病例425例，全国死亡率约为2.08%。而湖北一省不仅占了全国近2/3的确诊病例，其414例的死亡病例更是占全国的97.4%，病死率为3.06%左右。在扣除湖北省的数据以后，全国的病死率陡降至0.16%。武汉截至2月3日24时累计确诊6384例，累计死亡病例313例，病死率高达4.90%。中央抓住重点，及时出台政策并采取相关措施，分秒必争，集中力量抓好湖北省尤其是武汉市疫情防控工作，"武汉保卫战""湖北保卫战"全面打响。

各方援驰武汉　"热干面挺住"

中国迅速采取措施，关闭离汉离鄂通道，并在全国范围内严控人员流动。1月23日凌晨2时许，武汉市疫情防控指挥部发布1号通告，23日10时起机场、火车站离汉通道暂时关闭。交通运输部发出紧急通知，全国暂停进入武汉市道路水路客运班线发班。国家卫生健康委等6部门发布《关于严格预防通过交通工具传播新型冠状病毒感染的肺炎的通知》。1月24日开始，从各地和军队调集346支国家医疗队、4.26万名医务人员和965名公共卫生人员驰援湖北省和武汉市。数万名医务工作者前仆后继冲向一线，勇往直前奉献着自己的力量。

1月25日，中共中央总书记习近平主持召开中共中央政治局常务委员会会议，明确提出"坚定信心、同舟共济、科学防治、精准施策"总要求，强调坚决打赢疫情防控阻击战；指出湖北省要把疫情防控工作作为当前头等大事，采取更严格的措施，内防扩散、外防输出；强调要按照集中患者、集中专家、集中资源、集中救治"四集中"原则，将重症病例集中到综合力量强的定点医疗机构进行救治，及时收治所有确诊病人。会议决定，中共中央成立应对疫情工作领导小组，在中央政治局常务委员会领导下开展工作；中共中央向湖北等疫情严重地区派出指导组，推动有关地方全面加强防控一线工作。国家药监局应急审批通过4家企业4个新型冠状病毒检测产品，进一步扩大新型冠状病毒核酸检测试剂供给能力。2月2日开始，在中央指导组指导下，武汉市部署实施确诊患者、疑似患者、发热患者、确诊患者的密切接触者"四类人员"分类集中管理，按照应收尽收、应治尽治、应检尽检、应隔尽隔"四应"要求，持续开展拉网排查、集中收治、清底排查三场攻坚战，初步遏制了疫情蔓延的势头。

各地启动重大突发公共卫生事件应急响应，截至1月29日，全国共有31个省份启动重大突发公共卫生事件一级响应。最全面最严格最彻底的全国疫情防控正式展开，为初步遏制疫情蔓延势头发挥了关键作用。

2月15日，国务院新闻办公室首次在湖北省武汉市举行疫情防控新闻发布会。至2月15日，已有7个诊断检测试剂获批上市，部分药物筛选与治疗方案、疫苗研发、动物模型构建等取得阶段性进展。

火神山、雷神山医院彰显中国制度优势

为了迅速控制疫情，武汉采取了应收尽收、应治尽治的决策，为解决医疗资源相对不足的问题，分5批将44所综合医院改造成定点医院；举国动员各方力量夜以继日建设火神山、雷神山医院，分秒必争改造方舱医院，快速实现"人等床"到"床等人"。

2020年1月23日，武汉决定参照北京小汤山医院模式建设火神山医院、雷神山医院，武汉市城建局紧急召集中建三局等施工单位举行专题会议。1月24日是除夕，火神山医院相关设计方案完成，当天夜里施工现场灯火通明，各种机械开足马力，仅用一天时间，火神山医院大部分土地平整工作完成，钢筋、管材陆续进场。为了在短时间内高效作业，上万名建设者们昼夜不息，争分夺秒；上百台机械24小时轰鸣，施工现场气势磅礴。2月2日，火神山医院工程完工并交付；2月4日，开始正式接诊新型冠状病毒感染的肺炎确诊患者。在全球范围内，要建成500张以上床位的传染病医院，至少需要两年时间，而中国仅仅用了10天。2月8日，武汉雷神山医院交付使用，首批医疗队员进驻，当天晚上8时许收治了首批患者。2月3日，武汉市开始连夜建设三所"方舱医院"，分别是武汉国际会展中心、武汉洪山体育馆和武汉客厅，共设超过4000张床位，主要收治轻症患者与65岁以下的病人。

表2-1　火神山医院建设进度表

日期	农历	进度
1月23日	腊月二十九	武汉决定建设火神山医院
1月24日	除夕	上百台挖机抵达现场，开始土地平整
1月25日	大年初一	正式开工
1月26日	大年初二	防渗层施工全面展开，地下管网沟槽开挖，集装箱板房材料陆续进场
1月27日	大年初三	场地整平，碎石黄沙回填全部完成，首批箱式集装箱板房吊装搭建
1月28日	大年初四	1栋双层病房区钢结构初具规模
1月29日	大年初五	300多个箱式板房骨架安装完成，开始同步进行机电管线作业
1月30日	大年初六	HDPE膜铺设全面完成，同步进行污水处理间设备吊装
1月31日	大年初七	9成集装箱的拼装均已完成，活动板房骨架安装3000平方米
2月1日	大年初八	全面展开医疗配套设备安装
2月2日	大年初九	火神山医院工程完工并交付

（资料来源：互联网）

　　火神山和雷神山医院的建设，从一开始就吸引了大量关注，媒体持续刊登《武汉火神山医院效果图发布！多所医院建设最新进展来了》《武汉火神山医院紧张建设，进度如何?一起来500公里高空俯瞰！》等报道，密切跟踪两所医院的建设情况。央视频开通"慢直播"，向全国网民直播火神山医院和雷神山医院建造过程，每座医院分全景、近景两种镜头，共4个镜头进行施工现场24小时直播，由此诞生了一个网络新词——"云监工"。境内外共计有超过1亿人次观看火神山、雷神山工地的实时直播视频。新华社还在境外社交平台对火神山医院建设现场进行了7场全程报道，每一场都吸引了数十万甚至百万外国"云监工"，更是震撼了无数外国网民，他们纷纷赞叹中国速度、中国力量。系列报道浏览量超过3000万次，转发、点赞、评论超过200万次。火神山医院建成当天，新华社播发的英文报道《中国在武汉10天建成一家医院抗击疫情》浏览量迅速突破1000万次，转发评论超过100万次。海外网民留言表示："令人惊叹的中国。""世界上只有中国能在这么短的时间完成这么大工程。"除了点赞中国速度和中国的制度优势，海外网民还从两座医院的建设中看到了中国应对疫情采取措施的果断有力。"伟大的国家，伟大的政府，勤劳的人民，了不起的全社会协作，强有力的政府，挽救了公民的生命。向所有努力奋斗的工人致敬。"

2月12日，习近平总书记在主持中央政治局常委会会议时指出，经过艰苦努力，疫情形势出现积极变化，防控工作取得积极成效。据统计，2月16日，全国除湖北以外地区新增确诊病例115例，连续第13日呈下降态势。而在新增确诊病例数字不断下降的同时，截至2月16日24时，累计治愈出院病例已经过万。病例数字一降一升之间，是战"疫"取得实效的体现。

湖北以外30个省区市和新疆生产建设兵团新增确诊病例

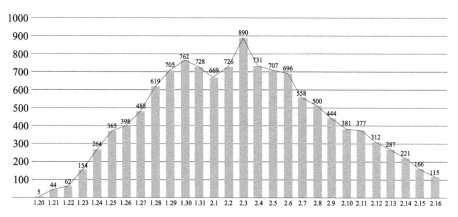

图2-3　湖北以外30个省区市及新疆生产建设兵团新增确诊病例走势图
（数据来源：新华网思客、国家卫健委）

第三阶段　本土新增病例数下降至个位数

自2020年2月中下旬开始，湖北省和武汉市疫情快速上升势头均得到遏制，全国除湖北省以外疫情形势总体平稳。据国家卫健委数据，2月18日全国报告新增确诊1749例，当日新增治愈出院1824例，全国新增治愈出院病例首次超过新增确诊病例。武汉市的疫情也逐步向好。2月20日，武汉市新增确诊病例319例，新增治愈出院病例766例，这是疫情发生以来，武汉市新增治愈出院病例数首次高于新增确诊病例数。为阻断传染源，赢得主动权，2月22日起，武汉要求核酸检测日清日结，实现由被动转主动。40家相关机构开展新冠病毒核酸检测，日均检测能力达2万人份，武汉对"四类人员"的核酸检测"大提速"。

根据疫情防控形势发展，中共中央作出统筹疫情防控和经济社会发展、有序复工复产的重大决策。2月17日，国务院联防联控机制印发《关于科学防治精准施策分区分级做好新冠肺炎疫情防控工作的指导意见》，部署各地区各部门做好分区分级精准防控，有序恢复生产生活秩序。

3月6日，武汉新增确诊病例74例，首次从三位数降至两位数。全国新增本土确诊病例数降至100例以下，11日降至个位数。3月11日至17日，全国每日新增本土确诊病例数维持在个位数，说明疫情防控取得阶段性重要成效。总体上，中国本轮疫情流行高峰已经过去，新增发病数持续下降，疫情总体保持在较低水平。3月17日，首批42支国家援鄂医疗队撤离武汉。武汉市民赶来送行，附近小区的居民在窗台上悬挂国旗，向医疗队员挥手致意，大家以不同的方式向奋战了两个多月的医疗队员们表达敬意和不舍。

第四阶段　武汉解封，抗疫取得阶段性成果

3月18日，全国新增本土确诊病例首次实现零报告，以武汉市为主战场的全国本土疫情传播基本阻断。至3月19日，湖北省以外省份连续7日无新增本土确诊病例。随着各地疫情的好转，湖北省新冠肺炎疫情防控指挥部3月24日发布通告，湖北省除武汉市以外地区，将于3月25日起解除离鄂通道管控，武汉市将于4月8日起解除离汉离鄂通道管控措施，有序恢复对外交通，逐步恢复正常生产生活秩序。1月23日离汉通道暂时关闭，到4月8日正式解除管控措施，一共经历了76天，1800小时。从凛冽寒冬到春暖花开，从"武汉加油"到"武汉你好"，武汉有序恢复铁路、民航、水运、公路、城市公交运行。武汉解封，关涉全国抗疫这盘大棋的走向，开启了中国抗疫的新篇章，是武汉市、是湖北省，与全国一道进入疫情防控常态化阶段、加快复工复产的一个重要拐点。4月15日，随着北京协和医院援鄂医疗队返回北京，全国援鄂医疗队全部撤离武汉。4月18日，经最新疫情风险等级评估，武汉市城区整体降为低风险。4月26日，武汉市所有新冠肺炎住院病例清零。"武汉保卫战""湖北保卫战"取得决定性成果，全国疫情防控阻击战取得重大战略成果。疫情积极向好态势持续巩固，全国疫情防控进入常态化。

在境内疫情逐步好转的同时，境外疫情却在快速扩散蔓延，境外输入病例造成关联病例传播。3月25日，23个省份报告了境外输入确诊病例，防止疫情扩散压力依然很大。中共中央把握疫情形势发展变化，确定了"外防输入、内防反弹"的防控策略，巩固深化国内疫情防控成效，及时处置聚集性疫情，分类推动复工复产。4月1日起，中国海关在所有航空、水运、陆路口岸对全部入境人员实施核酸检测。境外输入病例基本得到控制。

全国各地陆续吹响复工复产号角，因疫情按下"暂停键"的中国经济逐步重启。4月8日，中央首次提出"全面推进复工复产"，复工复产按下"快进

键"。国外疫情的快速扩散并恶化，对我国经济形成第二波冲击，诱发中小企业，尤其是外贸制造业中小企业"倒闭潮"，中央及各级政府及时出台加大减税降费力度、加大金融助力等相关纾困政策，有力推动各行各业复工复产。4月17日，中央政治局召开会议，指出"全国复工复产正在逐步接近或达到正常水平"。

第五阶段　后疫情时代

2020年4月中旬起，境内疫情总体呈零星散发状态，局部地区出现散发病例引起聚集性疫情，均得到了有效控制。4月30日，当时全国唯一高风险地区——北京市朝阳区的疫情风险等级降为低风险。5月7日，牡丹江市林口县由中风险降为低风险；当天，国家卫健委发言人宣布，全国所有县域均调整为低风险。

随着国内疫情形势渐趋稳定，全国各地纷纷降低新冠肺炎疫情防控应急响应级别，疫情防控已从战时状态进入常态化管理状态，严防境外输入。国内疫情应对处置机制不断成熟，但部分地区疫情仍在零星发生，如2020年6月份之后，北京、大连、青岛以及新疆部分地区先后出现零星疫情，但整体的疫情防控形势平稳趋好。2020年10月十九届五中全会召开、2020年11月第三届进博会召开，这两个会议召开之时正值新冠肺炎疫情在全球蔓延的特殊时期，备受世界瞩目，标志着中国抗疫成果在全球一枝独秀。

2020年12月以来，全国大部分地区气温继续走低，中国多地出现多点零星散发病例甚至局部聚集性疫情，在此背景下，各地陆续发出"春节期间非必要不返乡"的倡议，鼓励企事业单位职工就地过年。中共中央办公厅、国务院办公厅印发了《关于做好人民群众就地过年服务保障工作的通知》。《通知》要求，疫情高风险地区群众均应就地过年，中风险地区群众原则上就地过年，低风险地区倡导群众就地过年。中国青年报社社会调查中心联合问卷网，对2025名受访者进行的一项调查显示，85.4%的受访者明确表示会就地过年，96.8%的受访者认同就地过年是为疫情防控作贡献。

新冠疫苗研制成功为彻底取得抗击疫情的最终胜利带来了曙光。2020年12月31日，国务院联防联控机制发布，国药集团中国生物新冠灭活疫苗已获得国家药监局批准附条件上市。已有数据显示，疫苗的保护率为79.34%，实现安全性、有效性、可及性、可负担性的统一，达到世界卫生组织及国家药监局相关标准要求。2021年1月9日，国务院联防联控机制举行发布会，介绍近期疫情防控和疫苗接种有关情况。会上确认，我国新冠疫苗全民免费接种，全国已设置25392个接种点。截至2021年1月9日，我国已累计开展新冠病毒疫苗接种900多万剂次。通过有序开展接种，符合条件的群众都能实现"应接尽接"，从而构建起免疫屏障，阻断新冠病毒在国内的传播。

2021年4月8日，是武汉解封一周年，舆论称其为"武汉重启一周年"。《新京报》称，解封一年来，武汉推进疫情防控与复工复产相结合，是中国在疫情防控常态化下促进经济社会复苏的一个缩影。武汉市2020年的经济总量达到15616.1亿元，从2020年一季度地区生产总值下降40.5%恢复到全年下降4.7%，走出了一个坚挺的V字形轨迹，重返全国城市前十。在2021年的春天，武汉的樱花再次盛开，全国各地的赏樱人群也重回江城，春暖花开，游人如织。飞猪联合夸克发布《清明假期出游报告》显示，2021年清明假期，湖北共接待游客超千万人次，武汉还入围了清明假期热门出游目的地前十。

舆论点赞我国防疫措施

我国防疫措施得到了国际组织、科学界的称赞。世界卫生组织多次表示，中国为全球抗击新冠肺炎树立了典范，欧洲国家应对疫情蔓延需要借鉴中国的总体应对办法，大幅增强行动力度。2020年2月29日，《中国-世界卫生组织新型冠状病毒肺炎联合考察报告》发布。报告认为，面对前所未知的病毒，中国采取了历史上最勇敢、最灵活、最积极的防控措施，尽可能迅速地遏制病毒传播；令人瞩目的是，每一个机构都能够强有力地落实防控措施；面对共同威胁时，中国人民凝聚共识、团结行动，才使防控措施得以全面有效实施；每个省、每个城市在社区层面都团结一致，帮助和支持脆弱人群及社区。美国权威学术期刊《科学》(Science)杂志刊登的一份由中国、意大利、美国科学家联合发表的研究认为，中国果断采取封锁武汉的措施，延缓了疫情跨城市传播，为中国其他地区争取到了大约4天的准备时间。菲律宾知名的医药节目主持人、医师佛莱迪·戈麦斯称，中国采取的重要措施，如包括扩大检测能力、将体育场临时改成隔离设施，及向轻症患者提供特定诊间，以免医院不堪重负以及将旅馆设为隔离场所等，都是值得他国参考的。香港城市大学传染病及公共卫生学系陈声则认为，各国政府应该从武汉防疫经验上学习如何制定适当的隔离程序和医疗设施、如何隔离确诊及健康的人，以及如何将无症状、轻症及重症的病人分开诊断。

疫情防控常态化后，我国多地出现零星疫情，部分地区更是"二次抗疫"，中国防控突发新冠肺炎疫情能力不断提升。2020年9月12日，云南瑞丽曾突发境外输入新冠肺炎疫情；2021年3月31日，瑞丽再度因突发境外输入新冠肺炎疫情。中国新闻网认为，瑞丽的两次抗疫实战，折射出应对疫情能力的进步。一是核酸采样检测加快，仅用了一天时间，就完成近31万份核酸采样，用一天半时间完成全部检测；二是治疗方法得到改善，截至2021年4月8日瑞丽收治病例病情平稳，无重症、危重症及死亡病例；三是追踪溯源高科技化，增加使用了全基因组测序，进步巨大；四是抗疫动员能力提升。

我国疫情防控工作成果也得到了网民的肯定。4月份以来，习近平总书记先后赴陕西、山西等地考察，在第73届世界卫生大会视频会议开幕式上致辞，提出六项建议、宣布五大举措；2020年"两会"期间习近平总书记特意参加湖北代表团审议。中央政治局召开会议研究部署抓紧抓实抓细常态化疫情防控工作，一系列工作提振了民众战胜疫情信心。新浪微博参与疫情相关话题讨论的帖子达到数十万条，网民对国内疫情防控持续向好、民众生活开始逐步回归正轨。通过对比国内外疫情防控形势，网民重新认识到我国的国家实力与制度优势，民族自信心得到明显提升。尤其是国家承诺新冠疫苗全民免费接种后，网民普遍认为充分体现了我国人民至上、生命至上的理念。

第二节　抗疫精神：砥砺前行谱新篇

2020年9月8日上午，全国抗击新冠肺炎疫情表彰大会在北京人民大会堂隆重举行。习近平总书记在大会上发表重要讲话，特别概括、阐释了伟大抗疫精神，"在这场同严重疫情的殊死较量中，中国人民和中华民族以敢于斗争、敢于胜利的大无畏气概，铸就了生命至上、举国同心、舍生忘死、尊重科学、命运与共的伟大抗疫精神。"总书记还在讲话中指出，伟大抗疫精神，同中华民族长期形成的特质禀赋和文化基因一脉相承，是爱国主义、集体主义、社会主义精神的传承和发展，是中国精神的生动诠释，丰富了民族精神和时代精神的内涵。总书记还强调要在全社会大力弘扬伟大抗疫精神，使之转化为全面建设社会主义现代化国家、实现中华民族伟大复兴的强大力量。大会还授予钟南山"共和国勋章"，授予张伯礼、张定宇、陈薇"人民英雄"国家荣誉称号。

全国抗击新冠肺炎疫情表彰大会得到舆论极大关注。"14亿中国人的代表受表彰""钟南山获授共和国勋章""张定宇步履蹒跚走入人民大会堂""为保护人民生命安全我们什么都豁得出来"等新浪微博话题阅读量在当天即超过

3亿次，讨论17.2万次。舆论认为，表彰大会的召开正式标志着中国抗击疫情取得胜利，有助于推动做好后续发展工作。央广网称，习近平总书记在讲话中充分肯定了我国抗击新冠肺炎疫情斗争取得的重大战略成果，全面回顾了抗疫斗争的不平凡历程，全面阐释了抗疫斗争取得的重要启示，对进一步做好疫情防控和经济社会发展工作提出了明确要求。

"抗疫英雄"得到舆论认可。舆论认为，这份以"共和国"名义颁发、代表着最高荣誉的奖章，钟南山、张伯礼、张定宇、陈薇受之无愧。南通广播电视台称，国之英者，时之楷模。当80多岁高龄的钟南山院士一边呼吁大家"尽量不要去武汉"，一边自己乘高铁赶赴武汉；当身患渐冻症的金银潭医院院长张定宇顾不上被病毒感染的妻子，拖着跛脚奔走在抗疫第一线；当主持研究制定中西医结合救治方案的张伯礼院士积劳成疾在武汉摘除胆囊，笑称与武汉人民"肝胆相照"；当陈薇院士带领科研团队争分夺秒研发新冠病毒疫苗……我们眼眶湿润、喉头发紧，感动与感激交织，虽点赞、致敬不足以表达心中钦佩。有他们名字出现的地方，一定是战"疫"最危险、最要紧的地方，但同时也是让亿万人民最安心、觉得最有希望的地方。网民形容，武汉金银潭医院院长张定宇步履蹒跚走入人民大会堂的瞬间令人泪目，"一瞬间眼眶湿了。""佩服，致敬，感动。这才是真正的国之栋梁。""虽然走得缓慢，但内心有着强大的力量！"

抗疫精神的科学内涵

人无精神则不立，国无精神则不强。精神的力量是无穷尽的，引领人昂扬向上，感召人发愤图强，激励人勇毅前行。习近平总书记概括的伟大抗疫精神"生命至上、举国同心、舍生忘死、尊重科学、命运与共"是中国精神的生动诠释，在抗疫过程中，我国很好地践行了抗疫精神。

生命至上

面对突袭而至的疫情，我国首先提出并强调"把人民群众生命安全和身体健康放在第一位"这个重要理念，把提高收治率和治愈率、降低感染率和病亡率作为突出任务来抓，调配全国医疗资源到湖北开展大规模救治，援鄂医疗队和湖北武汉医务工作者并肩作战，不遗漏一个感染者，不放弃每一位病患，从出生仅30小时的婴儿到100多岁的老人都得到了尽力救治。救治患者不遗余力、不惜成本、不惜代价，真正做到了所有病患和感染者应收尽收、应治尽治、应检尽检、应隔尽隔，在人民生命和经济利益之间果断选择生命至上，确保患者不因费用问题影响就医。各地围绕筛查、转运、收治、治疗四个环节全面加强收治工作。湖北省武汉市等重点地区开展拉网式大排查，对"四类人员"情况进行清底摸排。有关部门和机构开设线上求助通道，征集各地遇到就医困难的患者信息。从优化畅通收治转诊通道，到改造扩容定点医院、增加医疗机构床位，再到不断优化诊疗方案、全力以赴救治患者，各地采取有效措施凝聚众智众力，取得积极效果。

国家卫健委数据显示，疫情突发以来，湖北省成功治愈80岁以上新冠肺炎患者3600多人、百岁以上新冠肺炎患者7人，其中年龄最大的患者108岁。武汉市的总体治愈率达到94%，重症治愈率超过89%。国家卫健委医政医管局有关负责人表示，高龄老人治疗难度相对较大、费用也相对较高，医疗资源投入也较多。但是，对于医务工作者来说，必须始终把人民群众生命安全和身体健康放在第一位，用心用情敬佑每一个生命。2020年6月7日，国务院新闻办公室发布《抗击新冠肺炎疫情的中国行动》白皮书显示，截至2020年5月31日，全国确诊住院患者结算人数5.8万人次，总医疗费用13.5亿元，确诊患者人均医疗费用约2.3万元。其中，重症患者人均治疗费用超过15万元，一些危重症患者治疗费用几十万元甚至上百万元，全部由国家承担。灾难面前，国家出马义不容辞。截至5月31日，全国各级财政共安排疫情防控资金1624亿元。与之形成鲜明对比的是，西方部分国家根据患者年龄进行选择性治疗，将有限的医疗物资用在容易救活的人身上，放弃对高龄病人、重症病人、有多种基础疾病患者的救治，一些年龄较大患者甚至还活着就被拔掉了呼吸机。部分政客甚至不负责任地提出"群体免疫"策略，底层老百姓因贫困得不到救治的现象比比皆是。

举国同心

在抗击疫情的斗争中，我国坚持全国一盘棋，集中力量办大事，充分调动各方面积极性，形成了全国上下齐动员、全体国民共奋战的局面。疫情发生时，正值2020年的春节，党中央一声令下，14亿人民在这个中华民族最重要的传统节日，积极响应号召，坚决服从疫情防控工作整体部署，居家隔离、远程办公一夜之间成为"中国特色"生活方式。在迎击疫情最前线，湖北和武汉做出巨大牺牲，为了阻断病毒传播蔓延，离汉离鄂通道被坚决果断地关闭。从1月23日到4月8日，武汉的封城时间长达76天，从而有效阻断了疫情向全国各地的大范围扩散。

2020年1月底，武汉市疫情已出现广泛的社区传播，医疗资源严重挤兑，大量感染者往返于医院和社区，形势非常严峻。为解决湖北尤其是武汉医护人员短缺问题，从除夕开始，全国医务人员驰援湖北和武汉市，和武汉本地医护工作者及人民共同抗疫。全国19个省份在做好本地防控的同时，加大对湖北省武汉市以外其他地区的对口支援，迅速建立对口支援疫情防控机制。人民解放军派出4000多名医务人员支援湖北，承担火神山等3家医疗机构的救治任务，空军出动运输机紧急运送医疗物资。各医疗队从接受指令到组建2小时内完成，24小时内抵达，迅速开展救治工作。为解决床位紧张问题，4万多名建设者日夜鏖战，创造了10天左右建成火神山医院、雷神山医院的"中国速度"，令世界惊叹。我国还通过普及疫情防控知识，发布公众防护指南，充分调动干部群众敢于参与、自觉参与疫情防控，无论是社区排查、转运收治、健康监测管理、消毒消杀和环境卫生整治，还是开展爱国卫生运动和无疫社区创建，广大社区干部和工作者、下沉干部、群团组织、社会组织、志愿者都参与其中，构筑了专群结合、群防群治的坚固防线。2021年春节期问，为了防控疫情，据统计全国超过1亿人响应号召就地过年，《人民日报》在除夕向原地坚守的每个人表达了谢意："谢谢每个坚守的你！愿山河无恙，家国皆安！"举国一致的防控格局和强大合力，正是中国能够把诸多的不可能变成可能的关键所在。

图2-4 《人民日报》发图向就地过年的人致谢

舍生忘死

在抗击疫情的斗争中，奋战在各条战线上的抗疫工作者不顾个人生死安危，"明知山有虎，偏向虎山行"。医务工作者白衣执甲、逆行出征，无私忘我、日夜奋战，人民解放军指战员闻令而动、敢打硬仗，广大公安民警、疾控工作人员、社区工作人员等坚守岗位、日夜值守，广大新闻工作者不畏艰险、深入一线，广大志愿者真诚奉献、不辞辛劳，表现出超乎寻常的勇气和惊人的毅力。

据统计，54万名湖北省和武汉市医务人员冲锋在前，4万多名各地医务人员第一时间驰援湖北省和武汉市，数百万名医务人员战斗在全国抗疫一线。在这些各地的专业精锐力量中，有年逾古稀的院士专家，也有90后、00后年轻医护人员，他们全都义无反顾、坚定前行。"我年龄小，如果不幸被感染了，恢复肯定会比年长的护士老师快。""我没有结婚，没有孩子，没有负担。""我要跟上父亲的脚步。""唯一的要求是不要告诉我爸妈。"……这些稚嫩的话语折射出伟岸的光芒，不禁让人泪目。据不完全统计，在与病毒战斗的过程中，2000多名医务人员确诊感染，几十人以身殉职。

疫情无情人有情，面对汹汹来袭的新冠肺炎疫情，众多"最美逆行者"不畏艰险、冲锋在前，舍家忘我、无私奉献，全力以赴投入到疫情防控和维护社会稳定各项工作中。他们中有铁路职工、警察、环卫工、社区服务者等。公安民警及辅警驻守医院、转运病人、街道巡逻、维护秩序，面对急难险重任务勇挑重担，据《抗击新冠肺炎疫情的中国行动》白皮书统计，有130多名民警和辅警牺牲在工作岗位。400万名社区工作者奋战在全国65万个城乡社区中，监测疫情、测量体温、排查人员、站岗值守、宣传政策、防疫消杀，守好疫情防控"第一关口"。"快递小哥"、环卫工人、道路运输从业人员、新闻工作者、志愿者等各行各业工作者不惧风雨、敬业坚守。在武汉疫情最严重的时期，快递小哥汪勇组织志愿者队伍免费接送医护人员上下班，解决医护人员吃饭、出行等问题。截至5月31日，全国参与疫情防控的注册志愿者达到881万人，志愿服务项目超过46万个，记录志愿服务时间超过2.9亿小时。他们筑起了一道疫情防控的钢铁长城，用实际行动感动了中国、感动了世界。

尊重科学

在抗击疫情斗争中，我国坚持尊重科学、依靠科学，充分发挥科学技术这一战胜大灾大疫的锐利武器的作用。疫情突发后，有关部门迅速确定临床救治和药物、疫苗研发、检测技术和产品、病毒病原学和流行病学、动物模型构建等5大主攻方向，组织跨学科、跨领域的科研团队，科研、临床、防控一线相互协同，产学研各方密切配合，为疫情防控提供了有力科学支撑。

我国广泛运用大数据、人工智能等新技术开展流行病学调查和疫情形势分析判断，精准识别"四类人员"并进行分类集中管理，绘制疫情地图，跟踪落实防控措施。我国还积极开展病毒溯源、查明传染源和传播途径，成为首个与世卫组织联合开展新冠病毒溯源研究的国家，并率先邀请世卫组织专家来华开展新冠病毒溯源合作。我国还想方设法提高检测能力，加大快速检测试剂和移动便捷检测设备研发生产力度，中国万泰生物的新冠检测试剂被世界卫生组织评为性能最优的测试剂，并推荐世界各国使用。据工业和信息化部数据，截至2020年7月末，全国核酸日检测能力484万人份，具备核酸检测能力的医疗机构4946家，检测技术人员3.8万余人，基本满足了国内疫情防控的需要。我国实施诸多抗病毒治疗方法，多技术路线同步研发疫苗，密切跟踪病毒变异情况，不断优化诊疗手段和防治方案。建立了定点医院、方舱医院、隔离点梯次布局的应急防治网络，积极探索方舱医院模式，解决大规模收治病患问题，为抗击疫情增添了新成就和新经验，已被多个国家借鉴应用。我国不断优化诊疗方案，推动临床救治科研攻关，边治疗、边研究、边总结，不断完善救治标准。先后制定2版轻症管理规范、3版重型危重型病例诊疗方案，推出第五、六、七版全国新冠肺炎诊疗方案。目前，第七版诊疗方案已被多个国家借鉴和采用。坚持守正创新，充分挖掘我国传统中医药学精华，采取中西医结合、中西药并用的综合疗法治愈患者，湖北省中医药使用率、临床治疗总有效率都超过90%，无不彰显着科技抗疫的巨大作用。

随着对新冠病毒研究的不断深入，我国及时完善防控策略和措施，并根据国内外新冠肺炎疫情防控形势变化情况，依据疫情严重程度，将各地以县级为单位划分为低风险地区、中风险地区和高风险地区三类，提出不同地区不同阶段差异化防控策略，实施动态精准防控。

命运与共

在抗击疫情斗争中，举国上下患难与共，前方后方同心协力，全国人民各尽所能参与到疫情防控工作中，展现出互帮互助、共渡难关的人间大爱和心连心、同呼吸、共命运的血脉情深。中国抗疫斗争的艰辛历程，是14亿中国人民的共同记忆。中国人民不分男女老幼，不论岗位分工，都自觉投入这场人民战争中，做出了自己的贡献。广大党员踊跃缴纳特殊党费，社会各界纷纷捐款捐物支援抗疫。据《抗击新冠肺炎疫情的中国行动》白皮书统计，城乡居民、企业、社会组织等纷纷捐款捐物、献出爱心。截至5月31日，累计接受社会捐赠资金约389.3亿元、物资约9.9亿件。疫情无情人有情，数十位抗美援朝老战士不忘初心，坚持捐款；收入微薄的保洁员屡次捐款，却不肯透露姓名，只肯署名"共产党员"；生活艰难的拾荒者、环卫大爷、独居奶奶捐出多年积蓄助力抗疫……这样的故事在中华大地上频频上演，令人动容。中国制度优势激发中国力量，举国同心是抗疫之战的制胜法宝。新华网等媒体称，坚持人民至上、紧紧依靠人民、不断造福人民、牢牢植根人民，成为战胜疫情的力量支撑。将人民至上贯穿抗疫斗争始终，就能攻克一道道难题，啃下一块块"硬骨头"；将人民至上贯穿抗疫斗争始终，就能拨动开启人民伟力的密码。

疫情没有国界，病毒是人类共同的敌人，通过加强疫情防控的国际合作，汇聚全球抗疫正能量，凝聚起战胜疫情强大合力，携手赢得这场人类同重大传染性疾病的斗争，这是世界人民团结合作、守望相助的人类命运共同体理念的集中体现。面对这次前所未有的全球公共卫生危机，没有一个国家和地区能够独善其身，必须同舟共济。中国抗击疫情的斗争，得到国际社会的积极帮助。全球170多个国家领导人、50个国际和地区组织负责人以及300多个外国政党和政治组织向中国领导人来函致电、发表声明表示慰问支持，77个国家和12个国际组织提供物资捐赠。一些国家的民众自发以不同形式声援中国：日本各级政府、市民团体纷纷施以援手，想方设法筹集防疫物资援助中国，派出载有大量支援物资的包机前往武汉；美国犹他州卡斯卡德小学四年级学生唱起了《武汉加油·你笑起来真好看》的中文歌；拉丁美洲一些国家的孩子拿起画笔描绘对中国的鼓励和支持……在"日本派包机赴武汉支援物资"的相关报道下，很多日本网民表示在日本遇到危急情况时，中国也曾多次伸出援手，现在正是报答的时候。

中国也始终加强疫情防控的国际合作。3月26日，国家主席习近平出席二十国集团领导人特别峰会，发表题为《携手抗疫 共克时艰》的讲话。中国在采取最全面、最严格、最彻底的防控举措，竭尽所能遏制疫情蔓延的同时，及时向国内外发布疫情信息，第一时间分享病毒研究成果，分享防控疫情和救治经验，加强抗病毒药物和疫苗研发合作，力所能及地为150多个国家和9个国际组织提供检测试剂、口罩、防护服、呼吸机、监护仪等医疗防疫物资，向意大利、塞尔维亚、伊朗、伊拉克等34个国家派遣36支医疗专家组。

中国新冠疫苗研发成功后，积极向需要的国家提供。2021年2月1日凌晨，中国政府向巴基斯坦捐赠的一批新冠病毒灭活疫苗运抵巴首都伊斯兰堡，这是中国政府对外提供的第一批疫苗援助。2021年2月23日，中国外交部发言人汪文斌表示，中方共计向文莱、菲律宾、缅甸、柬埔寨、蒙古等53个发展中国家提供疫苗援助，已经和正在向22个国家出口疫苗。中国还积极参与世界卫生组织"新冠肺炎疫苗实施计划"，通过该实施计划向发展中国家提供疫苗。中国提供的疫苗在各国受到了欢迎和感谢，获得了多数国家的认可。巴基斯坦负责国家卫生事务的总理特别助理、传染病专家费索.苏丹发文称："中国国药集团的首批疫苗已经到了！感谢中国以及所有促成这一切的人。"柬埔寨王家军副总司令兼陆军司令洪马内接种中国新冠疫苗后表示，柬埔寨接种首批新冠疫苗意义重大，感谢中国在柬防疫困难时伸出援手，他表示："我对中国疫苗非常有信心，鼓励大家接种，这对疫情防控非常重要。"文莱卫生部2月10日在一份新闻公报中说，面对新冠肺炎疫情，文中两国互伸援手，展现出共克时艰的友好情谊，反映了两国加强战略合作伙伴关系的共同意愿。

中国积极倡导国际社会团结协作，中国共产党同110多个国家的240个政党发出共同呼吁，携手加强国际抗疫合作。在自身疫情防控仍然面临巨大压力的情况下，中国迅速展开行动，力所能及地为国际社会提供人道主义援助，先后向世界卫生组织提供两批次共5000万美元现汇援助，支持联合国及世界卫生组织发挥作用，打造人类卫生健康共同体。这一切无不向世界彰显着非凡的中国精神、大国担当、大国气度。得到了国际舆论的认可。

第三节　全球抗疫：路漫漫其修远兮

2020年3月28日，可以视作一个时间上的里程碑，标志着世界范围内抗击新冠肺炎的斗争正式进入下半场，主战场正式由中国转向西方国家。经过近3个月的"抗疫"，中国境内的疫情已经基本得到控制，但世界疫情的迷雾丝毫没有散去的迹象。其代表性的事件主要有二，其一是在中国新增病例持续以"输入性"为主的背景下，中国正式宣布：自2020年3月28日0时起，暂停持有效中国签证、居留许可的外国人入境。其二便是3月28日，美国确诊数突破10万，正式超过中国的确诊数（8万人），同时欧美各国相继进入疫情突发高潮，日本、意大利、韩国、美国、瑞士等国确诊人数迅速增加，美国和欧洲成为境外疫情突发的双中心，新冠肺炎演变成一场真正的全球性的公共卫生危机。

截至2021年4月8日，新冠肺炎疫情突发一年多，全球新冠肺炎确诊病例已超1.3亿例，死亡病例超289万例。被感染者中包括英国首相鲍里斯·约翰逊、巴西总统博索纳罗、美国总统特朗普和法国总统马克龙等各国领导人。据iWeekly周末画报统计，2020年共有超过133位名人政要因新冠肺炎去世，

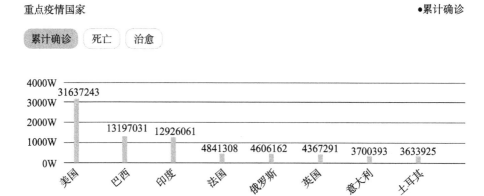

图2-4　全球累计确诊数量国家排行（截至2021年4月8日）

（数据来源：阿里健康）

涉及全球40个国家和地区。仅在美国，新冠肺炎确诊病例就已经超过3000万例，约占全球确诊病例的1/4，死亡病例超过57万例，约占全球死亡人数的1/5。几乎所有媒体都把"新冠肺炎疫情"列在2020年世界重大事件之首。美国外交关系协会称，新冠肺炎疫情是"最初显得很小但最终重塑世界的事件"，它改变了我们的生活方式。

西方治理模式引发质疑

这场席卷全球的抗疫斗争是对各国治理体系的一次集中检验。2020年1—2月期间，中国是世界上新冠肺炎疫情最严重的国家，但中国发挥制度优势，以举国之力迅速控制疫情。此后美国成为世界上新冠肺炎疫情最严重的国家，确诊率和死亡率都是最高。西方治理模式在疫情中暴露出自身存在的问题，引起了质疑，由此也引发了世界格局的变化。澳大利亚广播公司（ABC）称，新冠肺炎疫情终将过去，但世界格局回不去了。西方已主导世界3个世纪，而2020年对西方来说是"生死存亡的一年"。

美国、英国等地的疫情严峻，但以特朗普为首的许多政府官员并没有在疫情初期给予足够的重视，反而想方设法掩盖疫情的严重性，并大力宣传所谓的"群体免疫"，让普通民众暴露于病毒中，增加了许多不必要的死亡。美国顶尖的传染病专家安东尼·福奇（Anthony S. Fauci）博士在接受《纽约时报》采访时表示，要想实现"群体免疫"，大约需要90%的人群接受新冠疫苗或经历新冠病毒感染。也就是说，按照目前美国3.3亿的人口来算，要近3亿人感染新冠肺炎后，才有可能实现所谓的"群体免疫"。同时，目前的一些研究也表明，即使是感染过新冠肺炎的患者，后续仍旧有感染新冠肺炎的风险。在我国香港和荷兰、比利时、美国等地，先后报告出现了新冠肺炎康复患者第二次感染新冠病毒的案例。专家认为，多地出现"二次感染"病例表明，依靠消极抗疫以实现"群体免疫"的策略并不可行。

英国和美国一样执行"群体免疫"政策，也为此付出了惨痛的代价。截至2021年4月8日，英国累计共有436万人确诊，超过12万人死亡。在2021年初英国出现变异病毒后，确诊和死亡人数更是激增。1月29日，英国24小时内新增确诊近3万例，新增死亡1245例，累计确诊高达377万人，死亡数也超过了10万。面对疫情肆虐，尤其是变异病毒的出现，英国政府无奈放弃了"群体免疫"措施，转而实施封锁措施。英国《卫报》消息，为遏制病毒的传播，当地时间2020年12月20日起，英格兰东南部、东部及伦敦将从当前的三级防控级别升至新增加的四级，为期2周。英国首相约翰逊强调，封锁措施确实在控制疫情中起到了非常重要的作用，实施封锁一周后，相比上周，单日新增确诊病例减少了23.7%。其中，伦敦地区的单日新增确诊病例下降尤其明显，英格兰的疫情也因为封锁开始放缓。如果没有实行封锁措施，仅2020—2021年冬天，英国就将有9.7万人丧生。

在全球化的今天，没有一个国家和民族在疫情中能够独善其身。澳大利亚广播公司（ABC）称，新冠肺炎疫情捅破了西方国家的伪装：种族隔阂、严重不平等、对制度失去信心、民主的倒退，等等。曾经代表我们西方社会最好的原则已经遭到了病毒的攻击。与中国"一方有难，八方支援"形成鲜明对比，由于美国等西方国家的制度限制，没有"同舟共济"的制度安排，没有一个全国上下统一的方式来指导或协调采购。新冠肺炎疫情在美国突发之后，美国的医疗防护物资面临严重短缺，州与州之间，甚至联邦政府都参与抢夺医疗资源，如口罩、防护服、呼吸机等。特朗普表示，各州应该自行解决医疗物资问题，而不是完全指望联邦政府援助。州与州之间各自为政，疫情防控措施不统一，造成了混乱状态，导致疫情无法得到有效控制。多个州甚至出现了州政府和私人企业采购的医疗物资被美国海关扣留的情况，进而被联邦政府"截和"。疫情造成美国的失业率直线上升，民众对政府的不满也随之上升，美国社会贫富不均、社会分裂、种族问题等随之暴露出来，成为特朗普没能成功连任美国总统的一个关键因素。

西方政客"甩锅"中国

西方社会长期对其制度具有强烈的"优越感"，但在此次抗疫斗争中，西方治理模式不堪一击，引起质疑，反而中国和东亚方案取得了较好的效果并赢得赞赏。尤其是中国通过全民动员、全民隔离、封城这种西方体制和文化下很难做不到的方式控制了疫情，对极端推崇个体自由的资本主义制度造成了根本性的冲击。虽然世卫组织站在全球的高度，对中国的高效防疫极为赞赏，认为中国给世界争取了时间，为全球防疫做出了巨大贡献。但是西方国家为了转移国内民众对疫情发展的注意力，针对我国的舆论攻势持续密集，调查、起诉、索赔等手段接连上场。美国前总统特朗普多次就疫情问题向中国"开火"，妄称中国造成疫情蔓延，要为"大规模全球范围人员死亡"负责；美国17个州的共和党检察长签署公开信，要求国会就中国在新型冠状病毒传播中的作用召开听证会；美国政客多次称"新冠病毒"为"中国病毒"；特朗普政府时期的美国国务卿蓬佩奥多次对新冠病毒议题进行"高度政治化"的炒作，用各种凭空捏造的阴谋论歪曲新冠病毒的来源等问题，尤其是对武汉病毒所进行恶毒污蔑。美国政客还坚称中国是新冠病毒的发源地，要求中国政府向全球各个在疫情当中遭受损失的国家进行经济赔偿。在美国政客的身后，还纠集着一群西方国家的政客，跟随美国对中国进行舆论攻击，污蔑抹黑中国。

欧美媒体也借此对中国进行攻击，《华尔街日报》称中国人为"亚洲病夫"。西方舆论通过强调中国是疫情的源头，污蔑中国的医疗体系屡弱不堪，对中国在疫情防控中的卓越整体表现——尤其是中后期的强大动员能力、组织能力选择性忽视，或者直接污蔑为侵犯人权。在中国建立武汉方舱医院收治轻症患者之后，西方媒体污蔑其为"集中营"，攻击集中治疗病人是"违反人权"。在西方舆论的影响下，海外华人受到部分西方民众的言语甚至身体攻击。

随着中国疫情迅速得到控制，以及病毒全球溯源工作的进行，一个又一个的重磅消息有力反驳了西方政客的污蔑。首先是美国疾控中心2020年发表调查报告，称美国在2019年12月中旬的时候就出现过新冠确诊病例。而意大利媒体也称，米兰大学研究人员在一份提取的人体分泌物当中发现了新冠病毒，并且由此推论，新冠病毒可能爆发于2019年11月中旬。2021年初，世界卫生组织专家赴中国对新冠病毒进行溯源，得出了病毒并不来自武汉实验室的发现。在最为严谨的科学证据面前，西方国家政客的谣言不攻自破。

部分有识之士对中国有效管控，抗击疫情取得的成果表示肯定。韩国多家媒体在2020年12月28日刊登了韩中城市友好协会会长权起植的专稿，文章称，在新冠肺炎"黑天鹅事件"和中美矛盾不断加深的双重危机中，中国在世界主要国家中取得最好执政成果。如果说，代表美国"史上最差领导力"的特朗普政府在防疫领域交出最差答卷，那么习近平主席领导的中国则呈现了抓住防疫与经济"两驾马车"的靓丽成果。香港《南华早报》2020年12月29日称，2020年开始时，中国面临着巨大的挑战，但2020年结束时，中国取得了胜利。中国是二十国集团中唯一一个在2020年实现经济增长的国家，而美国、欧盟、英国和日本等经济体仍在努力应对封锁。战胜疫情让中国对自己的价值和能力有了新的信心。中国2020年的发展轨迹有力地支持了这样一种信念——中国正走在正确的道路上。

事实上，在这次全球性公共卫生危机面前，各国政府应该放下成见，同世界各国携手共进，构建人类健康共同体，共同抗击疫情。因为现在爆发的病毒，不再是一个国家的"敌人"，而是全人类生命健康的"敌人"，可是对于这种情况，很多国家政府并没有清晰的认知。国际舆论场针对中国的杂音不断，以美国为首的"五眼联盟"（美国、英国、加拿大、澳大利亚、新西兰）基于偏见与"双标"，兴风作浪，不断甩锅，诋毁中国国际形象。

变异新冠病毒成为2021年的新挑战

一直追踪全球新冠肺炎疫情数据的worldometer数据网发布的实时统计数据显示，截至北京时间2021年1月26日7时，全球新冠肺炎累计确诊病例已经超过1亿例，达到100203700例，累计死亡病例超过214万例，达到2147411例。这是人类的至暗时刻。

进入2021年，新冠疫苗开始在全球多国接种，使人们依稀看到了隧道尽头的亮光。然而，新冠病毒仍在不停变异，给人类与病毒之间的这场"赛跑"增添了不少变数。2020年12月，英国发现新冠病毒的新变种，传播性较原始毒株高出70%，其国内确诊病例数量在过去2周之内猛增。据有关数据表示，英国每10万人中，就有142.53人因疫情丧生，死亡率位居全球第一，尤其是在新冠病毒变异以后，死亡率持续上涨。此后，多国确认出现变异新冠病毒相关确诊病例。荷兰政府在一份声明中表示，在对12月初的1例确诊病例进行分析时发现，其毒株样本与英国变异新冠病毒的毒株一致。南非科学家们也发现新冠病毒的变种病毒株，猜测可能与年轻人重症数量增加有关。该国卫生部长表示，被命名为"501.V2"的病毒变种可能是引发南非第二波迅猛疫情的原因。世界卫生组织欧洲区域办事处主任克卢格表示，世卫组织欧洲区域办事处负责的53个国家中，截至2021年1月，已有22个国家发现了变异的新冠病毒毒株，变异病毒传染性更强，如果不加强控制以减缓其传播，将对当前各国已经承受巨大压力的医疗系统产生更大影响。变异病毒已扩散到多国，以美国为例，美国疾病控制和预防中心数据显示，截至4月8日，全美报告变异新冠病毒感染病例20412例，其中有19554例感染英国发现的B.1.1.7变异病毒，424例感染南非发现的B.1.351变异病毒，还有434例感染巴西发现的P.1变异病毒。在疫情较为严重的土耳其，多数新增病例都与在英国发现的新冠病毒变种相关。美联社2021年4月10日发表题为《新冠感染与死亡病例上升，全球没有地方幸免》的报道称，全球范围内，新冠感染病例和死亡病例正在激增，主要原因在于新冠病毒出现了变种，而且太多国家过早取消了封锁措施。

世卫组织认为，变异新冠病毒已成为人类社会2021年面临的新的、更为严峻的挑战。世卫组织总干事谭德塞也表示，在变异病毒和新冠疫苗两方面的影响下，我们已进入新冠大流行的新阶段。舆论担忧病毒变异会导致现有疫苗失效，认为防疫科研的国际合作尤为紧迫，需要全球协作、共享数据，做好误差控制，确保科研精准度，协同科研攻关，为战胜全球疫情提供科技支撑。

第三章　国际局势：朝来寒雨晚来风

2020年，受新冠肺炎疫情影响，国际格局演进提速换挡，国际局势乱变交织。世界经济下行风险累积叠加，逆全球化挑战有增无减，地缘政治复杂混乱，全球治理更加举步维艰。面对错综复杂的国际形势，中国特色大国外交秉持人类命运共同体理念，迎难而上，负重前行，顶住单边主义、保护主义、霸权主义逆流，以首脑"云外交"为引领，以抗疫合作为主线，用中国理念、中国方案、中国智慧为捍卫国家利益、维护全球稳定做出了不懈努力，为世界走出疫乱阴霾、实现美好未来指出人间正道。放眼2021年的世界，新冠病毒疫苗的研发和接种进度、美国新一届政府的上台等仍将成为影响国际局势的不确定性因素，全球走势仍将暗流涌动。

第一节　疫乱交织：晦暗不明何时止

2020年是人类历史进程中具有分水岭意义的一年，世纪疫情与百年变局交织，全球经济严重衰退，世界进入动荡变革期，人类社会面临的传统安全和非传统安全威胁层出不穷，国际形势不稳定性、不确定性明显上升。

自2020年1月至今，新冠病毒在全世界蔓延，确诊病例超过1亿例，影响了200多个国家和地区。联合国从政治上把新冠肺炎疫情定性为二战后最为

图3-1 有关国际局势相关话题词云图

严重的国际危机，世卫组织称之为人类历史上最为严重的公共卫生危机之一，国际货币基金组织则从经济和金融上将其定性为继1929年"大萧条"、2008年"大衰退"之后的2020年"大隔离"经济金融危机[①]。舆论认为，疫情或将成为全球百年未有大变局的一个重大转折点，给世界增添了许多不确定因素，世界格局再次进入调整窗口期。美国前国务卿基辛格称："新冠肺炎大流行将永远改变世界秩序。"

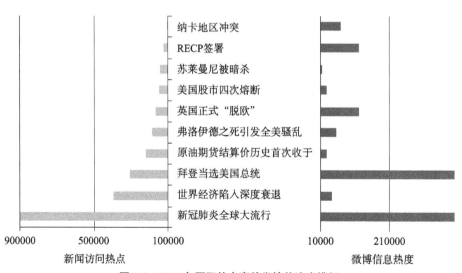

图3-2 2020年国际热点事件舆情关注度排行

———————————

① 杨成绪、孙海潮：《在危机动荡中寻找合作和信心——2020年十大国际新闻盘点》，《北京日报》，2020-12-31。

疫情让世界经济陷入"至暗时刻"。受新冠肺炎疫情影响，2020年全球经济遭遇了20世纪30年代大萧条以来的最严重衰退，尤其是二季度各国普遍实行经济封锁政策，制造业和服务业停摆、失业率飙升，世界经济增长被挂上"倒车挡"。联合国发布的数据显示，2020年至2021年，全球经济产出累计损失将达8.5万亿美元，几乎抹去过去4年的全部增长。世界银行发布《全球经济展望》报告称，2020年全球经济萎缩了约4.3%，是自第二次世界大战以来最严重的衰退。中国2020年的经济增长率约为2%，是自1976年以来经济增长最慢的一年。

石油在目前的国际能源消费约占40%，是世界许多国家重要的能源支柱。从这个意义上说，石油是世界经济的"血液"。从全球范围来看，世界经济增长与国际石油需求增长存在着较明显的相互对应关系。新冠肺炎疫情在全球主要国家蔓延给石油需求蒙上了阴影。2020年4月20日，美国基准、西得克萨斯中质原油（WTI）5月期货结算价收跌55.90美元，跌幅305.97%，报-37.63美元/桶，这是历史上原油期货结算价格首次收于负值。负价格的出现，意味着交易如果真的发生，原油卖方不仅要给买方一桶石油，还需要支付给买方40美元，储油成本已经超过了原油本身的价格。同时，WTI 6月原油期货收跌4.60美元，跌幅18.0%，刷新历史低点至20.43美元/桶。舆论认为，新冠病毒疫情引发需求下降，导致原油大量过剩，就连储存空间也难以找到。隆众资讯副总经理闫建涛称，影响油价的最主要因素是库存，特别是在内陆产油区。疫情引发了基础设施和交通物流不畅等问题，原油很难外输或储存，纯粹为了经济性而关井停产有风险。如果储罐库容不够或者存储成本过高，生产商宁愿接受负油价，赔钱让买家拉走。

在此情况下，主要产油国及国际组织采取了一系列救市行动。随着欧佩克（石油输出国组织）与部分主要非欧佩克产油国达成历史性减产协议，美联储大幅降息，中国经济回暖，新冠肺炎疫苗逐步投入使用等，国际油价呈

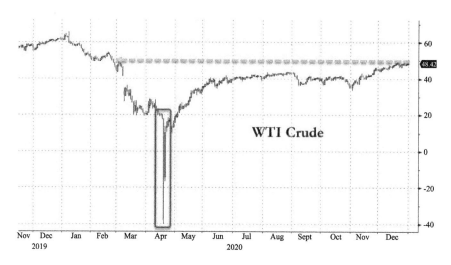

图3-3　2020年国际原油价格走势

（数据来源：智通财经APP）

现回升态势，并于2020年12月底缓慢回升至50美元/桶的水平。展望2021年，主要产油国和投资机构对国际油价前景总体乐观。但舆论认为，新冠肺炎疫情的负面影响在短期内难以消除。中国经济网称，一方面，全球疫情反复，制约原油需求恢复；另一方面，产油国的内部变数增多，因此市场仍将被巨大的不确定性包围。

全球金融市场也出现剧烈波动，以美股为代表的多国股市呈现先触底再反弹态势，尤其是上半年美股出现史诗级熔断，引发全球金融市场震荡。2020年3月9日、12日、16日与18日，美国股市在连续8个交易日内4次熔断。在上述4个交易日内，道琼斯工业指数的跌幅分别为7.8%、10.0%、12.9%与6.3%。从历史上来看，2020年之前美国股市仅仅发生过一次熔断，发生在1997年10月27日，道琼斯工业指数当日下跌了7.2%。舆论认为，美股自疫情以来遭受巨大冲击，美国及欧洲等金融市场可能陷入衰退。英国路透中文网称，新冠肺炎疫情迅速蔓延及其对经济带来的恐慌，与油价崩跌一起重挫美国股市，标普500指数市值在几周内已经蒸发掉逾5万亿美元，金融不稳定性

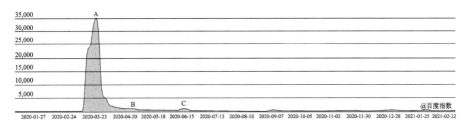

图3-4　百度有关"美股熔断"的检索指数趋势图

急剧提升。不过，随着各国推出救市政策，股市逐步反弹，美股甚至屡创新高。2020年11月，道琼斯工业平均指数首次突破3万点大关，并出现30年来最大月涨幅。

当前，全球疫情形势依然严峻、前景仍不明朗，全球经济复苏目前仍然面临着不确定性。蒙格斯智库认为，"疫情""冲突""衰退"依然是贯穿2021年的主线，同时它们会升级、交错、相互作用，让全球经济更加无序。归纳起来，就是"不确定性"。中国农业大学经济管理学院教授李春顶表示，疫后的世界经济容易引发部分国家走向贸易保护主义，加速世界经济的重组与分裂，不稳定不确定的因素会增加。

疫情之下，西方发达国家多重危机显露。美国特朗普政府面对疫情手忙脚乱、毫无作为。他们无视疫情的影响，淡化口罩的作用，消极应对核酸检测，导致疫情在美国呈指数性增长，千万民众被感染。截至2021年4月，美国新冠病毒确诊病例超过3000万例，约占全球确诊病例的1/4，是全球新冠病毒确诊病例最多的国家。疫情之下，美国社会的其他问题也开始爆发，最为突出的则是一直没有得到根本解决的种族矛盾问题，其中引发最大关注的便是"弗洛伊德事件"。

当地时间2020年5月25日，美国明尼苏达州46岁非洲裔美国人乔治·弗洛伊德因涉嫌使用假钞被捕，被白人警察德里克·肖万单膝跪在其颈处超过8分钟，导致弗洛伊德最终失去知觉并抢救无效死亡。其间，目击者拍下了弗洛伊德被压制在地时痛哭呼喊"我无法呼吸"的视频，并上传至社交媒体，从

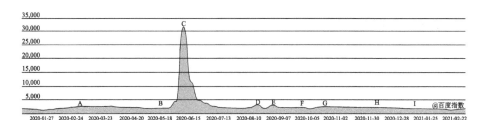

图3-5　百度有关"弗洛伊德之死"的检索指数趋势图

而点燃了美国甚至全世界网民的愤怒。示威活动迅速扩散至美国多个地方，并逐步演变成警民冲突及暴民掠夺事件。短短几天内，从明尼苏达州开始的骚乱已蔓延至全美至少140座城市，全美沦为"战区"。据CNN统计，一周内，美国全境50个州的至少280座城市爆发抗议示威活动，实行宵禁的城市也高达40个。

《华尔街日报》评论称，这次骚乱是美国半个多世纪以来面临的最严重国内危机，波及面远超1992年的洛杉矶骚乱。此后，非洲裔美国人遭白人警察暴力执法的事件接连发生，"黑人的命也是命"运动引发了一场有关种族平等的大讨论，许多与奴隶制或殖民化有关的人物雕像也被推倒。从更深层次讲，弗洛伊德之死进一步撕裂美国社会，并成为改变美国2020年大选进程的一大变量。新加坡《联合早报》称，全球目前正面对新冠肺炎疫情的肆虐、经济衰退的冲击以及美国总统选举的不确定性。在这三个因素交织下，美国政治激化的外溢风险或加剧，为全球疫情防控、经济重启及地缘政治的稳定添加许多变数。

在新冠肺炎疫情全国肆虐、美国社会加剧分裂、底层民众水深火热、抗议运动风起云涌的情况下，四年一度的总统大选成为对特朗普施政路线的一次全民公决。当地时间2020年12月14日，美国选举人团按照各州选举结果投下选举人票，确认民主党候选人拜登赢得美国大选，成为下届美国总统。拜登获得8000余万张普选票，为史上最多，而特朗普也创造了在任总统获普选票支持的新纪录，折射出美国政治对立和社会分裂已到了极不寻常的地步。舆论认为新冠肺炎疫情在一定程度上影响了美国的政治走向。中国人民大学

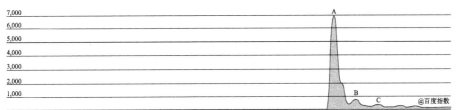

图3-6 百度有关"拜登当选美国总统"的检索指数趋势图

国际关系学院副院长金灿荣认为，在此次美国选举中，新冠肺炎疫情起了很大的作用。2020年1月，特朗普刚刚度过了弹劾和危机，当时美国的经济状况也非常好，因此当时舆论普遍预期特朗普将获得连任。但是随着新冠肺炎疫情肆虐，选情逆转，以至于特朗普在选举中失利。

尽管拜登在选举结果出台后，公开发言确认当选，但特朗普发布了一系列推文，指责选举不公、媒体失衡。特朗普明确表示，不会承认败选，并将努力推翻目前的大选结果。而特朗普的支持者们疯狂搅局。当地时间2021年1月7日，美国国会参众两院联席会议在经过计票后，完成了选举人团票认证。美国前副总统、民主党候选人拜登以306票的多数票，当选第46任美国总统，哈里斯当选副总统。但前一日下午开始，数百名抗议者聚集在美国首都华盛顿特区，举行支持特朗普的示威活动，以向正在进行的国会联席会议施压。两院联席会议期间，部分示威者暴力冲进国会大厦导致国会一度休会，4人在暴乱中丧生，震惊国际社会。

当地时间2021年1月7日，由8个民兵组织和右翼团体组成的"美国爱国者行动"委员会宣布，他们将于1月16日及17日召集1.5万人兵分三路前往白宫、国会大厦和最高法院，通过"不开枪的方式"捍卫特朗普政权。由于一发不可收拾的暴乱，美国全国广播公司（NBC）统计数据显示，截至2021年1月8日当天，美国参众两院超过200名议员支持罢免特朗普。尽管如此，2021年2月23日，因未达到定罪所需的2/3多数门槛，美国参议院投票否决了针对特朗普"煽动叛乱"的弹劾条款，特朗普未被定罪。舆论认为，特朗普坚持不承

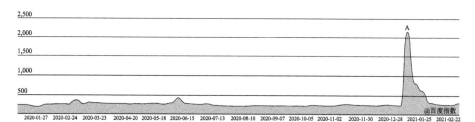

图3-7 百度有关"美国国会大厦被攻占"的检索指数趋势图

认选举结果，他的粉丝企图通过破坏国会会议来阻止拜登上任以及特朗普弹劾案的无罪结果等都表明美国社会的撕裂程度已经达到了史上最严重的地步，分裂和内战的可能性越来越高，美国国内政局的不确定性不断凸显，美国政治要走出撕裂的死局还遥遥无期。

在疫情之下，美国的金融秩序也受到了挑战。2021年1月底至2月初，美国散户与美国做空机构在GME游戏驿站和AMC院线两只股票上掀起多空大战，这群向华尔街叫板的散户来自美国社交网站Reddit论坛WallStreetBets分区，开启了疯狂买入绝不卖出的决战模式，推动GME游戏驿站和AMC院线两只股票不断上涨，1月22日游戏驿站股价暴涨了51.08%。马斯克等重量级人物纷纷站台力挺美国散户，不少富豪也一掷千金加入了多头大军。在散户的逼空压力下，做空机构损失惨重。如在GME这一只股票身上，仅"梅尔文资本"一家就亏损了33亿美元。而著名空头机构香橼资本则在1月29日举起白旗，发布声明称，停止做空研究，将专注于个人投资者做多机会。美国散户割了机构投资者的"韭菜"，这是资本市场的一个奇迹。不过，这个奇迹只是昙花一现，并没有持续太久，因为GME的股价并没有像美国散户预期的那样，向1000美元进发，而是坐了过山车，差不多又从终点回到了起点。如2月2日，GME的股价又跌破了100美元，当天以90美元报收，最低价为74.22美元，较1月28日的最高价483美元，短短4个交易日，股价暴跌了84.63%，做多的美国散户同样损失惨重。可以说，在GME股票上做空的机构，又反过头来割了美国散户的"韭菜"，而且还是"疯狂的韭菜"。《新京报》认为，此次"世纪逼空大战"不能简单归结于"韭菜割镰刀"的恶搞式剧情，而是说明美国金融秩序已出现危机，美国金融界引以为傲的成熟模式将遭到重创。

当前，新冠肺炎疫情依然严峻，美国国内新冠肺炎疫情仍在肆虐。作为世界头号强国，美国的风吹草动都将对国际形势产生巨大影响，国际局势仍然面临不确定性挑战。进入2021年，世界拥有了疫苗等应对新冠肺炎疫情的新工具，拜登政府上台后也积极推动美国民众接种新冠疫苗，但病毒变异等新挑战仍然存在。英国疫苗部署部长扎哈维2月4日称，现在新冠病毒共变异出约4000种病毒基因型。变异病毒传染性更强，现有新冠疫苗对其是否具有有效性仍然存疑。如果不加强控制以减缓其传播，将对当前已承压的医疗系统产生更大影响。疫乱交织下，国际局势依然晦暗不明。

第二节　逆全球化：倒行逆施费心机

回顾2020年，逆全球化成为全球最重大的发展趋势。随着全球疫情的发展，各国为应对疫情，需要采取必要的封闭和隔离政策，短期看这些举措与逆全球化的诸多诉求相一致。新冠肺炎疫情不仅是"全球的危机"，也是一场"全球化的危机"，疫情导致逆全球化加速上演。

各国为应对疫情采取封锁政策，跨国供应链中断，使得全球贸易往来快速萎缩，一些产业加速转移，供应链风险不断凸显。根据世界贸易组织（WTO）数据显示，2020年前三季度，全球货物贸易量同比下滑8.2%，在第二季度触底之后出现复苏，2020年全球货物贸易量下降5.3%。如是金融研究院院长管清友称，这次疫情导致产业链被切断，尤其是全球跨国生产的产业链，如半导体、汽车行业等已经受到比较大的冲击，还有交通运输、加工制造业的一些核心零部件生产和运输问题不能得到及时解决。

舆论认为疫情暴露了精益制造原则下全球供应链的复杂性和脆弱度。证券时报网等称，受新冠肺炎疫情在全球蔓延的影响，全球经济衰退加剧，全球贸易保护也进一步加剧，投资壁垒增多，信任危机面临挑战，特别是现在的贸易合作方式、合作的信任度严重缺失。预计此次疫情之后，许多国家会出于分散风险和加强关键产业的供应安全等考量，加快产业回流，必然导致全球化出现倒退。悉尼大学工程学院马亨德拉·普拉维南（Mahendra Piraveenan）博士称，工业产能已经受到严重影响，供应链已经中断，显然新冠肺炎疫情已经成为全球商品和服务流动的"绊脚石"。

　　全球化归根结底是人的全球化，疫情对全球化造成的另一巨大冲击还体现在全球人员流动方面。为应对疫情的影响，许多国家和地区通过实行"封城封国"、减少国际航班等措施限制人员流动来阻断病毒的传播。这些措施在防止疫情传染扩散、保障民众生命健康方面起到了积极作用，但也不可避免地限制了世界范围内的人员流动，延缓了全球化发展进程。据全球航空数据公司Cirium发布的《2020航空洞察报告》显示，疫情及其影响抹去了全球

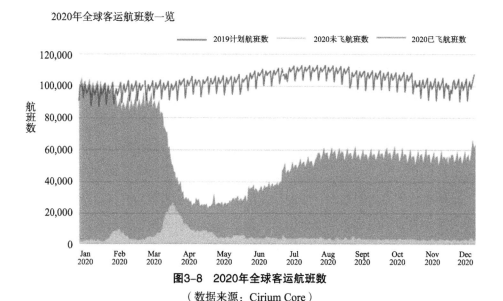

图3-8　2020年全球客运航班数

（数据来源：Cirium Core）

客运量过去21年的增长。与2019年相比，2020年的客运量下降了67%，回到1999年的水平。有数据显示，2020年航空公司1月到12月运营的航班数同比减少了49%，由3320万架次减少到1680万架次。相比之前预计的总营业收入，全球航司的营业收入总计损失了3910亿美元。

随着新冠肺炎疫情的突发，粮食安全问题也引发各方关注。世卫组织数据显示，新冠疫情大突发和为遏制疫情采取的限制措施使全球约2.2亿人长期处于粮食紧张状态。受疫情影响，在2019年已有6.9亿人面临粮食短缺的基础上，2020年可能又有1.32亿人遭遇饥饿。2020年3月24日，为了防止病毒在印度扩散，印度政府开始实行全国范围的封城措施，作为全球大米最大的出口国，印度的大米出口也受到了巨大的影响。在印度因为"封国"而导致大米出口停滞的同时，出于粮食安全的考虑，越南作为世界第三大稻米出口国主动禁止了大米出口。随后，更多国家加入限制粮食出口的行列，其中包括柬埔寨、哈萨克斯坦和俄罗斯等粮食出口大国，进一步抬高了粮食价格。世界银行数据显示，受疫情影响，全球食品价格在2020年总体上涨了20%，进入2021年后，多数主要农产品价格总体上仍处于上升态势.

舆论认为相关国家的"出口封锁"行为将影响全球化下的粮食结构优化。英国查塔姆皇家国际事务研究所（Chatham House）主任本顿批评称，如果各国政府不通过协调来确保全球粮食供应量充足，只把国家利益放在首位，那么，情况可能会变得更糟。还有评论指责，世界贸易组织作为全球最大的贸易体系，自身规则滞后，仲裁机构停摆，针对疫情期间一些国家"闭关锁国"，禁止大米出口等问题，没有及时采取应对措施和建立相应的规章。

疫情对全球化的根本冲击是在思想意识层面激起了更多人对于全球化的担忧乃至批评，其结果是导致反全球化的舆论与势力上升。人们突然发现，世界竟如此脆弱，全球化竟如此"不堪一击"。一些评论甚至称全球化已经死亡。世界著名智库杰塔姆皇家国际事务研究所的首席执行官罗宾·尼布利特

称，我们所知道的全球化在走向终结。美国地缘政治分析家罗伯特·卡普兰
（Robert D.Kaplan）表示，新冠肺炎疫情大流行标志着后冷战时期倡导自由
贸易、加强全球团结的乐观主义的"全球化1.0"阶段的结束，并进入大国割
据、民粹兴起、社会分裂的悲观主义的"全球化2.0"时代。

事实上，"逆全球化"的趋势在新冠疫情之前已有迹象。在新冠肺炎疫情
发生之前，在美国的推动下，对经济全球化的质疑和不满已经在国际社会形
成了一股逆流，贸易摩擦频发、多边合作停滞、排外主义抬头，全球化进入
崎岖路段。特朗普执政期间打着"美国优先"的大旗，抛弃多边主义大搞单
边主义。美国不断退群，向包括盟友在内的各国发动贸易战。2019年，美国
先后退出联合国教科文组织、全球移民协定、联合国人权理事会、《苏联和美
国消除两国中程中短程导弹条约》《巴黎协定》等国际组织和条约。

新冠肺炎疫情大流行并未遏制美国政府不断"退群"的单边主义势头。
2020年5月，特朗普宣布，由于世卫组织"拒绝执行美方所要求的改革"，美
国将终止与世卫组织的关系，并将向该组织缴纳的会费调配至别处。7月，美
国正式退出世卫组织。11月22日，美国宣布正式退出《开放天空条约》。中国
网称，特朗普政府的"美国优先"原则，尤其是在疫情期间从世卫组织的退
出，让美国呈现出极端的战略收缩倾向。美国不断"退群""毁约"，把自己
置于国际道义和国际规则的对立面，严重损害国际公平正义和全球和平、稳
定与发展。《人类简史》作者尤瓦尔·赫拉利发表的《冠状病毒之后的世界》
一文中提到，"在先前的全球危机中，美国担当了全球领导者的角色。但是现
任美国政府已经放弃了领导者的职务。它已经非常清楚地表明，它更关心美
国的伟大而不是关心人类的未来。"

美国等少数西方国家的政客变本加厉，为谋求选举成功等私利，借疫情
名义不断挑动民粹主义、排外主义，反对全球化，宣扬孤立主义。当地时间
2020年3月30日，美国前总统特朗普在白宫表示："我们永远不应该依赖外国

为我们自己的生存手段……这场危机凸显了强大的国界和繁荣的制造业的重要性……现在，两党必须团结起来，把美国建设成为一个全面独立的、繁荣的国家：能源独立，制造业独立，经济独立，国界主权独立。美国永远不会成为一个依赖国，将成为一个自豪、独立、自强的国家。美国将推进商务，但不会依赖任何人……"新浪财经评论称，特朗普的演讲意为，美国未来将独立于全球供应链之外，逐步成为一个自给自足的国家。《瞭望东方周刊》等称，美国在疫情中出现种族歧视和民族主义的倾向，美国政府利用底层民众在全球化中的失落感和被剥夺感，趁机转移国内矛盾，共同寻找外部敌人，以掩盖政府应对疫情的不足，这些都将打击经济全球化的互信基础。

2020年11月，美国总统大选落下帷幕，奉行多边主义的拜登当选总统。但舆论普遍认为，拜登领导下的美国要重回国际多边主义、实现内外统筹兼顾，并非易事。秉持"主权国家优先""主体民族优先""经济效率优先"和"短期收益优先"的"特朗普主义"在美国国内短期内难以消退。人民论坛等称，特朗普获得的选票与拜登选票接近，这表明，即使拜登有心在执政后弥合美国对外政策之伤，恐怕也心有余而力不足，民粹主义和"美国优先"作为社会主流意识将继续影响美国内外政策。预计即使在疫情过后，美国也可能会继续推动基于美国优先的逆全球化进程，这一格局短期内难以改变。

"逆全球化"的标志性事件英国"脱欧"也在2020年走到了最后一程。自英国在2016年6月23日举行"脱欧"公投，决定离开欧盟单飞之后，过去3年多的时间里英国和欧盟围绕"脱欧"后的双方关系展开了马拉松式谈判。2020年1月31日，英国正式"脱欧"，进入1年过渡期，并开始就与欧盟的未来关系进行谈判。但直到2020年12月24日，距离英国"脱欧"过渡期最后期限仅剩一周之际，英欧双方才互相做出妥协，就"脱欧"后英欧关系达成协议，协议涵盖贸易、人员往来、安全等多个领域。2020年12月31日，英国正式结束"脱欧"过渡期。过渡期结束后，英国在实质上真正完全离开欧盟的体系。《新京报》等认为，英国"脱欧"对欧洲一体化来说是一次重大挫折，英国"脱欧"的成功也为欧盟内部其他国家的民粹主义力量提供了效仿的榜样，有可能引起民粹主义力量的进一步发展，对欧洲一体化的发展起到阻碍作用。

表3-1　英国脱欧大事记

日期	事件
2016 年 2 月 20 日	时任英国首相伦宣布 6 月举行脱欧公投。
2016 年 6 月 23 日	脱欧公投正式开始，英国民众选择了脱离欧盟。
2017 年 2 月 2 日	英国政府公布脱欧白皮书。
2017 年 3 月 29 日	英国政府正式启动脱欧程序。
2017 年 6 月 19 日	英国与欧盟正式开始脱欧谈判。
2017 年 12 月 8 日	欧盟与英国达成脱欧第一阶段谈判协议，就分手费等核心议题达成一致。
2018 年 6 月 26 日	英国女王批准脱欧法案，允许英国退出欧盟。
2018 年 11 月 25 日	欧盟 27 个成员国一致通过脱欧协议草案，提出爱尔兰边界"后备计划"。
2019 年 1 月 15 日	英国下议院否决脱欧协议草案。
2019 年 3 月 14 日	英国下议院支持推迟脱欧。
2019 年 4 月 8 日	时任英国首相特雷莎·梅再度向欧盟寻求推迟脱欧，欧盟成员国领导人最终同意将脱欧期限延至 10 月 31 日。
2019 年 5 月 24 日	由于脱欧僵局难破，特雷莎·梅宣布将于 6 月 7 日辞去英国执政党保守党领导人以及首相职位。
2019 年 7 月 24 日	保守党新党首鲍里斯·约翰逊就任首相。
2019 年 10 月 19 日	英国议会下院投票通过关键修正案，迫使首相约翰逊致信欧盟寻求三度推迟脱欧。
2019 年 10 月 28 日	欧盟同意英国将脱欧期限推迟到 2020 年 1 月 31 日。

续表

日期	事件
2020 年 1 月 23 日	英国女王伊丽莎白二世签署批准英国议会此前通过的脱欧协议相关法案，这标志着该法案正式生效成为英国法律。
2020 年 1 月 24 日	欧洲理事会主席米歇尔和欧盟委员会主席冯德莱恩签署英国脱欧协议。
2020 年 1 月 29 日	欧洲议会全体会议投票通过脱欧协议。按照既定程序，在欧洲议会表决后，欧盟理事会需批准该协议，从而完成英国脱欧问题在欧盟一方所有程序。
2020 年 1 月 31 日	英国正式退出欧盟，进入为期 11 个月的过渡期，至 2020 年 12 月 31 日结束，在此期间双方围绕未来经贸关系展开谈判。
2020 年 3 月末	英欧贸易谈判因疫情中断。
2020 年 4 月 20 日	英欧贸易谈判重启。
2020 年 9 月 14 日	英国下议院通过《内部市场法案》，该法案实质上让英国对北爱尔兰边界获得了绝对的管理权，引发欧盟不满。
2020 年 12 月 7 日	英国政府作出让步，放弃《内部市场法案》中的争议部分，主要争议也只剩下渔业一项。
2020 年 12 月 24 日	英欧达成《欧盟—英国贸易与合作协议》。

（数据来源：综合媒体报道）

　　针对国际上"逆全球化"的潮流，舆论认为，世界潮流浩浩荡荡，拒绝全球化，必将自食恶果。央视财经等称，逆全球化损害了全球所有人的利益，它将衍生出一系列的问题。比如，还没有发展起来的新兴市场国家未来的发展的局限；已有的、为满足出口需求而投资的产能；过去20年全球化带来的对于通胀的压抑；全球美元流动性的供给，等等。南京大学经济学教授刘志彪称，目前各国流行的看法普遍比较悲观，认为疫情后各国出于供应链的稳定性、安全性和自主性的需要，会采取措施鼓励企业内向化发展、限制本国企业的跨国投资和布局。如果各国真的这样做，全球经济也将发生严重的倒退和萧条。

世界多极化和经济全球化的时代潮流不可能逆转。受疫情因素影响，社会学界认为短期内逆全球化走向或面临不确定性。

有观点认为，受疫情影响，世界将进入一个更高端的全球化。上海财经大学校长蒋传海称，全球化包含社会、经济、文化和政治等各个方面。从大历史的视角来看，全球化仍在加速推进，不可能发生逆转，只是全球化中的经济全球化出现一些新的重大变化。第一财经等称，疫情还有可能加速第四波全球化——网络全球化的发展，并因此带来全球化的新发展、新转变。2020年之前的全球化是物质运输的全球化，而2020年之后的全球化则是思想创新、知识精神的全球化流动，因为通过网络，通过大数据，通过视频，人们重新又汇聚在一起。

部分观点则认为逆全球化是否将继续抬头取决于全球疫情的防控形势。中国区域经济学会副会长兼秘书长陈耀认为，新冠肺炎疫情如果得不到有效控制，逆全球化的势头还会加剧。比如欧美及部分亚洲国家由于疫情出现一波又一波的反复，都不同程度地采取了一些严格控制手段，这些防控措施使全球的贸易、投资出现很多的不确定性，整个全球产业链和供应链难以畅通，受到很大的冲击。

还有部分观点透露出悲观情绪加重。美国著名政治风险分析公司欧亚集团总裁伊恩·布雷默（Ian Bremmer）在《2020年重大风险报告》中警告称，2020年是一个重大转折点，全球化将发生历史性转变，新冠肺炎疫情迫使各国更加关注自身，加速了地缘政治衰退和逆全球化的进程。

第三节　地缘政治：荆棘丛生起波澜

2020年，新冠肺炎疫情肆虐，大国竞相布局。单边主义、强权政治、保护主义抬头，地缘政治风险再起，全球治理体系失序。

面对不确定性激增的战略环境，美俄为赢得主动，积极谋局布势，美俄战略对抗持续升级。综合媒体报道，2020年以来，美国以《国家安全战略》《国防战略》等文件为指导，更加聚焦大国竞争，强调以"美国优先"重塑国际秩序与大国格局，通过前沿部署、武力炫耀、制裁等方式频频向俄罗斯施压示强。俄罗斯则对美国挥舞制裁大棒和战略威逼予以反制，积极发展战略威慑力量，举行冷战后最大规模的战略演习，俄美战机和军舰多次抵近对方家门口侦察、演习。如2020年9月，俄军在黑海上空发现3架美国空军B-52战略轰炸机靠近俄边界。为防止美军机侵犯俄领空，俄南部军区4架苏-27战机和4架苏-30战机随后升空，在黑海和亚速海上空对其进行拦截。最值得关注的是，两国于2010年签署的《新削减战略武器条约》将于2021年2月到期，该条约是俄美间仅存的限制战略武器条约。为讨论延长该条约，美俄在2020年举行多次对话，但并未取得突破性进展。

舆论认为美俄博弈愈演愈烈，将对全球安全与稳定带来严峻挑战。《解放军报》称，频频发生的军事摩擦折射出俄美两国军事博弈加剧的趋势，也反映出两国关系紧张的现状。澎湃新闻网称，2020年，大国竞争作为国际政治的主基调更加凸显，美俄不顾全球疫情处于爆发态势，积极谋局布势，掀起了更为激烈的军事对抗，使得双方军事对抗的风险进一步加剧，也对全球安全与稳定构成了严峻的挑战。2021年2月3日美国国务卿布林肯发布声明说，美国与俄罗斯同意延长《新削减战略武器条约》5年时间，有效期至2026年2月5日，条约内容保持不变。该条约的签署使众多国际问题专家松了一口气。俄罗斯《国家防务》杂志总编辑伊戈尔·克罗特琴科表示，有关延长《新削减战略武器条约》有效期5年的决定对于确保两大强国之间的军事战略平衡和整个国际安全具有划时代意义。

在国际关系中，中美关系的重要性与日俱增。舆论认为，中美关系在

2020年经历了建交以来最严峻的挑战。尤其是2020年下半年以来，美国大选与美国国内愈发严重的疫情形成了叠加态势，美国社会动荡不安，美国政府为转移国内矛盾，不断挑战和试探中美关系的底线。2020年7月23日，美国国务卿蓬佩奥公开发表演说称美国对华接触政策失败，未来应该用"不信任并核查"的方式对待中国。这篇演讲被视为对共和党过去50年中一大外交政策成就的沉重一击，也被形容为挑起现代冷战的"新铁幕演说"。人民大学国际关系学院副院长金灿荣称，蓬佩奥的演说表示美国想跟中国打"新冷战"，把中美关系上升到意识形态对抗的高度了。2020年10月6日，美国国土安全部更是发布首个《国土威胁评估报告》，赤裸裸地将中国列为美国国土安全"主要威胁"之一，并再次在国际上带头炒作所谓"中国威胁论"。

2020年以来，特朗普政府延续往年政策，不断推出针对中国的新措施，试图以不同的限制方式遏制中国发展。澎湃新闻网称，2018年以来，中美贸易摩擦已升级至贸易、科技、金融、外交、地缘政治、国际舆论、国际规则等全领域。美国最根本也是最本质的目的是遏制中国崛起、维护美国霸权。美国大选尘埃落定后，特朗普政府更是在任期最后几十天将对华措施疯狂升级，其中包括限制中共党员及其直系亲属赴美、禁止中共统战官员或参与中共统战活动的人士入境美国等。

美国还不断借疫情及人权问题对中国发难。为了推卸疫情防控不力的责任和维护少数人的政治利益，美国部分政客将新冠肺炎疫情污名化，将抗击疫情政治化。2020年3月16日，特朗普在Twitter的推文中使用"中国病毒"，此后多次使用，并污蔑是中国对美国造成了严重的经济破坏，严重影响了美国民众的日常生活。3月25日时任美国国务卿蓬佩奥在G7外长会上试图将"武汉病毒"写入联合声明，但遭到其他国家外长反对。9月22日，在第75届联合国大会的发言中，特朗普近乎疯狂地"甩锅"中国，据《卫报》统计，他在这场短短7分钟的演讲中一共提到中国11次。舆论认为特朗普政府肆意制

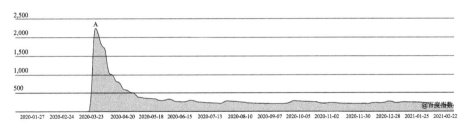

图3-9　百度有关"特朗普3月份在推特使用'中国病毒'"的检索指数趋势图

造谣言、恐慌、歧视和偏见的行径，给国际关系的稳定发展蒙上新的阴影。

　　此外，美国频频推出与中国相关的立法，尤其在涉台、涉疆、涉藏的议题上，频频挑起事端，发起"人权""宗教"等舆论攻势，并表现出异常强硬的立场与势不两立赶尽杀绝的态度。2020年1月28日，美国众议院通过《西藏政策及支持法案》，声称"捍卫藏人宗教自由，保障西藏自治地位"。2020年3月26日，特朗普签署《台北法案》，要求美国行政部门协助台湾"巩固邦交"、参与国际组织以及增强"美台双边经贸关系"。2020年6月18日，特朗普正式签署《2020维吾尔人权政策法案》，蓄意诋毁新疆的人权状况，粗暴干涉中国内政。

　　在香港问题上，美国更是动作频频，挑战中国底线。2020年6月30日，全国人大常委会以162票全票通过《中华人民共和国香港特别行政区维护国家安全法》。针对香港国安法，以美国为首的西方国家反应"强烈"。2020年7月8日，以美国为首的"五眼联盟"举行外长会议，讨论香港局势，意图掀起"暂停与香港之间引渡协议"小浪潮。7月14日，特朗普签署《香港自治法》，进一步授权美国政府向被指破坏香港自治权的中国官员实施制裁，同时对与这些官员有业务往来的银行实施制裁。同日，特朗普签署《关于香港正常化的总统行政令》，宣布取消香港特别行政区的特殊待遇。8月9日，以美国为首的"五眼联盟"发布涉港联合声明，对香港特区政府依法推迟立法会选举等行为进行无理指责，还再度对香港国安法进行污蔑。2021年3月，中国十三届全国人大常委会第二十七次会议审议通过香港基本法附件一和附件二修订案，美国现任国务卿布林肯重申了特朗普政府在2020年宣布的取消香港的自治贸易和金融特别待遇政策。中国网等刊文称，美国干涉香港问题是为了破坏香港的自治和稳定，其根本目的是乱港反华，但美国再也无法像过去那样在香港兴风作浪。

美国同时还在军事上疯狂"秀肌肉"，并强化与"盟友伙伴"合作，企图打造遏华联盟。7月，美国参议院在"2021年国防授权法案"中建议邀请台湾参与"环太平洋军事演习"以及美军医疗舰停靠台湾事宜。美国无视中国大陆警告，2020年6次通过对台军售案，总价值高达58亿美元。11月，美日澳印举行联合军事演习，且性质在从所谓的海上安全合作向多国联军作战转变。另据公开数据显示，仅2020年上半年，美军机在南海活动就多达2000余次，并有从抵近侦察向挑衅施压和作战演练转变的趋势。

展望2021年，舆论认为，拜登上台后，其外交思路中，修复"盟友关系"先于对华施压，预计短期内中美关系不会继续恶化，但两党已达成对华强硬的共识。事实上，拜登上任之后，对中国动作频频，包括推进19亿美元华为中兴设备拆除更换计划，针对中国发起多项337调查，成立针对中国的特别工作组从军事层面"对抗中国"。金融界网等称，拜登政府的上台，不代表各类冲突也随之消失。拜登政府很可能利用多边主义策略对中国实施进一步压制，美国对华的遏制在总体战略上很可能延续特朗普政府的政策，这其中包含了大国之间的博弈，不是靠某个政党的上台就可以填补这个沟壑的。我们要对中美形势的长期性和日益严峻性有清醒的认识和准备。

风起于青蘋之末，浪成于微澜之间。除了大国直接交锋，全球各地热点频发，新问题层出不穷，大国博弈的明争暗斗给国际安全环境、大国关系和地区局势增加了诸多变数。《光明日报》等称，在大国博弈背景下，地缘政治加速回潮，区域冲突难以遏止。

在中亚地区，2020年9月27日，阿塞拜疆与亚美尼亚在纳卡地区爆发新一轮军事冲突。这是继2008年俄格冲突、2014年乌克兰危机之后，在欧亚大陆结合部上演的又一次真正意义上的战争，冲突造成4000余人死亡、8000余人受伤、数万人流离失所。10月，亚、阿两国在俄美等国斡旋下先后三次达成停火协议，但实际上并未停止互相攻击。11月9日，有关各方签署声明，宣布纳卡地区从莫斯科时间11月10日零时起完全停火。根据声明，俄罗斯已开始在该地区执行维和任务，俄罗斯和土耳其也已签署有关建立纳卡地区停火联合监控中心的协议，但阿塞拜疆与亚美尼亚两国依然处于敌对状态。据俄罗斯卫星网2020年12月31日报道，未获得国际承认的"纳卡共和国"紧急情况局在社交媒体上发布消息称，自2020年11月13日起，截至12月30日，在战地搜救过程中，已在冲突地区共找到包括平民在内的1135具遇难者遗体。

事实上，阿塞拜疆、亚美尼亚外加格鲁吉亚三国，面积仅相当于我国湖北省，人口不足1700万。但三国左临里海右濒黑海，上接俄罗斯下连伊朗、土耳其，既是欧亚大陆的结合部，也是中东与俄罗斯的交叉点，地缘位置之重要不言自明。如果再考虑到亚美尼亚是基督教国家，阿塞拜疆是伊斯兰教国家，格鲁吉亚是东正教国家，且三国语言各不相同，就更知此地绝非寻常[1]。国际在线等称，纳卡冲突绝不能仅从两个小国之间围绕领土主权爆发的一场战争角度去看待，而应将其置于全球地缘敏感地带、"文明冲突论"卷土重来的时空背景下去审视。纳卡地区爆发的冲突诚然源自历史积怨，但背后

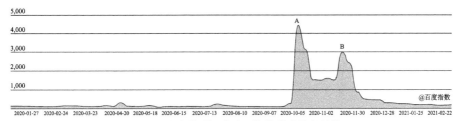

图3-10　百度有关"纳卡冲突"的检索指数趋势图

---

① 袁鹏：《不畏浮云遮望眼——从百年变局维度看2020年的世界风云》，国际在线，2020-12-29。

的大国博弈使冲突解决进程复杂化。

吉尔吉斯斯坦也再现多事之秋。2020年10月,吉尔吉斯斯坦因议会选举初步结果发生政权动荡,该国首都暴力冲突不断,总理、议长发生更迭。2021年1月10日吉尔吉斯斯坦举行总统选举,刚刚从狱中释放的前反对派领导人扎帕罗夫得票率大幅度领先,登上总统大位。舆论认为吉此次政局动荡源自选举后议会对总统的制衡失效,背后原因是疫情影响下的经济社会问题。还有舆论质疑吉政权动荡背后有"颜色革命"迹象,认为需警惕其对我周边安全带来的威胁。相关舆论称,正在吉尔吉斯斯坦发生的这一幕,在乌克兰、白俄罗斯都曾经发生过。当反对派没有在选举中获胜时,他们就认为是选举舞弊,必须采取包括暴力在内的方式将结果推翻,这就是西方"钦定的民主形式",其背后是美国撒钱支撑的。这种模式2019年就在中国香港真实发生过。

在百年未遇的大疫情和中东国家内部发展危机、地区地缘政治危机冲击下,中东地区经历了危机重重的一年。一方面,严重的新冠肺炎疫情并未缓解中东地区固有的冲突与对抗,内战、地区冲突、地缘政治博弈等危机事态持续恶化;另一方面,新冠肺炎疫情进一步暴露和加剧了中东多国本就积重难返的政治、经济和社会危机,进一步推高了中东国家的内部风险和地区的地缘政治风险①。

2020年1月3日,美国以人力情报、无人机监视和打击手段,击杀伊朗伊斯兰革命卫队下属"圣城旅"指挥官卡西姆·苏莱曼尼,打开了暗杀战略目标的闸门。美国欲借暗杀持续加大对伊朗"极限施压",并欲将到期的针对伊朗的联合国武器禁运无限期延长,遭到国际社会一致反对。11月27日,伊朗国防部研究和创新机构负责人、首席核科学家穆赫森·法赫里扎德在德黑

---

① 刘中民:《多重危机中的博弈与变局》,《光明日报》,2020-12-26。

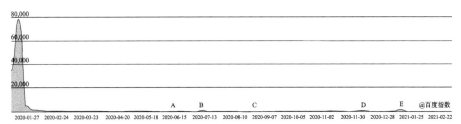

图3-11　百度有关"美国暗杀苏莱曼尼"的检索指数趋势图

图3-12　百度有关"法赫里扎德被暗杀"的检索指数趋势图

兰附近遇袭身亡，伊朗指责以色列是幕后黑手。澎湃新闻网等称，在过去的国际斗争中，暗杀偶有发生，而2020年暗杀成为重要手段。这些表明地区安全形势趋向动荡不安，并进一步加速地区安全秩序的快速演变。《光明日报》称，无论暗杀法赫里扎德的背后主使者到底是谁，美国的伊朗或中东政策的确成了地区热点问题的"助燃剂"。更严峻的是，美国的单边主义做法在国际社会中起到负面示范效应，削弱了国际法和国际机构的权威性和约束力，加剧了将国际社会带回丛林法则的风险。

除了伊朗之外，黎巴嫩也动荡不宁。2020年8月4日，黎巴嫩首都贝鲁特港口区发生剧烈爆炸，导致200人死亡，近30万人无家可归。灾难叠加新冠肺炎疫情，加剧了黎巴嫩深重的经济、社会危机。8月10日，黎巴嫩时任总理哈桑·迪亚卜宣布政府集体引咎辞职。然而，港口爆炸引发的政治危机至2021年仍然还在继续，黎巴嫩各方仍在恢复组阁的磋商中"打转"。美国《华尔街日报》等称，黎巴嫩示威者要求彻底改变精英阶层操纵的政治系统，并指责伊朗支持的真主党贪污腐败。以法国为首的西方国家乘势推动黎巴嫩改革，

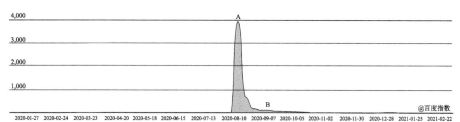

图3-13　百度有关"黎巴嫩大爆炸"的检索指数趋势图

令伊朗担心失去对该国的影响力。上海外国语大学丝路战略研究所硕士生导师闵捷称，因为国内政局与国外势力的深度"绑定"，黎巴嫩成为周边地区社会状况的"晴雨表"。地区大国利用对黎巴嫩政局的控制，换取在本国政治中的国家制衡力；同样，黎巴嫩的危局，也说明中东和欧洲正在遭遇危机。

值得关注的是，无论是在苏莱曼尼被暗杀事件，或是在法赫里扎德被杀事件、纳卡冲突中，智能类武器的运用成为舆论关注的一大焦点。据媒体报道，美国通过大数据分析，运用MQ-9无人机发射火箭弹命中苏莱曼尼；法赫里扎德则或是被远程或卫星控制的遥控机枪射杀；在纳卡冲突中，无人机袭击了亚美尼亚大量坦克、多管火箭炮车和防空平台。舆论认为，人工智能武器具有攻防不对等特性，攻方往往只要找到系统的某个弱点就可以入侵系统；而防护系统则必须找全自身所有弱点，不能有遗漏或滞后。在此背景下，率先攻击成为各国的最优策略，增加了冲突升级的可能性。而由此产生的连锁反应，可能使基于军事实力悬殊差距的国家恐怖主义持续蔓延。

还值得一提的是，自2020年8月以来，在美国撮合下，阿联酋、巴林、苏丹、摩洛哥相继宣布与以色列关系正常化，这是自20世纪90年代以来以色列与阿拉伯世界之间大和解的开启，成为2020年中东局势最具历史性的突破。然而，阿以矛盾缓解，使得极限施压和定点打击下的伊朗更显孤立。《解放军报》称，促成阿拉伯国家与以色列关系回暖，除了特朗普政府的军备利诱外，对抗伊朗这个强大的共同对手也是重大因素。

在亚洲地区，受疫情冲击、经济下行、地缘政治格局变化、大国博弈等因素错综交织影响，整体局势复杂。印巴冲突、中印对峙、泰国局势、缅甸政变等风险值得关注。

印度继续寻求加强印巴边境地区实际控制，印巴双方多次引发小规模冲突。例如，2020年11、12月份，印巴在克什米尔多次爆发军事冲突，双方各有数十人伤亡。

一年以来，中印边境局势备受舆论关注。特别是2020年5月初以来，由于印度再次主动挑起争端，中印两军在边境拉达克地区持续不断地发生对峙。6月15日晚，在中印边境加勒万河谷地区，印军违背承诺，再次越过实控线非法活动，蓄意发动挑衅攻击，引发双方激烈肢体冲突，造成人员伤亡。印度方面不断往中印边境地区增加防守部队，挑衅意味浓厚。据《今日印度》2020年12月21日报道，印度所谓"印藏边境警察部队"准备在中印边境新组建7个营，新增1万名士兵，使其兵力从近9万人提高到大约10万人。

截至2021年4月，中印双方已经举行了11轮军事谈判，签署了多轮外交协议，但中印全面撤军仍未实现。舆论认为，印度执政党印度人民党强烈的印度教民族主义意识形态决定了他们对外采取强硬立场，这种强硬立场与该党精英联美制华的战略思想相结合，并配合印度国内无法克制的民族主义情绪，以及新冠肺炎疫情带来经济压力时转嫁国内矛盾的冲动，这些都导致印度政府至少短期内不会主动撤军，中印对峙局势或将持续数年。

泰国局势同样引人注目。据新加坡《联合早报》统计，2020年全年，泰国各地发生的示威行动多达200多次。2020年2月21日，泰国宪法法院宣布解散泰国第三大党新未来党，该党被裁定解散后，泰国校园示威活动增多，后受疫情影响有所平息。7月，随着泰国逐渐放松防疫管制措施，以学生为主力的示威群体再次开始活动，主要诉求是要求泰国总理巴育下台和修改宪法。8月10日，示威者提出"我们不想要改革，我们要革命"，并提出"政府下台、修改宪法、改革君主制"三大诉求。

此后，示威集会以曼谷为中心扩散至泰国全国。10月18日，泰国数千名示威者占据曼谷的主要路口，重提三大诉求。11月17日，泰国国会重启修宪进程，大批反政府示威者走上街头继续抗议，并与保王派黄衫军发生激烈冲突，造成至少55人受伤，这是自7月以来爆发的反政府示威浪潮中最严重的一次。11月18日，泰国国会对7部修宪草案进行投票，反政府示威者在第二天走上曼谷街头，进行大规模抗议。

泰国新生代示威背后被质疑存在西方因素。美国《华盛顿邮报》报道称，美国是泰国的强大军事同盟，"过去支持民主的运动可能会向美国寻求帮助"。《环球时报》称，新未来党被解散后，"人权观察""大赦国际"等美西方"人权组织"高调发声，鼓动新生代上街示威。

值得关注的是，我国香港与泰国暴乱分子相互勾结开展抗议活动。网上流传的示威片段显示，泰国示威者10月18日在曼谷胜利纪念碑集会时，一度高喊"香港是国家，还香港独立"口号。乱港分子、前"香港众志"主席罗冠聪在脸谱网留言对"泰国手足"表示感谢，称"在共同对抗暴政的路途上，不同面对暴政的抗争者互相声援，是构成国际压力相当重要的一环。希望我们都能继续留意白罗斯、泰国等地的抗争，守护我们共同珍视的价值"。香港大公网等称，黄之锋等人之所以如此迫不及待地支持泰国骚乱，除了要向美国政客交差之外，还在于意图通过渲染泰国的骚乱，达到重新"倒灌"回香港的目的，重燃黑色暴乱。

缅甸也不太平。2021年2月1日，缅甸国务资政昂山素季和几名高层人士被军方扣押，缅甸实施为期一年的紧急状态，由副总统敏瑞担任临时总统。联合国秘书长安东尼奥·古特雷斯将缅甸军方的举动称为"对民主改革的沉重打击"。缅甸各地由此多次爆发大型示威抗议活动，上万民众走上街头，抗议军方掌权，要求释放昂山素季等官员。为反制日益壮大的示威浪潮，军方大规模动员并派遣军车及装甲车巡逻，又于多地实施宵禁。舆论担忧缅甸步上泰国的后尘，期盼缅甸妥善处理分歧，尽快恢复社会稳定。

总而言之，2020年是极不寻常的一年。疫情发生以来，世界地缘政治动荡加剧，全球政治稳定性下降。而中国已经成为全球地缘政治变化的自变量。未来一段时间内，疫情持续扩散、贸易保护主义日渐盛行、民粹主义不断抬头及一些国家治理能力不足的局面将难以扭转，部分地区地缘政治紧张局势难见缓解，大国政治博弈可能进一步加剧[①]。

第四节　中国理念：沧海横流显本色

沧海横流，方显英雄本色。面对极不平凡的一年，以习近平同志为核心的党中央率先垂范，以身作则，主动作为。中国担当给世界留下深刻印象。新华网称，2020年，是世界在危中寻机的一年，也是中国迎难向前的一年。中国特色大国外交高举构建人类命运共同体旗帜，坚定站在历史正确的一边，为人类谋健康，为世界谋稳定，在危机时刻、巨变之年，彰显大国担当、大国风范、大国智慧。

这一年来，中国以"云外交"为引领。国务委员兼外交部部长王毅表示，"云外交"是2020年中国外交最大亮点。2020年，习近平主席以"云外交"的方式同外国领导人和国际组织负责人会晤、通话87次，出席22场重要双多边活动。央视新闻网称，新冠肺炎疫情让以电话、书信、视频为主渠道的"云外交"成为一种新常态。从"面对面"到"云外交"，非常时期孕育非常创新。在"云外交"中，习近平主席着力推动拓展数字经济、智慧城市、清洁能源、5G等新业态合作，为各国经济发展创造更多新增长点，为全球经济复

---

① 中国出口信用保险公司：《国家风险分析报告》，2020-11-12。

图3-14　网上有关"元首'云外交'"相关话题词云图

苏注入更多新动力源。

　　这一年来，中国以团结抗疫为主线。习近平主席出席了多场"云会议"，谈得最多的就是和衷共济、团结抗疫。5月18日，习近平主席在第73届世界卫生大会视频会议开幕式致辞中首次提出打造人类卫生健康共同体倡议，深刻阐释中国推动抗疫合作、促进经济复苏、完善全球治理等的理念和主张，强调团结合作是战胜疫情最有力的武器。疫情发生以来，中国启动了中华人民共和国成立以来规模最大的全球人道主义行动，向150多个国家和9个国际组织提供抗疫援助，为有需要的34个国家派出36支医疗专家组。中国发挥最大医疗物资产能国优势，向各国提供了2000多亿只口罩、20亿件防护服、8亿份检测试剂盒①。中国行动尽显大国担当，赢得全球赞誉。南非独立在线新闻网站评论称，中国正在向世界展示"人道待人"的真正含义，并表明自己是一个负责任的全球大国。疫情防控任重道远。世界各国人民要携起手来，风雨同舟，早日驱散疫情的阴霾，努力建设更加美好的地球家园。

　　这一年来，中国坚持扩大对外开放和互利合作。从外商投资准入负面清单持续"瘦身"，到自由贸易试验区再度扩容，再到海南自由贸易港建设总体方案、深圳进一步扩大改革开放的实施方案发布实施……尽管外部环境逆风

---

① 王毅：在2020年国际形势与中国外交研讨会上的演讲，《中国经济周刊》，2020-12-11。

逆水，中国开放的大门却越开越大。2020年11月15日，东盟10国和中国、日本、韩国、澳大利亚、新西兰正式签署区域全面经济伙伴关系协定（RCEP），建立了世界上参与人口最多、成员结构最多元、发展潜力最大的自贸区。在推动签署协定的过程中，中国经济参与全球经贸规则制定，推进高水平对外开放，同世界分享更多发展红利。舆论纷纷称赞，这是东亚区域合作具有标志性意义的成果，体现了中国夯实亚太地区"和平与发展"的战略定力。

这一年来，中国积极运筹同主要大国的关系。在两国元首战略引领下，中俄新时代全面战略协作伙伴关系稳定、牢固、坚韧，显示强大生命力和抗压能力。俄罗斯高等经济大学东方学院院长安德烈·卡尔涅耶夫称，俄中新时代全面战略协作伙伴关系为其他国家树立了榜样，为维护全球战略稳定做出了贡献。中欧方面，尽管双方对香港、新疆以及新冠病毒起源等问题的看法存在分歧，但双方仍致力于合作。2020年12月30日，中欧投资协定成功签署。这项历经7年35轮的谈判终于尘埃落定，昭示着中欧合作取得了历史性的突破。协定的顺利落成，不仅扩大了中国的朋友圈，还为各国企业提供了更多的机遇，对双方的经济复苏都起到了至关重要的作用。舆论认为，协定的签署是中欧关系的里程碑，也是为世界发展献上的一份贺礼。此举表明，当今社会合作才是大势所趋的选择。

这一年来，中国不断维护和拓展发展中国家共同利益。疫情发生以来，中国一直关注发展中国家抗疫需求。2020年4月23日，中国在前期向世界卫生组织捐款2000万美元现汇的基础上，增加3000万美元现汇捐，用于新冠肺炎疫情防控，支持发展中国家卫生体系建设。10月9日，中国与全球疫苗免疫联盟签署协议，正式加入"新冠肺炎疫苗实施计划"，以实际行动促进疫苗公平分配，确保为发展中国家提供疫苗。面对疫情挑战，"一带一路"朋友圈聚焦全球公共卫生合作，分享抗疫信息和技术创新成果，进一步丰富高质量共建"一带一路"内涵。中老铁路全线隧道贯通、中泰铁路一期线上工程合同达成一致、印尼雅万高铁建设实现节点目标、埃及新行政首都中央商务区项目稳步推进、中巴经济走廊建设在疫情防控期间实现"不裁员、不撤人、不停工"……人民网称，面对疫情冲击，共建"一带一路"书写了一份份亮丽答卷，进一步凸显各方对开放合作、互利共赢的现实需求，彰显中国携手各国打造全球公共产品的大国担当。

这一年来，中国积极参与全球治理体系变革。中国在推进经济全球化、应对气候变化、促进可持续发展、联合国维和等传统领域有相当出色的表现，展现出积极参与全球治理的姿态。2020年12月，在联合国气候雄心峰会上，习近平主席宣布，"到2030年，中国单位国内生产总值二氧化碳排放将比2005年下降65%以上"等系列新举措，进一步强化了中国自主贡献减排力度。中国还主动参与全球数字治理等新兴领域国际规则的制定。2020年9月8日，中国发布《全球数据安全倡议》，旨在解决国际社会普遍关心的网络安全关切，与各国共同打造和平、安全、开放、合作的国际网络空间。全球网络空间稳定委员会委员、丹麦奥尔胡斯大学教授克莱恩沃彻特称赞《全球数据安全倡议》是中国政府为推进全球互联网治理的卓越努力。

当今世界正经历百年未有之大变局，新冠肺炎疫情全球大流行使这个大变局加速变化，世界进入动荡变革期。面对"世界怎么了""我们怎么办""合作还是对抗""开放还是封闭""互利共赢还是零和博弈"等"世界之问""时代之问"，中国理念、中国智慧、中国方案成为破解问题的答案。随着人类命运共同体的理念越来越深入人心并一步步成为现实，人类社会对健康安全、和平发展、合作共赢、命运与共的认知也越来越深刻，只要各国之间以诚相待，一定会探索出合作共赢的康庄之路。①

---

① 陈定定：《2020年的世界：携手同行共抗疫情》，中央纪委国家监委网站，2020-12-18。

第四章　中美贸易摩擦：山雨欲来风满楼

中美贸易摩擦在过去几年里愈演愈烈，一直处于胶着状态，并在2019年达到了高潮。随着2020年1月15日中美之间达成第一阶段经贸协议，即《中华人民共和国政府和美利坚合众国政府经济贸易协议》，并于2月15日生效，历时两年多且不断升级的贸易摩擦终于偃旗息鼓，双方对加征关税按下"暂停键"，并相互发布多轮加征关税排除清单，中美贸易关系积极信号不断。但就在世界认为中美即将"走向贸易止战"时，美国特朗普政府又不断对中国新的产品加征关税，并蔓延到对中国跨国企业的制裁，尤其对科技企业的半导体、芯片等核心配件进行"断供"，加之中美在政治、科技和外交上摩擦不断，中美经贸"脱钩论"一时再度被热炒。美国得寸进尺，大肆对中国企业进行制裁和科技封杀，让中国终于"忍无可忍"，中国的态度开始从容忍、退让，转变为以法律和事实为依据的据理力争、针锋相对。2021年1月20日，随着拜登正式宣誓就职美国第46任总统，中美经贸关系面临更多的不确定性。

第一节　交锋：一山放过一山拦

中美经贸关系在2020年开年传来好消息，美国当地时间2020年1月15日上午，中美第一阶段经贸协议签署仪式在美国白宫东厅举行。在现场200多人的见证下，举世瞩目的中美第一阶段经贸协议正式签署，为紧张的中美经贸关系发展提供了一个触底反弹的基石。舆论认为第一阶段协议的签订不仅有利于中美双方经济合作，也有利于世界经济发展和稳定。美国经济学家戈德曼认为，中美第一阶段经贸协议的签署可以为当前的贸易摩擦降温，除了惠及中美两国，还可以刺激全球经济增长。摩根大通首席经济学家卡思曼认为，由于中美第一阶段经贸协议签署带来乐观情绪，2020年全球经济会有更好的发展。

第一阶段经贸协议签署后，中美双方都表现出各自积极履行协议的诚意，中国承诺扩大自美进口，美国立即下调加征关税力度。1月15日，美国贸易代表办公室(USTR)发布公告称，决定自2020年2月14日美国东部时间上午12:01起，美国对中国3000亿美元商品清单中的第一部分约1200亿美元商品加征关税从15%降至7.5%正式生效。双方也加快发布多轮加征关税排除清单。

表4-1　美国贸易代表办公室(USTR)公布加征关税产品排除公告情况

时间	内容
2020 年 2 月 5 日 （总第十九批）	2000 亿美元加征关税商品清单项下的产品排除，共涉及 119 项产品
2020 年 2 月 20 日 （总第二十批）	2000 亿美元加征关税商品清单项下的产品排除，共涉及 47 项产品
2020 年 3 月 6 日 （总第二十一批）	3000 亿美元加征关税商品清单项下的产品第一批排除，对 8 个 10 位税号下的所有产品完全排除，包含口罩等医疗防护产品
2020 年 3 月 12 日 （总第二十二批）	2000 亿美元加征关税商品清单项下的产品新一批排除，对 5 个 10 位税号下的所有产品完全排除，包含一次性手套等防疫用品
2020 年 3 月 12 日 （总第二十三批）	3000 亿美元加征关税商品清单项下的产品新一批排除，共涉及 19 项产品，包含口罩等医疗相关产品
2020 年 3 月 20 日 （总第二十四批）	2000 亿美元加征关税商品清单项下的产品新一批排除，本批排除 177 项产品（包括 1 个 10 位税号下的完全排除产品和 176 个部分排除产品）
2020 年 3 月 25 日 （总第二十五批）	3000 亿美元加征关税商品清单项下的产品新一批排除公告，共涉及 12 项产品，包含医用冰袋塑料袋等产品

续表

时间	内容
2020 年 4 月 22 日（总第二十六批）	2000 亿美元加征关税商品清单项下的产品新一批排除，本批排除 108 项产品（包括 1 个 10 位税号下的完全排除产品和 107 个部分排除产品）
2020 年 5 月 8 日（总第二十七批）	2000 亿美元加征关税商品清单项下的产品新一批排除，本批排除 146 项产品
2020 年 5 月 8 日（总第二十八批）	3000 亿美元加征关税商品清单项下的产品新一批排除，新增 8 项排除产品，包含医用塑料水壶、医用一次性塑料识别腕带等产品
2020 年 5 月 21 日（总第二十九批）	2000 亿美元加征关税商品清单项下的产品新一批排除，新增 78 项排除产品，修订 6 项历史排除产品描述
2020 年 6 月 8 日（总第三十批）	3000 亿美元加征关税商品清单项下的产品新一批排除，新增 34 项排除产品，涉及鸭或鹅的羽绒、塑料护膝、中文印刷书籍、手套、非塑料眼镜架、锂离子电池、LCD 液晶显示器、表盘、儿童安全座椅、钓鱼钩、电火花打火机等产品
2020 年 7 月 7 日（总第三十一批）	3000 亿美元加征关税商品 A 清单项下的产品新一批排除，新增 61 项排除产品，修订 27 项历史排除产品描述
2020 年 7 月 20 日（总第三十二批）	3000 亿美元加征关税商品 A 清单项下的产品新一批排除，新增 64 项排除产品，修订 5 项历史排除产品描述
2020 年 8 月 5 日（总第三十三批）	3000 亿美元加征关税商品 A 清单项下的产品新一批排除，新增 10 项排除产品

表4-2　中国调整对美进口商品加征关税情况

时间	内容
2020 年 2 月 1 日	按照防控新型冠状病毒感染的肺炎疫情进口物资免税政策进口原产于美国的物资，不实施对美加征关税措施，即恢复我对美 232 措施所中止的关税减让义务、不加征我为反制美 301 措施所加征的关税；已加征税款予以退还
2020 年 2 月 6 日	调整对原产于美国的约 750 亿美元进口商品加征关税措施：对税委会公告〔2019〕4 号第一、二部分所列 270 个、646 个税目商品的加征税率由 10% 调整为 5%；第三、四部分所列 64 个、737 个税目商品的加征税率由 5% 调整为 2.5%

续表

时间	内容
2020 年 2 月 21 日	公布对美加征关税商品第一次排除清单对清单一和清单二所列商品，不再加征我为反制美 301 措施所加征的关税。清单一所列商品已加征关税予以退还，清单二所列商品已加征关税不予退还
2020 年 5 月 21 日	公布对美加征关税商品第二次排除清单，不再加征我为反制美 301 措施所加征的关税，本次排除 79 项商品，对已加征的关税税款予以退还
2020 年 9 月 15 日	对《国务院关税税则委员会关于第一批对美加征关税商品第一次排除清单的公告》（税委会公告〔2019〕6 号）中的 16 项商品，排除期限延长一年，即自 2020 年 9 月 17 日至 2021 年 9 月 16 日，继续不加征反制美 301 措施所加征的关税
2020 年 12 月 25 日	对《国务院关税税则委员会关于第一批对美加征关税商品第二次排除清单的公告》（税委会公告〔2019〕8 号）中的 6 项商品，排除期限延长一年，即自 2020 年 12 月 26 日至 2021 年 12 月 25 日，继续不加征反制美 301 措施所加征的关税
2021 年 2 月 26 日	对《国务院关税税则委员会关于第二批对美加征关税商品第一次排除清单的公告》（税委会公告〔2020〕3 号）中的 65 项商品，延长排除期限，即自 2021 年 2 月 28 日至 2021 年 9 月 16 日，继续不加征反制美国 301 措施所加征的关税

在中美双方的共同努力下，2020 年新冠肺炎疫情突发以来中美贸易关系呈现出乎意料的"韧性"，中美双边贸易在疫情困难时期的互相依赖也逐渐增强。从中国出口看，2020 年 2 月至 8 月美国市场所占份额由 13.6% 升至 19.0%；从美国出口看，二季度对华出口率先回升，出口中国市场的份额由 5.2% 升至 8.0%，而对其他贸易伙伴的出口仍处于负增长区间。种种迹象表明，中美经贸合作进入新的阶段，舆论纷纷认为中美双方取得阶段性成果，意味着世界最大的两个经济体正尝试寻找一种更理性的方式打破困境，为推动两国经贸关系重回正轨、促进世界经济的稳定与发展注入正能量，有利于中美及全世界。

中美两国对双边贸易的依赖度

图4-1　中美之间的出口市场份额上升

（资料来源：Macrobond、招商银行研究院）

美国出口当月同比增速

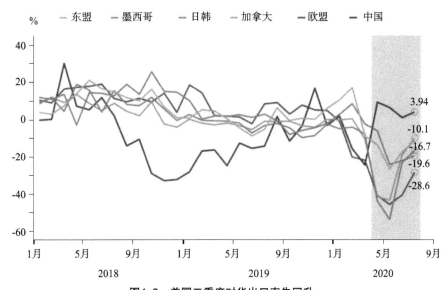

图4-2　美国二季度对华出口率先回升

（资料来源：Macrobond、招商银行研究院）

但随着中美双方经贸合作的进行，西方多次质疑中国对第一阶段协议采购目标的完成情况，美方也多次唱衰第一阶段协议取得的效果，让中美双方的经贸关系面临不确定性。西方媒体称，中国承诺在未来两年增加购买2000亿美元美国商品，其中包括800亿美元制成品、320亿美元农产品和500亿美元能源商品，这一采购规模过于庞大，目标恐难实现。仅就能源采购而言，两年500亿美元的目标，意味着每年250亿美元，是此前采购力度的3倍。之后美方的多次表态和动作也证实了第一阶段协议签署不是中美经贸摩擦的结束。

新冠肺炎疫情在美国蔓延之际，为了转移国内注意力，美国时任总统特朗普多次攻击中国是新冠病毒的源头，扬言会再用关税对付中国，引发贸易战火重燃的忧虑。2020年4月30日，特朗普称，比起他与中国之间为了达成第一阶段贸易协议而耗费的巨大心力，他更加关注中国到底在病毒的缘起与传播上扮演何种角色，他的政府正在制定针对中国的报复性措施，以"惩罚中国应对冠状病毒疫情不力"。此后，特朗普又于2020年5月1日称，在他考虑如何就新冠病毒的传播对中国采取报复措施之际，提高对中国的关税"当然是选项之一"。2020年5月3日，特朗普对外宣称，关税是对中国的"终极惩罚"，并警告中国如果没有兑现购买至少2000亿美元美国产品与服务的承诺，他将撕毁1月签署的中美第一阶段贸易协议。2020年5月8日，特朗普再次宣称，对是否结束贸易协议感到"非常纠结"，对中国疫情的早期处理表示不满，如果中国未能兑现其购买承诺，他将终止贸易协议。这再次引发了舆论担忧。虽然有观点认为特朗普此举仅为"虚张声势"，他完全放弃中美贸易协定的可能性不大，但市场对中美贸易协定的担心仍导致人民币受压，离岸人民币自特朗普发表言论后曾贬值1.5%，逼近年内最低水平。建银亚洲认为，由于海外特别是美国疫情仍未得到有效控制，且2020年是美国大选年，中美贸易战重燃可能性较大，这将对人民币长期走势带来不小压力。美国华尔街也被特朗普的言论"吓坏"。4月30日特朗普威胁要对中国征收新关税后，美国股市在5月1日遭大幅抛售，美国三大股指均收跌超过2%，纳斯达克综合指数跌284.60点，跌幅3%；道琼斯指数下跌622.03点，跌幅2.55%；标普500指数则下跌81.72点，跌幅2.81%。

2020年5月23日，美国商务部宣布，将共计33家中国公司及机构列入"实体清单"，限制与美国进行商业交易，其中包括北京计算机科学研究中心、奇虎360、云从科技、烽火科技集团及其子公司南京烽火星空通信发展有限公司等。根据美国商务部声明，部分企业被列入黑名单的理由是"为中国军方使用物品的采购提供了支持，与美国国家的外界利益相违背"。这些企业及部门被列入"实体清单"后，美国政府即可根据《出口管理条例》限制对这些机构出口、进口或转口。8月17日，美国商务部再一次升级禁令，将华为在全球21个国家的38家子公司列入"实体清单"。8月26日，美国国务院、商务部再宣布将24家中国企业列入制裁"实体清单"，原因是这些企业"帮助中国军方在南海修建人工岛"。美方在新闻稿中毫不讳言地称，制裁就是为了"限制中国继续开发建设填造南海人工岛礁的能力，遏制中国在南海海域的实际控制能力和军事实力"。这是美国连续第三年大规模将中国企业列入实体清单，自2018年中美贸易摩擦开始，已有10个批次超296家中国企业受到美国制裁，此次也与之前限制中国企业时的手段如出一辙。在第一阶段协议已经签署的情况下，美方再次采取将中国企业列入实体清单的方式挑起纷争，分析人士认为中美首轮贸易协议流产的可能性大增。

美国政府还对在美上市中国公司进行限制。2020年6月4日美国白宫发布《关于保护美国投资者避免中国企业重大风险的备忘录》。备忘录称，中国拒绝允许在美国机构上市公司会计监督委员会（PCAOB）注册的审计事务所向PCAOB提供审计工作底稿，还明确规定未经金融监管部门事先同意，审计机构不得提供这些信息，阻止PCAOB履行其法定职责，意味着投资者无法对被审计公司的财务报告充满信心，也给在美国证券交易所上市的证券投资者带来巨大风险。备忘录还要求由美国财政部、美联储、美国证券交易委员会（SEC）等多个美国政府部门组成的"金融市场工作组"进一步研究中国上市公司可能给美国投资者带来的风险，并于60天之内向总统汇报。8月6日，特朗普政府又提出一项计划，要求在美国证券交易所上市的中国公司需遵守美国的审计要求，否则将被迫退市，但若要遵守这一规定，中国审计师必须与PCAOB共享工作文件。8月8日，中国证监会有关部门负责人就美国总统金融市场工作组发布《关于保护美国投资者防范中国公司重大风险的报告》事宜答记者问时表示，中方从未禁止或阻止相关会计师事务所向境外监管机构提供审计工作底稿，中国证券监管机构迄今已向美国证券监管机构提供了多家在美上市中国公司的审计工作底稿，中国法律法规要求的实质是，审计工作底稿等信息交换应通过监管合作渠道进行，这是符合国际惯例的通行做法。

美国升级对华为芯片的管制令，更加佐证了美国持续升级贸易摩擦的决心。美国商务部在当地时间2020年5月15日发布声明称，全面限制华为购买采用美国软件和技术生产的半导体，包括那些处于美国以外，但被列为美国商务管制清单中的生产设备。工厂要为华为和海思生产代工前，都需要获得美国政府的许可证，缓冲期为120天。随之，国内芯片圈的"反击"也接踵而至。当晚，国内集成电路制造龙头中芯国际公告称，国家集成电路基金二期和上海集成电路基金二期将分别注资15亿美元和7.5亿美元——合计达22.5亿美元（约合160亿元人民币），对其间接控股公司中芯南方进行新一轮增资扩股。而处于风暴眼中的华为，则在"心声社区"中再次发出二战中那架弹孔累累的伊尔2飞机图像，回应称"没有伤痕累累，哪来皮糙肉厚，英雄自古多磨难"；华为官方微博也转发配文称："除了胜利，我们已经无路可走。"8月17日晚间，美国商务部工业和安全局（BIS）进一步升级了对华为的限制，禁止华为购买基于美国软件或技术来开发或生产的"零件""组件"或"设备"。由于目前众多的通用芯片都是基于美国的软件及半导体设备设计和生产的，直接导致了联发科等芯片厂商无法继续向华为供货。9月15日，对华为芯片管制升级令如期生效，且美国方面并没有再宣布延期信息，这也就意味着，台积电等制造商必须停止为华为代工生产麒麟芯片，而美国高通、韩国三星以及SK海力士等都将停止任何为华为"供芯"的渠道，华为芯片断供正式来袭。有华为合作伙伴表示，针对芯片断供，华为的具体对策应该还是寻求国产替代方案。不过，一位熟悉华为产业链的半导体专家直言，华为芯片寻求国产替代之路也很难，一方面高端芯片存在技术瓶颈且难以绕开美国技术与设备限制，低端芯片可以用，但华为将"降维"竞争；另一方面，华为打造完全自主可控的半导体产业链也并非一蹴而就之事，需要较长时间。舆论纷纷感叹"华为的至暗时刻来临"。

美国还以所谓"压迫运动"为由，禁止从6家中国企业或机构进口棉花、服装等产品。美国海关与边境保护局（CBP）2020年9月14日在官网发表声明称，禁止从6家中国企业或机构进口棉花、服装、真发制品、计算机零件以及其他商品，并发布5份针对中国产品的扣留释放令[①]，涉及新疆、河北、安徽等地企业。美国《纽约时报》等指出，特朗普政府阻止新疆棉花进口的举措，可能对全球服装生产商产生巨大影响，同时，这项新禁令也可能导致一些大型服装品牌撤离中国。按照美国海关边境要求，通过所有渠道发往美国的货物，外箱以及产品上都需贴上"Made in China"标签，否则不允许进口。受禁令的影响，部分美国客户明确提出"订单禁用新疆棉"，否则将退货。禁令对纺织企业出口来说，不单单是提高了关税，更可能面临退货、没收货物或

---

① 扣留释放令(Withhold Release Orders，WRO)，即允许美国海关和边境保护局扣留涉嫌强迫劳动的货物产品，这是美国长期以来打击贩运人口、童工和其他侵犯人权行为的法律。

者罚款等风险。有媒体认为，"禁止从中国新疆维吾尔自治区进口产品"的法案对新疆棉花产业、棉纺织、服装的发展将产生较大的破坏、打压：一是根据一些机构、投行的计算，中国每年对美出口的纺织品、服装等等折算用棉量约70万—80万吨，其中70%以上采用的是新疆棉，直接影响约50万—60万吨新疆棉消费；二是对美纺服出口除了全棉制品，还有涤棉、棉粘、棉氨等系列产品，如果禁用新疆棉花产品法案实施，对国内棉纺织、服装、外贸公司的冲击是"发散"状、大面积的，中国纺服产品只能被动地与美国市场"脱钩"；三是特朗普政府很可能对欧盟、英国、日韩等发达国家和地区"发号施令"，要求"选边站队"，从而对中国新疆产品出口实行"围追堵截"；四是在缺少政策托底、缺少消费支撑及外部疫情和环境充满不确定的情况下，棉花加工企业、贸易商很可能需要为冲动、误判"买单"。

针对美国政府以涉嫌在新疆"强迫劳动"为由禁止从中国进口部分产品，中国外交部回应表示，美方以所谓"强迫劳动"问题为借口，对有关中国企业采取限制措施，违反国际贸易规则，破坏全球产业链、供应链、价值链，是赤裸裸的霸凌行径，中方坚决反对；"强迫劳动"问题严重违背事实，完全是凭空捏造，敦促美方停止借涉疆问题干扰破坏中美企业之间的正常经贸合作。

特朗普政府还禁止美国投资者投资所谓"与中国军方有关联"企业。2020年11月12日，特朗普政府突然公布一项行政命令，禁止美国投资者对中国军方拥有或控制的企业进行投资，该规定可能会影响到中国电信、中国移动、海康威视等31家中国企业。此举旨在阻止美国投资公司、养老基金和其他机构买卖这些中国企业的股票，这些中国企业在2020年初被美国国防部认定为受中国军方支持，美国认为，这些公司通过获得先进技术和专业知识，推动了中国军事的发展，并在一定程度上导致了中国积极的全球扩张。英国路透社等媒体称，此举是美国总统特朗普在"选举失利"后推出的重大政策举措，表明其政府正寻求利用任期剩余的几个月打击中国，这也可能会进一步加剧全球最大的两个经济体之间本已令人担忧的关系。特朗普似乎要在任期内将他的对华不友好政策"执行到底"，就在禁令发布不久，2020年12月，美国将58家中国企业列入"与军方有关联"清单，并以此为理由，限制美国企业与这些中国企业合作，或向这些企业出售产品、技术或服务。在这份文件开列的名单中，包含了中国商用飞机公司、中国航空工业集团等。中国商用飞机公司是中国首架自主知识产权的干线客机C919的主制造商，同时，这家公司还是支线客机ARJ21的主制造商，这两种中国自主研发并拥有知识产权的飞机，被视为近年来中国在高端制造领域的"代表作品"。多位航空制造业内人士表示，美国企业霍尼韦尔、GE等大型跨国企业，均与此次被列入名单的部分中国企业有商贸往来，并设有合资公司。受中美经贸摩擦的影响，一些中国企业担心与美国企业合作的风险，例如是否会断供等，这些担忧已经影响到了实际业务。

"正入万山圈子里，一山放过一山拦"。自2017年8月14日特朗普签署备忘录，授权美国贸易代表办公室（USTR）对所谓"中国不公平贸易行为"发起调查（"301调查"）以来，美国对中国的经贸打压就一直没有停止，加征关税、限制技术出口、限制企业投资等手段无所不用其极，导致中美经贸摩擦愈演愈烈，虽然中美中途经过多轮谈判磋商达成第一阶段协议，特朗普也在2020年的总统大选中落败，但中国快速发展的经济无法让美国打消把中国视为"敏感敌人"的念头，美国在中美经贸道路上"添堵"的脚步难以停止。

第二节 脱钩：黑云压城城欲摧

一段时间以来，随着中美在经贸、科技等问题上的摩擦加剧，一些美国媒体和学者开始发出中美正在"脱钩"的言论，认为在中美战略竞争全面加剧的情况下，中美经贸或将进入全面"脱钩"的阶段，有学者甚至断言称，"脱钩"可能是未来数十年最为重大的经济事件。

中美"脱钩论"最早由一些美国媒体和智库提出，有美国学者认为是中国学者最早提出的这一概念。实际上，2018年5月，这一词语就开始出现在美国一些大学和智库讨论美国经济关系的文献之中。同年11月，特朗普政府前首席战略顾问史蒂夫·班农则把它变成一个具有政策影响力的"战斗呐喊"。

2019年底，美国国会"美中经济和安全审查委员会"（USCC）在其提交的2019年度报告中，也公开声称美国要进一步限制与中国在高科技等领域的合作，认为由于中国以往在合作中利用了"相关法律漏洞"，导致美国的安全与经济竞争力遭到严重削弱。而美国智库"国家亚洲研究中心"（The National Bureau of Asian Research）则在其发表的报告《"半脱钩"：美国与中国经济竞争的新策略》中更系统地阐释了这一观点，强调为了保持美国的长期繁荣富强，"必须在经济和高科技层面与中国部分分离"，并具体提出了实施路径和策略。报告声称中美矛盾在短期内不可调和，中国已经成为美国面临的长期重大挑战。报告认为，由于中美全面"脱钩"的成本和代价太高，现阶段美国可采用"部分脱钩"的策略影响中国的发展。一方面，美国政府应该避免关税战全面升级伤害美国自身利益，加快推动与中国签订经贸协议；另一方面，美国应将重点转向创新、技术和教育领域，防止关键技术流入中国，同时加强同欧洲、日本等主要盟友，以及印度等重要伙伴在贸易、投资、合作、信息共享等领域的合作，打造新的升级版的多边合作框架。与此同时，美国以国家安全为名，打压中兴、华为，并在全世界竭力游说其他国家不使用华为5G通信网络系统等设备，使中美科技"脱钩"得以部分展开。

值得注意的是，新冠肺炎疫情突发以来，一些美国媒体、政客借机再度炒作中美"脱钩"论。美国《纽约时报》2020年2月20日发表文章称，新冠肺炎疫情暴露出中国在信息披露、公共卫生事件应对等领域存在的诸多问题，中国并非美"可信赖的伙伴"，美国应该进一步限制双方的人员和经贸往来，与中国进行更彻底的"脱钩"。而美国时任商务部长罗斯则公开表示，在中美竞争加剧的背景下，中国的公共卫生危机甚至可能有助于把制造业重新吸引回美国，帮助美国提振经济。特朗普的贸易顾问纳瓦罗也表示，疫情加剧或可帮助美国改变依赖中国产品和其他医疗用品的情况。对此，国际智库欧亚集团总裁伊恩·布莱默在《时代》周刊发表文章称，一场新冠肺炎疫情，让中美两国关系再次开始出现微妙的变化。由于疫情加剧，许多位于中国的外资企业延迟开工，全球各行业的供应链正面临严峻的考验，一些外资企业已经着手计划要把生产线移往中国以外的地区，此次疫情或可能进一步加剧美国与中国"脱钩"的趋势。

2020年以来，经贸"脱钩"成为中美贸易关系中避不开的话题，在西方媒体的大肆鼓吹下，国内也掀起对中美经贸"脱钩"的激烈讨论。从舆情态势来看，西方媒体对"脱钩论"的炒作一直处于活跃状态，国内专家学者也屡屡参与讨论，阐明中国立场。

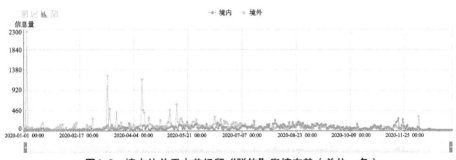

图4-3　境内外关于中美经贸"脱钩"舆情态势（单位：条）

美国总统特朗普及部分政客在不同的场合频频鼓吹与中国"脱钩"论调。美国财政部长史蒂芬·姆努钦2020年6月23日表示，他"完全期望"中国遵守贸易协议第一阶段的条款，大量增加对美国商品、能源和服务的购买，但如果美国公司不被允许在中国经济中公平竞争，将导致美国和中国经济脱钩。而美国总统特朗普也曾表示有可能考虑让中美"完全脱钩"，并在推特上发文称"在各种情况下，美国绝对都保留了与中国完全脱钩的政策选项。"2020年6月21日，特朗普在接受美国福克斯新闻采访时，提出了美国经济与中国脱钩的可能性。特朗普称，虽然中国是美国商品的主要买家，但美国没有必要与中国做生意，如果中国对美国不好，美国肯定会选择与中国经济脱钩。2020年9月7日，特朗普在白宫新闻发布会上再次提到中美"脱钩"的想法，表示打算限制中美经济联系，威胁要惩罚创造海外就业机会的美国公司，并禁止在中国做生意的美国公司获得联邦政府合同。特朗普称，"我们将使美国成为世界制造业超级大国，并将一劳永逸地结束我们对中国的依赖。无论是脱钩，还是像我已经在做的那样征收高额关税，我们都将结束对中国的依赖，因为我们不能依赖中国"。

美方不仅在言论上极力鼓动与中国经贸"脱钩"，还频频出台各种单边政策和加大对中国企业的制裁，为中美经贸"脱钩"造势。

2020年4月9日，美国白宫国家经济委员会主任库德洛提出"不惜血本，也要把美国在华企业迁至本土"的措施，以鼓励企业尽快回流美国。库德洛称，让企业回流的方法可以有很多种，例如，可以将回流支出100%直接费用化，厂房、设备、知识产权结构、装修等费用都可以由美国政府来出。这实际上等于美国政府为在华美企的迁移成本买单。无独有偶，一向与美国交好的日本也在同一天宣布，推出一项总额高达108万亿日元的抗疫振兴计划，其中2435亿日元（约合人民币158亿元）专门用来资助日本制造企业撤离中国。两天后，日本政府再次宣布，建议日本在华企业迁至日本本土或东南亚国家。

一时间，关于外资是否会撤离中国的话题在国内舆论场引发关注。

但从实际情况来看，"外资撤离中国"并不符合事实。由200多家与中国有业务往来的美国公司组成的贸易集团美中商业委员会（USCBC）2020年8月11日发布年度会员调查显示，尽管在新型冠状病毒肺炎疫情大流行期间，中美关系出现了"前所未有的低迷"，但大部分美国企业并没有离开中国市场，83%的公司将中国视为其公司全球战略的重中之重。2020年5月和6月，在100多家USCBC成员公司中，近70%的公司对中国市场的商业前景表示乐观；91%的公司表示，他们在中国的业务是有利可图的，尽管调查显示，利润率低于过去几年，但盈利能力的主要制约因素是疫情及其对经济的影响。由于对中国市场的长期信心，87%的公司称其没有将生产转移到中国以外的计划。日媒《日本经济新闻》称，截至2020年6月底，已有首批90家日企提出申请迁回日本，其中87家企业获批，到7月底为止第二批申请工厂搬迁回国补贴的日企数量上升到1670家，由此，不少西方媒体放上标题"1700多家在华日企'排队'撤离"大肆炒作外资撤离中国。但调查显示，在华3.3万多家日企中，超过90%不愿离开"疫情后恢复最快、内需扩大"的中国。据商务部数据，2020年前10个月，在全国新设立外商投资企业2.95万家中，来自日本的有604家，实际投资金额达202.6亿人民币。统计数据显示，2020年前11个月，中国实际使用外资达8993.8亿元人民币，同比增长6.3%（不含银行、证券、保险领域）。这一数据充分表明，中国依然是大量外资的主要投资目的地，外企大量撤出中国谣言不攻自破，特朗普鼓动企业撤出中国、回流国内的企图也宣告破产。

特朗普政府还意图让芯片巨头在美建厂寻求实现半导体自给自足，摆脱对中国等亚洲供应源的依赖。两大芯片制造商英特尔公司和台湾积体电路制造股份有限公司（台积电）2020年5月10日表示，美国政府正与多家半导体企业洽谈在美国建造芯片铸造厂事宜。英特尔公司发言人威廉·莫斯5月10日声明称，该公司正与美国国防部商讨改善微电子等相关技术的美国国内供应源，英特尔已准备好与美国政府合作，运营一家美国商用芯片铸造厂，并提供类别广泛、安全的微电子产品。台积电发言人高孟华同一天也发表声明证实，正与美国商务部商讨在美国建厂事宜。立场一贯偏于保守的美国福克斯商业新闻网站称，新冠肺炎疫情加深了美国政商界人士对全球供应链问题的"担忧"，不少人希望减少美国在半导体这一核心技术领域"对亚洲供应源的依赖"。美国芯片制造商近年来因成本高昂、技术开发周期短而不太愿意在美国本土建厂。但源于对亚洲供应链易受冲击的担忧，以及美国使国防工业对使用本土制造高端芯片的上升需求，芯片制造商回归本土的意愿有所增强，特朗普政府也是看准这一时机，试图在半导体领域断绝与中国等亚洲市场的来往。不过，福克斯商业新闻等媒体认为，尽管美国政商界有意提升本土芯片制造能力，但决策者尚未就如何推进达成一致。

特朗普意图"剑走偏锋"，借制裁香港贸易地位意图对中国经济进行打压。2020年5月29日，特朗普在白宫草坪召开记者招待会并宣读了他的四条最新对华政策：第一，数十年来，中国一直在"利用/剥削"美国，中国不仅"偷走了"美国的制造业、就业机会和知识产权，而且违背其在世界贸易组织的承诺；中国自称为发展中国家，令情况雪上加霜，这种状态必须做出改变。第二，中国"完全控制"了世界卫生组织，中国每年出资仅4000万美元，美国出资是中国的10倍，世界卫生组织却拒绝了美国的改革方案，所以美国中止与世界卫生组织的关系，将钱花在别处；美国为世界要求中国对新冠病毒之事做出解释。第三，新冠肺炎疫情展示了美国保持经济独立、保障关键供应链和保护美国科技领先的重要性，中国"长期阴谋破坏和偷盗"美国的工业秘密，美国要采取措施保护美国大学、科研院所，暂停有潜在威胁的中国金融公司进入美国市场。第四，中国单方面采取措施"控制"香港，违背了中国的条约义务，香港的自治地位已经"正式终结"了，美国将取消香港的系列贸易优惠待遇，包括独立关税区地位、引渡条例及军民两用物品出口控制等。

不可否认的是，美方以香港作为中美之间的角力点，一定程度上影响了国际投资者对香港国际金融中心的信心。作为资本市场，香港对中国具有重大意义，是中国吸纳外资的重要来源。香港还是全球离岸人民币业务枢纽，据香港金融管理局统计，全球约70%人民币跨境支付均经香港支付系统处理。从经济上看，特朗普的最新对港政策对中国的影响固然很大，但对美国的影响也不小。美国总统授权行政部门取消香港的独立关税区地位仅是对美国而言，并不能取消香港在世界贸易组织框架下在与其他国家/地区关系中继续享有独立关税地位，所以只会影响到香港与美国的进出口贸易。与此同时，美国在香港的经济利益也将受到冲击。香港是美国贸易顺差最大的经济体之一，过去10年，美国对香港的贸易顺差累计2970亿美元，仅2019年美国对香港的贸易顺差达到260亿美元，美国制裁香港贸易地位后美国的出口商将受到影响。美国在香港还有1300多家企业，几乎所有主要的美国金融企业都在香港设立了公司。在香港生活就业的美国公民有8.5万多名，他们未来的营商便利性和就业生活都会受到冲击。

从对外直接投资方面来看，长期以来中美彼此都不是对方投资首要目的地。在美国的对外直接投资中，中国所占份额一直处于较低水平。2018年，美国对外直接投资占比中，中国占1.9%，低于日本和东盟。在中美经贸摩擦以及美国鼓励海外企业回流的背景下，2019年美国对中国的投资进一步下降。2020年，美方继续频繁发布所谓"不可靠实体清单"制裁中企。作为反击，中国商务部2020年9月19日出炉反制美方的《不可靠实体清单规定》，该规定主要强调了对于一些违反市场交易原则以及损害中国企业的外国实体，中国将会对其采取相关必要的措施，其中包括禁止其在华投资。尽管中国企业投资美国市场的意愿较强，但由于受到美国对中国投资的严格审查，2019年以来，中国对美国投资增势明显下降，2020年更是一路下滑。美中关系全国委员会和美国经济咨询公司荣鼎集团2020年5月11日发布的一份报告显示，中国在美国的直接投资已经下降到2009年全球经济衰退以来的最低水平。2019年，中国在美国的直接投资平均每个季度是20亿美元，但是2020年头3个月，中国对美国的直接投资实际上已经接近停止，只有2亿美元。美国仍频频对中企发起制裁，不断打击中国资本进入美国市场的信心，甚至以遏止中国"软实力宣传"为由，宣布终止中方资助的对美文化交流项目。美国国务院2020年12月4日表示正在终止5个由中国资助的对美交流项目，它们是"政策制定者教育中国行项目""美中友好项目""美中领导者交流项目""美中跨太平洋交流项目"和"香港教育文化项目"。

可以看到，美国政府在从限制中国企业赴美投资、恶化中美双边经贸关系、加强高科技出口管制、把中国产品剥离出美国产业链等方面入手，对华打出经贸"脱钩"的组合拳，美国对华经贸"脱钩"的决心已下，且未来形势必将更加严峻复杂，鼓吹脱离中国的情绪也会愈发高涨。

美国的根本意图是限制中国的技术进步与影响力的扩大，随着中国经济实力与影响力的进一步扩大，美国与中国在经贸方面脱钩动因还会持续并加大，以便在未来与中国增加的冲突中减少对中国的依赖。疫情在全球蔓延激发了美国国内对新一轮经济模式、产业结构的大反思，使得经济民粹主义和保护主义再次升温，成为推动美国对华经贸"脱钩"的"加速器"。即使部分在华企业由于成本、市场机遇等原因不愿离开中国，但只要美国政府下定战略决心与中国经济"脱钩"，"脱钩"仍会被积极推进，并带来多重影响。

首先，中美经贸"脱钩"将导致中美出现双输的经济局面。不单单是中国将面临出口环境恶化、经济运行成本和金融风险上升、产业结构被动调整等诸多不利局面，美国也难独善其身。美国对华施压和"脱钩"的做法，将加剧中美经贸不确定性风险。疫情已经把美国经济拖入衰退深渊，消费疲软进而导致一些行业不得不裁员减少开支。美国劳工部2020年12月17日公布数据显示，截至12月12日的一周中，美国首次申请各州常规失业救济的人数升至3个月来最高水平，达88.5万人，多于市场预期的80万人。而美国经济的外部不确定性风险上升，易导致内外交困、相互叠加对经济构成更大打击。美国企业将面临巨大的调整成本，产业链加速调整，将使企业不得不牺牲一定的经济效率和利益，甚至面临高昂的调整成本。中美产业"脱钩"将导致美国企业损失惨重，产业链调整的成本十分高昂。此外，潜在金融风险也会上升，美国金融市场具有全球吸引力的关键在于它的开放性和透明性，而当美国资本市场的监管者将矛头对准中国、要和中国资本切割的时候，美国金融信誉已经蒙受损失。其频繁打压中国在美上市企业的做法，也必将引发美国资本市场的大幅波动，冲击全球投资者的信心。

其次，中美经贸"脱钩"将使美国主导的经济全球化面临倒退。美国加速关键产业链的回迁和区域化发展，意味着区域贸易和"盟友贸易"上升，垂直型的国际分工格局将被重塑。以"美墨加协定"美英经贸谈判、美日、美韩、美欧等经贸安排和谈判为依托，美国正在加速打造以美国为中心的国际双边贸易新体系和产业链新格局，全球贸易关系、经贸规则、货币格局将因此发生变化。这意味着，美国处于全球产业链最高端的"全球即时生产系统"将遭遇严重破坏，美国主导下的经济全球化将因产业安全需求上升而后退，其经济影响力将在自我加速调整中遭受削弱。此外，美国对华资本"脱钩"，也必然让中国重新审视持有美元资产的安全性、必要性和盈利性。为应对已经失控的疫情，美国采取无限量量化宽松、债务货币化的做法已经加剧他国忧虑。从长期看，美元霸权体系正在因美国当前的肆意妄为遭到根本性的侵蚀。

2020年，中美经贸关系没有因为第一阶段协议的签署而得到改善，形势反而在疫情突发、香港问题等因素助推下愈发变得严峻，美国政府对中国经贸领域的打击犹如"黑云压城"，美方极力鼓吹的"脱钩论"让中美经贸关系面临更多的不确定性。

第三节　应对：甲光向日金鳞开

中美经贸摩擦完全是由特朗普政府挑起，特朗普也一直视之为政治资本，屡次在其大选宣言中大肆鼓吹对中国发起贸易战以来取得的"成果"。在美国当地时间2020年12月14日，加州选举人团正式确认拜登获得该州的55张选举人票，拜登共获得306张选举人票，票数超过了胜选所需的270张，正式赢得了2020年美国总统大选的胜利。由于拜登在对华战略上与特朗普有很大的不同，如拜登支持自由贸易，回归多边主义，反对使用关税武器，倾向联合盟友对他国施压，关注"不正当竞争"和窃取美国知识产权行为，也曾表示"中美问题不在于贸易逆差"，所以有观点认为，未来中美经贸更多是"全球贸易规则与竞争力"的比拼，而非"关税战"，中美贸易摩擦有望出现阶段性缓和①。然而，中美两国间的关税依然高悬，即便是暂时签下的第一阶段协议也未完全履行。拜登在2020年12月表态称，他不会立即对中美第一阶段经贸协议采取任何行动，将与关键盟友协商，全面审视美对华政策。多位专家表示，这场战争似乎远没有到结束的时候。彼得森国际经济研究所资深研究人员加里·克莱德·赫夫鲍尔甚至认为，中美贸易战持续时间将远远超过拜登任职的4年。

中美贸易摩擦是否有阶段性缓和趋势，还需要观望。从拜登及其核心团队的对华策略上，可以预测拜登政府上台后的中美经贸关系将面临的形势。拜登认为，中国是美国的最大竞争者，俄罗斯是当前最大威胁。2020年9月17日，他曾在竞选活动中形容俄罗斯是"对手"，中国则是"严肃的竞争者"。这就意味着，美国将在金融、经济、科技、贸易等领域强化打压中国，而在军事等领域同俄罗斯较量。拜登团队也在2020年5月放风称，计划当选后对华

---

① 《拜登当选对美国、中国及世界的影响》，《泽平宏观》，2020-11-09。

"更加强硬"，包括"拉上美国的发达国家盟友"，共同对抗中国。2020年8月5日，拜登在采访中承诺，若当选将取消特朗普政府对中国进口商品加征的关税，因为这等同于对美国公司和消费者征税。拜登已经意识到关税对美国生产者和消费者造成伤害，因此不会像特朗普一样再一刀切地征收。

香港科技大学经济系首席教授朴之水将拜登形容为"制度主义者"，认为他很可能支持改革世贸组织，并通过该组织联合其他国家，向中国施加多边压力，以满足美国在知识产权、补贴、劳动和环境法规等领域的诉求。拜登的言论印证了这一判断。在中国与14个亚太国家签署全球最大自贸协议（RCEP）后，拜登随即表示，美国占全球贸易量的25%，需要联合其他"民主国家"所占的另外25%，才能制定全球贸易新规则，否则中国就会决定这场游戏的结果，因为他们将是唯一的玩家。可以预见，拜登政府不会进一步加大遏制中国的政策，但短期内也不会修改特朗普的政策遗产，中美第一阶段的贸易协议仍然将会继续推进，而不是被取消废除。美国对中国科技企业打压举措和对中概股监管强化都仍然会继续，联合其他国家对付中国的政策力度也会加大。

在我国已经逐渐适应特朗普对华贸易打压套路的情况下，与拜登打交道不是确定性增加了，而是不确定性增加了。有专家表示，战略上的不确定性是指中美谁都不可能改变自己的战略目标和政策，也就是说双方发生摩擦矛盾的基本因素没有变化，只不过由于美国政府换届，对华政策将如何调整存在不确定性。而且在调整的过程中，包括"拜登版"对华政策开始实施之后，中国会如何回应也存在不确定性。

2020年11月30日，拜登宣布提名珍妮特·耶伦出任美国财政部部长。分析人士指出，耶伦上任后所推动的经济政策将对美中经贸关系产生深远影响。耶伦一贯对特朗普政府的关税政策持批评立场，她曾多次表示，特朗普政府在中美贸易战期间施加的对华关税实际上是由美国消费者买单，并且会伤害美国的经济。彼得森国际经济研究所的赫夫鲍尔认为，虽然特朗普政府时期的对华贸易政策未必会被快速扭转，但耶伦会反对中美贸易紧张关系进一步升级，预计她会主张美国重新加入"全面与进步跨太平洋伙伴关系协定"(CPTPP)的多边贸易协定，将其作为中美竞争的一部分。耶伦可能还会反对进一步施加针对中国的金融限制，比如限制中国公司赴美上市或者限制美国的养老基金投资中国市场等。值得注意的是，虽然对开放贸易和投资持更积极的态度，但耶伦也称中美之间的经贸关系存在亟待解决的问题。在2020年1月举行的亚洲金融论坛上，耶伦表示，中美之间"更麻烦、更困难"的问题正在浮现，包括中国对国有企业的补贴，以及中美在人工智能、超高速5G移动网络和其他与国家安全有关的技术方面的竞争，这些问题将很难处理，并将对全球经济产生非常严重的后果。耶伦表示，如果中美两国不能在这些问题上找到共识基础，技术进步的步伐可能会减缓，商业应用的发展也会受到阻碍。

2020年12月10日，拜登正式敲定华裔律师戴琦入内阁，出任美国贸易代表一职。贸易代表是美国内阁级官员，拥有大使头衔。该职位在特朗普时代起到了重要作用，被外界称为"贸易沙皇"，特朗普通过贸易代表团队，对他国征收高额关税，并就一系列大大小小的贸易协定进行谈判。2020年大选以来，拜登多次呼吁，要摒除特朗普"美国优先"的民族主义政策，回归多边主义、拥抱全球化。他选择擅长贸易谈判的华裔律师戴琦，意味着拜登政府将与盟国密切合作，回应中国带来的日益增长的经济竞争压力，并着手迅速处理未决的多边贸易议题。与特朗普政府贸易代表莱特希泽喜欢发动"贸易战"不同，戴琦更认可贸易政策应联合盟友而非让盟友怨声载道。2020年8月，戴琦批评特朗普政府称，他们的对华关税政策仅具"防御性"，呼吁实施"攻守兼备"的政策，提升美国经济竞争力及"捍卫民主价值"。戴琦在内部曾表示，美国可利用补贴和激励措施来摆脱过度依赖进口中国商品，建议美国可与盟友达成协议，互相向对方购买一定数量的防护产品，而非从中国进口。目前来看，戴琦可能更喜欢多边执法机制，而不是"光明使者"，她担任美国贸易代表，虽然并不意味着转变对中国的强硬立场，但应该会给出更多可能性，比如采取联合诉讼等。如此一来，对比特朗普时代那种难以捉摸、朝令夕改的出牌方式，中美贸易争端更可能在一些国际框架范围内谈判磋商。不过，有观点认为，戴琦的贸易谈判经验丰富，对于中国来说，或许会是一个更加难缠的对手。中国人民大学国际关系学院教授时殷弘认为，考虑到戴琦在处理对华贸易问题上的经验，不排除这是中美关系的另一个负面信号，戴琦可能会延续美国对中国的强硬立场，对中国而言，并非好消息。

无可争议的是，拜登上台后，压制中国的发展依然会是美国既定的战略目标，但在具体政策执行上，拜登政府可能将采取"冷处理"，既不继续加码，也不做出明显让步。如果继续强化对华贸易战，只会证明特朗普之前的政策是正确的，有悖此前拜登的大选宣言；反之，如果让步缓和，也容易被解读成对华软弱，证实特朗普选举期间对拜登的指责，这两种做法都不符合民主党对内的政治需要，因此拜登政府的选择可能是维持现状。如此"进可攻退可守"，获利则民主党坐享其成，失败可以甩锅共和党。未来中国对美贸易依赖程度可能进一步下降，贸易战的政治威力随之减弱，在这个战场上美国无须继续加码。

无论如何，美国对中国的贸易战可能会更换武器、目标、策略，贸易战以不同形式持续下去也将成必然之势。"打铁还需自身硬"，面对美国咄咄逼人之势，中国只有保持战略定力，推动自身经济发展，加强与世界合作，在经济实力上拥有与美国抗衡的资本才能让中美经贸摩擦妥善收场。2020年11月15日，历时8年谈判，东盟10国以及中国、日本、韩国、澳大利亚、新西兰正式签署《区域全面经济伙伴关系协定》（RCEP），这标志着全球规模最大的自由贸易协定正式达成。这不仅是非常重大的一个经贸关系变化，同时也将会带来非常深刻的世界格局变化。这个协议的核心就是削减关税和非关税的壁垒、统一区域内的经贸规则、推动亚太经济的一体化。所有成员国都承诺，通过要么是立即降税、要么在10年内逐步降税的方法，最终实现区域内90%以上的货物在贸易中零关税。相对于区域外来说，它将更有竞争力，特别是这个区域里的制造业占世界的一半以上，而中国制造业本身就占世界的三分之一。舆论纷纷认为，RCEP的签署有力突破美国对中国的制裁，美国对中国经济的制裁能力将进一步被削弱，对华贸易战也将更加难打。

特朗普政府发起对华贸易战已经两年，但并没有达到他宣称的效果。前世界银行行长佐立克在《华盛顿邮报》撰文表示，特朗普上任后宣布，他将结束对中国的贸易逆差，但2019年美国对华贸易逆差还是有3456亿美元，与2016年的金额大致相当。根据海关总署公布的数据，2020年美国对华贸易逆差2169亿美元，虽然有所下降，但在2021年年初即迅速回升。2021年1—2月，美国对华贸易逆差已达到3344.1亿元，较2020年同期增加88.2%[①]。

中国一方面推动构建以"不冲突、不对抗、相互尊重、合作共赢"为主要内涵的中美新型大国关系，为中美两个大国的竞争划定边界和路径，引导中美关系向合作的轨道上发展，防止滑向破坏性竞争。另一方面，进一步丰富对美工作中的方式方法和手段策略。既善于管控分歧，合理照顾彼此在经济利益上的关切，呼吁双方采取建设性姿态在发展中解决贸易不平衡问题，也在乱局中谋篇布局、合理冲撞，乃至拓展自身利益。同时也在抛弃过去对外工作中求稳怕乱的思维定式，适时亮剑、主动作为，逐步推动美方接受中国的合理利益诉求和关切。

在面临以美国为首的欧美国家越来越严苛的产业保护主义倾向，以及华

---

① 海关总署：《2021年前2个月我国进出口增长32.2%》，中国新闻网，2021-03-07。

为、中海油等中国企业在海外投资、并购频频受阻的情况，中国终于被逼出手。2020年12月19日，经中国国务院批准，中国国家发展改革委、商务部发布《外商投资安全审查办法》。用法律保护中国的产业、金融安全，依法对在华外资的失当投资行为实施管理。这意味着，当面对欧美各国的保护主义政策和刁难时，中国除了严厉谴责，在反制手段上也开始"亮剑"。外资安全审查是近年来欧美各国兴起的一种带有保护主义色彩的政策措施。之前，对于外国投资的安全审查，一般分散于各个行业法规和国防产业领域内。然而，随着中美之间的技术和产业竞争越发激烈，美国的外资安全审查范围也在逐步扩大到经济领域。2017年，美国总统特朗普上台之后采取贸易保护政策和"美国优先"战略，外资安全审查更是成为打击非美国企业的制裁大棒。以知识产权保护、涉嫌窃取美国技术机密、担心减少美国就业等名义，美国政府对与美国企业存在竞争关系的外国企业尤其是中国企业频频实施制裁，对正常的企业并购实施阻挠。面对这种情况，从2017年以来，中国的相关学者就已经开始呼吁，认真研究美国外资审查制度和条款，采取应对措施，出台相关对等法律采取完善中国的外资审查制度。中国的态度开始从容忍、退让，转变为以法律和事实为依据的据理力争、针锋相对。2019年中国出台了《外商投资法》，对外商投资安全审查制度初步做出了规定，而此次《外商投资安全审查办法》则将使得中国的外资审查更加健全、规范和有力。

2021年1月初，美国总统特朗普签署行政令，禁止与中国多个软件应用相关的交易，包括蚂蚁集团旗下的支付宝。另外，经历几次反复之后，纽交所决定继续推进让中国三大电信营运商退市；国际指数提供商MSCI明晟及富时罗素也宣布，因美国投资禁令，旗下指数将剔除三家中国电信运营商。这些都让中国意识到：外国法律与措施适用不当时有发生，不断冲击以规则为基础的多边贸易体制，也给世界经济复苏带来了不利影响。在此背景下，中国再次亮出"龙鳞"。2021年1月9日,商务部公布《阻断外国法律与措施不当域外适用办法》(以下简称《办法》),自公布之日起施行。商务部条约法律司负责人指出,《办法》主要是为保护中国公民、法人或者其他组织的合法权益,不锁定特定国家,不锁定特定领域的特定交易。舆论认为中国商务部正式颁布《阻断外国法律与措施不当域外适用办法》是反制美国近年来频对中国企业和个人实施的各种制裁。《环球时报》英文版就新规明确指出,这是中国针对美国的欺凌而采取的最新正当防卫举措;中国政府制定出台该《办法》从制度上对美国等国家肆意使用"长臂管辖"说不,维护国家的经济主权与经济安全;近年来中国企业和个人频繁受到美国"长臂管辖"的打压,此次制定的有关规则,实际上就是要将中国国家安全法、对外贸易法、外商投资法等有关法律中所确立的基本原则具体化,为阻止美国等一些国家非法实施司法管辖提供明确的依据。《办法》发布于特朗普即将卸任、拜登准备就职之际,外界纷纷猜测中国在向即将上任的拜登政府发出信号,拜登必须最终决定是保留、放宽还是完全重新考虑特朗普时期对中国企业施加的限制。

2020年,为应对新形势,中国提出了"构建以国内大循环为主体、国内国际双循环相互促进的新发展格局"。可以看出,中国仍会走开放合作、互利共赢的道路,对中美合作始终敞开大门,而且在新发展格局下,中美经贸合作的空间依然十分广阔。如果美国选择与中国进行合作,无疑可以为提振美国经济注入一剂强心针,实现双赢。但如果美国执意要继续升级贸易摩擦,加大对中国经贸的打压力度,中国应坚持"有理、有利、有节",坚持"不愿打、不怕打、必要时不得不打"的原则立场。针对美国单方面挑起贸易战的行动,中国必然要采取对等反制措施,并将美方单边主义行为诉诸世界贸易组织争端解决机制,以此捍卫国家尊严和人民利益。

拜登政府上台之后,由于其统治基础薄弱,既要应对大量特朗普支持者的不信任，又要解决自由派内部的重重矛盾。囿于国内严重的社会分裂，在对外方面拜登政府很难采取积极进取的态势，只能做一些修修补补的渐进性努力，不太可能采取不顾一切的激进冒险策略。在这种态势之下，我们既不要对中美经贸关系出现明显改善抱不切实际的幻想，也不要对美国鼓吹的"脱钩"意图过分忧虑，应保持战略定力，做好自己的事情。

第五章　宏观经济：吹尽黄沙始到金

2020年，新冠肺炎疫情对中国经济造成巨大冲击。2020年第一季度，中国国内生产总值、消费、投资、工业、服务业、进出口等数据均出现大幅下滑，中国社会经济发展前景蒙上阴影。面对新冠肺炎疫情带来的严峻考验和复杂多变的国内外环境，我国确立了"以国内大循环为主体、国内国际双循环相互促进"的新发展格局，在"六稳"的基础上提出了"六保"的发展任务，并相应地制定了大力减税降费、降低企业融资成本、发行特别国债、投资"两新一重"、稳定物价菜价等多方面、多领域、多层次的政策，为中国经济发展指明了方向。全国上下统筹推进疫情防控和经济社会发展各项工作，坚决贯彻落实各项决策部署，加快推进复工复产复商复市。最终，中国经济增长由负转正，主要指标恢复性增长，经济运行稳步复苏，市场预期总体向好，经济发展大局得以稳定，成为全球主要大国中唯一在2020年实现正增长的国家。疫情防控和政策调控成效持续显现，经济稳中向好、长期向好的趋势越来越明显，中国经济正步入"后疫情时代"，昂首迈向更为繁荣、更加绿色且更具包容的未来。

第一节　冲击：疫情紧急显压力

2020年的新冠肺炎疫情对我国2020年经济社会领域产生了巨大而深远的影响。不少媒体、机构、专家纷纷发文称，新冠肺炎疫情是2020年中国经济的"黑天鹅"，给中国社会经济发展带来了巨大的不确定性，其对中国经济造成的影响，乐观估计需半年左右恢复，悲观估计为一年时间，其中受影响较大的是2020年第一季度和第二季度。

从总体经济增长方面看，2020年上半年尤其是第一季度，随着各地采取"最严疫情防控措施"，经济发展出现"暂停"，市民限制出行，企业限制生产，商场限制经营。往日喧闹闪耀的不夜城在节日假期变得安安静静，为了阻断疫情传播，我国经济运行付出了不小的代价。拉动经济的三驾马车——消费和投资、出口，在这次疫情中都受到了不同程度的影响。

根据国家统计局发布的数据，2020年一季度，中国国内生产总值同比下降6.8%，自1992年以来第一次出现季度性的萎缩[①]。数据发布后，"中国经济负增长"话题立即在网上引起热议，并迅速登上微博热搜头条。各大媒体纷纷刊文，以"中国一季度GDP大幅下滑""GDP都去哪了？""新冠疫情拖累中国经济增长"等题进行报道。新华网媒体评论员黄博阳撰文写道："'-6.8%'短短5字节，冲击力比多少惊叹号都要强、都要猛"。国家统计局公布一季度中国国内生产总值后，31省区市的地方数据也正陆续出炉，各地GDP同比下降了39.2%到0.2%不等，其中疫情最严重的湖北省生产总值比上年同期下降39.2%[②]，再次引发各方关注和讨论。

2020年年初，由于疫情存在高度不确定性，网上舆论对中国宏观经济未

---

① 《国家统计局：2020年一季度国内生产总值（GDP）初步核算结果》，2020-04-18。

② 《25个省区市公布一季度数据：地方GDP同比下降0.2%到39.2%不等》，观察者网.2020-04-24。

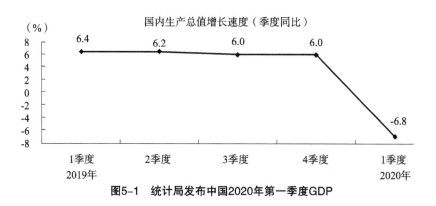

图5-1　统计局发布中国2020年第一季度GDP

来走向的发声并不一致。一些媒体和专家认为，中国一季度GDP同比下降6.8%并不令人意外，2020年至2021年中国经济将受到疫情的巨大冲击。安德思资产管理公司认为，在快速变化的环境中，真实的经济状况可能难以评估，实际情况可能更糟糕。制造业显然遭受重创，服务业也没有反弹的迹象。而另一部分声音认为，中国经济下行只是短暂的，未来随着疫情的好转，经济将重回正轨。牛津经济研究院（Oxford Economics）认为，中国在农历春节前后突发疫情的时机很不利，工作日数量减少，以及受影响地区的封锁等因素都加剧了问题的严重性，预计疫情造成的经济影响将主要体现在2020年的第一季度，随后几个季度将出现反弹。该机构预计2020年中国经济增长率为5.4%。根亚洲开发银行在《2020年亚洲发展展望》中预测，作为全球第二大经济体，中国继2019年经济增速达6.1%之后，2020年经济增速或将放缓至2.3%，2021年回升至7.3%。这一预测事后被认为是最接近数据的。

图5-2　亚洲开发银行2020年4月对中国GDP经济增长的预测

从消费方面看，2020年上半年，消费受到疫情冲击的长尾效应不断显现，人们开始捂紧钱包、削减开支，从准刚需的餐饮、理发到需求弹性较高的休闲娱乐、美容健身，客流锐减带来的影响正在席卷全行业。疫情突发期间，消费者不想外出消费，疫情突发之后，消费者没钱消费，消费回暖势头不足。统计局数据显示，2020年上半年社会消费品零售总额分月同比增速不及预期。其中，2020年1—2月，消费滑坡最为明显，社会消费品零售总额增速为-20.5%[①]。此后虽然逐月好转，但增长始终为负，与2019年社会消费品零售总额增长情况形成巨大差异。

机构、专家等纷纷对国内消费情况发表评论。银河证券报告称，疫情后居民消费信心重建需要时间，收入的恢复更需要时间，消费V型反转可能很难到来。居民消费中非必需品均下行：一是居民对非必需品的消费减少，尤其是收入减少后对于服装需求大幅减少，日用品消费低迷；二是金银珠宝等奢侈品消费下滑；三是对于出行的欲望减低，汽车和汽油消费大幅下滑。阿里巴巴发布大数据报告称，疫情期间，30—35岁年龄层消费表现最差，消费金额较往日缩水20%左右。所谓"新中产"平日里喜爱的高端护肤品、高档红酒等产品的销量都大幅跳水。消费降级的情绪还蔓延到家庭的一日三餐，龙虾、三文鱼这类常出没于朋友圈、很受欢迎的"硬菜"，在疫情期间却出现了市场的积压。与无人问津的龙虾相反的、价格较为亲民的泡面、榨菜却是卖得脱销了。《消费的B面：新冠疫情消费行为影响调研报告》《疫情对消费者购买行为的影响》《疫情迷雾下的大消费行业》《报复性消费还是理性消费——新冠疫情下的中国消费变化》等一系列报告在网上引发热议。甚至有声音称，"这场疫情把全民轰轰烈烈的消费升级，打回了消费降级"。

此外，"消费券"一度成为2020年的热点，不少地方采取消费券补贴政策，

---

① 《中国统计局：2020年1—2月份社会消费品零售总额下降20.5%》，统计局网站，2020–03–16。

拉动消费以刺激内需。不少专家表示，消费大幅度下降成为阻碍经济复苏的主要原因，直接向民众发放现金或消费券补贴，可以起到一举多得之效。一方面，能立竿见影地提振需求；另一方面，也可以实现对低收入人群的救助。一些较富裕的城市实施消费券补贴后，确实对家庭困难人群和重点人群起到了帮扶作用，但拉动消费的作用有限。而一些经济相对落后的地方，财政上本就面临困难，消费券补贴规模比较小，总体上力度有限。社科院5月发布研究报告称，率先发放消费券的42个城市，其人均GDP的均值为9.4万元，显著高于2019年全国GDP均值7.1万元。而中西部地区有更多的困难人群以及返乡待岗的农民工，但消费券发放力度相对较弱。此外，网上也出现了"消费券很容易过期""消费券必须在实体店用，但是不想出去""这种消费券送得很鸡肋，没钱的消费不起，有钱的又不差这点。""抢了个消费券才发现为了便宜一点钱，又要花好多钱"等声音。

从投资方面看，在需求减缓、出口受阻、预期不明的情况下，2020年上半年投资维持低迷态势。统计局数据显示，2020年1—3月份，全国固定资产投资同比下降16.1%[①]。媒体认为，2020年以来，疫情影响之下供需两侧瞬时受到冲击，并产生了回弹式的相互作用。企业生产时间大幅压缩，复工复产被疫情所制约，导致开工不足和销售收入下降，而刚性成本和各项费用的支出并没有减少，挤压了企业利润，导致整体投资不足。

一方面，制造业投资受制于企业利润和企业家信心。2020年上半年，尽管国内疫情得到了一定的控制，但是海外疫情仍然严重，需求预期并不明朗，企业家信心略显不足。据《时代周报》记者统计，截至2020年5月，3840家A股上市公司中，1214家公司亏损，较2019年同期的570家增长了112.98%；有2626家公司盈利，较2019年同期的3275家下降了19.82%。值得注意的是，

---

① 《2020年1—3月份全国固定资产投资（不含农户）下降16.1%》，中国统计局，2020-04-17。

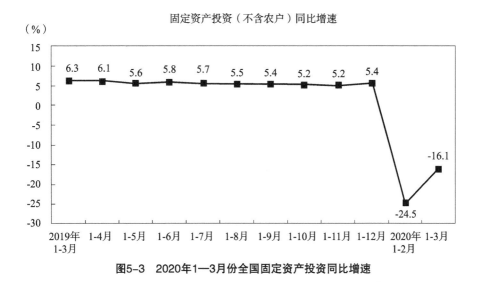

固定资产投资（不含农户）同比增速

图5-3　2020年1—3月份全国固定资产投资同比增速

2020年一季度有194家公司亏损过亿，较2019年同期的62家增长了两倍多[①]。上市企业尚且如此，其他企业的盈利状况可见一斑。在企业盈利难以保证的情况下，不少企业家信心不足。根据《财经》杂志上半年组织的"2020全球经济信心指数调查"，2020年全球经济信心指数为31.4，严重小于100点的荣枯线。"前期"（1月19日—1月24日）、"中期"（1月25日—3月12日）和"后期"（3月13日—3月19日）三个阶段全球经济信心指数分别是66.4、29.1和8.2，呈大幅度走低态势。这表明疫情对全球经济发展带来了重大冲击，受访者尤其担心欧美和中东地区的经济增长形势。这一调查还显示，39.4%的受访者认为，投资下滑是中国经济最大的风险点。虽然疫情只是相对短期冲击，但由于不少企业遭遇了现金流困难，特别是外贸企业面临国外需求下滑的压力，给企业的投资能力和信心带来了较大的不利影响。在企业利润和企业家信心的"双重打击"下，不少企业选择主动压缩生产规模，制造业投资意向整体较弱。

[①] 《A股一季报亏损数据盘点：194家公司净亏过亿，两桶油四大航齐遭黑天鹅》，时代周报网站，2020-5-18。

另一方面，"民企思退"2020年上半年在网上受到热炒。2月以后，民营企业出现悲观情绪的言论在网上出现。统计局数据显示，2020年1—3月份，民间固定资产投资同比下降18.8%[①]。北京大学国家发展研究院的张晓波教授牵头的中国企业创新创业调查（ESIEC）课题组，2月对2000多家民营企业进行调查发现，疫情和疫情防控政策对近八成企业的正常运营造成了负面影响。大部分企业对2020年的营收持较为悲观的态度，且有三成企业对未来预期尚不明确[②]。而浙商研究会副会长兼秘书长、浙商总会浙商学术研究中心副主任徐王婴表达的则更为直接，其在4月刊文称，疫情之下的生存危机使得许多民营企业更多考虑收缩而不是扩大投资。中国经济新常态下，经济发展面临"三期叠加"：增长速度换档期、结构调整阵痛期、前期刺激政策消化期叠加，一些民企已萌发收缩之心，而疫情加重了民企"思退"之念。

从工业方面看，由于疫情期间无法及时招工，国内很多企业无法复产复工。甚至到了疫情得到控制时，仍有媒体报道，由于口罩等防护用品紧缺，很多企业因达不到政府的要求而无法复工。3月中旬以来外贸退单以及弃货拒收现象增多，4月以后国外疫情突发导致订单问题、运输问题显现，企业生产经营压力加大，工业经济运行面临较大挑战。

这一挑战，也得到了国家统计局和工业和信息化部数据的印证。根据国家统计局数据，2020年1—3月份，全国规模以上工业企业实现利润总额7814.5亿元，同比下降36.7%。在41个工业大类行业中，2个行业利润总额同比增加，39个行业减少。部分行业利润降幅较大，比如汽车制造业下降80.2%，化学原料和化学制品制造业下降56.5%，黑色金属冶炼和压延加工业下降55.7%，电气机械和器材制造业下降47.0%，通用设备制造业下降39.9%，纺织业下降

---

① 《2020年1—3月份全国固定资产投资（不含农户）下降16.1%》，中国统计局，2020-04-17。

② 《疫情冲击下的中小微民营企业：困境、对策与希望》，澎湃新闻网，2020-02-19。

38.8%[①]。根据工业和信息化部数据，1—3月份，全国规模以上工业增加值同比下降8.4%，其中前两个月同比大幅下降13.5%；工业产能利用率仅为67.3%，同比回落8.6个百分点；1—2月份企业亏损面达到36.4%[②]。

因此，不少舆论对中国工业是否能得到恢复表示质疑。2020年上半年，各大媒体尤其是境外媒体，对中国工业状况报道较为悲观，诸如"疫情冲击中国工业利润压""工业产能利用率严重不足""中国工业生产转移海外"等论调甚嚣尘上，一时间众说纷纭。尤其是"疫情加剧全球产业链区域化本地化，原中国供应链产能外迁"等引起境内外舆论热议，比如2020年3月，新加坡《联合早报》称，科技产品巨头谷歌和微软已着手将智能手机和个人电脑等电子设备生产从中国转移到东南亚。谷歌最早从下月起启动越南的智能手机生产线，微软也计划第二季在越南开始生产Surface系列电脑。2020年4月，彭博社报道称，"为应对新冠疫情对于经济带来的负面影响，日本经济产业省推出了总额高达108万亿日元的一项抗疫经济救助计划。其中，改革供应链项目专门列出了2435亿日元，用于资助日本制造商将产线撤出中国，以实现生产基地的多元化，避免供应链过于依赖中国"。

从服务业方面看，受新冠肺炎疫情影响，餐饮、住宿、旅游、娱乐等服务业在一段时间内被迫停业。根据企查查数据显示，2月23日至3月23日，全国范围内已有12.7万家企业登记注销，其中零售、批发、餐饮、旅游等行业受此次疫情的冲击最大。

疫情之下，餐饮行业首当其冲遭遇重创。按照新华网的说法，"疫情对餐饮行业的冲击无论是在冲击面还是冲击力上都超过了2003年的非典"。中国饭店协会2月的调查显示，疫情下，面对客源的骤降以及众多的限制性要求，许

---

① 《2020年1—3月份全国规模以上工业企业利润下降36.7%》，国家统计局，2020-04-27。
② 《国新办举行一季度工业通信业发展情况新闻发布会》，工业和信息化部网站，2020-04-23。

多餐企停业止损。停业门店占比超过七成，停业后已复市门店占比则不到一成。春节期间（农历大年三十至正月十五）原本是餐饮业的旺季，然而疫情下，营收同比减少80%以上的餐企占比高达88%①。甚至连国内餐饮巨头西贝莜面馆差点都"扛不住"，2月1日，西贝创始人贾国龙称，受疫情影响，西贝门店全面暂停营业，只保留外卖业务。这种状况如果继续下去，以西贝的账面资金，"撑不过三个月"。这一言论引发舆论多波炒作。2月1日，木屋烧烤创始人隋政军转发了关于西贝的报道文章后，其员工自发组织了一场请求"工资减半"的减薪运动。

作为疫情的"重灾区"，酒店行业陷入低谷。受疫情影响，人们"宅"在家里，流动大幅减少，酒店业受损严重。酒店行业专家华美顾问集团首席知识官赵焕焱称，"酒店的成本很高，如果按400间客房来算，一家酒店平均每天的营业成本约为15万元，即使不开业也要12万元，而部分规模较大、硬件设施成本较高的酒店，一天的总成本可达50万元到70万元。"在浙江杭州，一家连锁酒店加盟商周青松称，"从1月23日开始，酒店的入住率直线下滑，现在的业务量同比往年春节减少95%以上，相当于跌到了地板上。"酒店预订服务品牌华住会相关人士称，2020年一月以来，华住旗下5000多家酒店经历了"至暗时刻"，损失预计超过数亿元。作为华住集团旗下中高端商务酒店品牌的全季酒店，在疫情最困难的时候，有200多家酒店暂停营业，出租率跌至个位数。

同样陷入困境的还有娱乐、婚庆、健身等各类服务行业，"进入寒冬"成为媒体报道主题词。杭州一名专业的婚礼和商务主持人表示，截至3月21日已经接到了20多场婚礼延期和10多场各类商演取消的通知，整个上半年的业务几乎停滞，"从业快20年了，今年的难是从未遇见的"。上海一家连锁健身馆

---

① 《新冠疫情下中国餐饮业发展现状与趋势报告》，新华网，2020-03-02。

教练表示，从年前放假回家后一直处于待业休息的状态，只能拿到底薪，收入缩水了至少80%。有一部分健身教练被迫转型做线上微商，销售蛋白粉等健身营养产品，还有一部分被迫转型做网约车司机等。2月10日，魅KTV投资人吴海通过其微信公众号发声，在不营业没收入的情况下，靠账面资金，仅能活两个多月。2月14日，旅行房屋租赁社区爱彼迎中国区总裁彭滔透露，疫情发生后，七成以上的受访者取消旅游计划，砍掉了旅游相关消费，这对民宿业造成了沉重打击。

从外贸方面看，2020年以来，我国进出口贸易面临着中美贸易摩擦等多重严峻挑战，而疫情的外溢效应则使得2020年年初的进出口贸易形势更加黯淡。根据中国海关总署数据，一季度我国货物贸易进出口总值6.57万亿元，比2019年同期下降6.4%。其中，出口3.33万亿元，下降11.4%；进口3.24万亿元，下降0.7%；贸易顺差983.3亿元，减少80.6%[1]。

新冠肺炎疫情突发初期，我国外贸企业面临着"有订单、没人做"的压力。一方面，外贸大省的疫情状况均相对严重。除了湖北以外，外贸大省广东、浙江、江苏及山东均位列全国确诊病例数量前十，这几个省份的出口总量占到了中国出口的65.4%。在严格防控疫情的情况下，不少地区出现了"用工荒"，这一情况在沿海发达地区更为严重。另一方面，各地企业复工时间不一致，导致生产无法有效衔接，上游原料供应不足，下游生产无法持续，部分产业链面临断裂，短期内难以恢复到日常产能水平。

新冠肺炎疫情在我国得到控制之后，我国外贸企业又面临着"有人做、没订单"的压力。一些海外进口商因为担心疫情，延迟或取消从中国的商品进口。港资企业东莞美光眼镜公司总经理杨雪锋4月接受媒体采访时表示，"2月17日复工以来，工人复工率和产能都已恢复到95%。虽然生产恢复了，但

---

① 《海关总署：一季度我国货物贸易进出口总值6.57万亿元》，新华网，2020-04-14。

形势却不容乐观，从3月15日开始就没人下订单了。2019年的出货量有200多万副，目前手上的订单是44万副，生产排期只到7月份，并且上半年还有10%的订单被取消，老客户停止下单"。此外，由于境内外展会延期或取消，新客户无法接单，不少企业2020年下半年的订单也受到一定的影响。

从物价方面看，受新冠肺炎疫情、洪涝灾害等影响，加上社会资金流动性充裕，国内物价出现了明显上涨，尤其是食品价格上行明显。根据统计局数据，1—3月份，全国居民消费价格同比分别上涨5.4%、5.2%、4.3%，虽然逐月下降，但始终在4%以上的高位徘徊。其中，食品类价格上涨尤为突出，1—3月，食品类居民消费价格的同比增长依次为20.6%、21.9%、18.3%[①]。

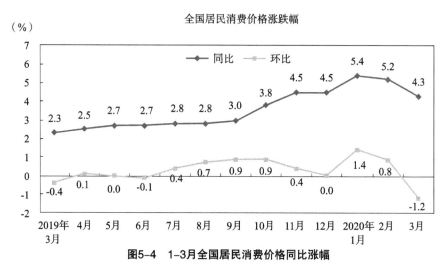

图5-4 1-3月全国居民消费价格同比涨幅

2020年一季度以后，粮食价格上涨仍时有发生，引发舆论关注。卓创资讯数据显示，3月下旬以来，玉米、大豆、小麦等粮食价格出现一波猛涨。东北与华北主产区玉米价格上涨50元/吨，西北地区上涨20元/吨；大豆现货从4100元/吨上涨到5000元/吨；小麦价格上涨15%，远高于2019年同期水平[②]。国

---

① 《2020年3月份居民消费价格同比上涨4.3%》，国家统计局网站.2020-04-10。
② 《3月底产区玉米价格突涨贸易商与深加工提价收粮 产销割裂下养殖业看跌后市》，财联社，2020-04-02。

家粮油信息中心数据显示，10月份，国内主产区籼稻平均价格同比上涨10%左右，粳稻上涨6%左右，小麦上涨5%左右①。

第二节　政策：宏观调控稳经济

突如其来的新冠肺炎疫情给我国经济工作完成既定目标任务带来挑战，我国积极应对，在"六稳"的基础上提出了"六保"的发展任务，为经济发展指明了方向。

根据我国发展阶段、环境、条件变化，以习近平同志为核心的党中央提出，推动形成"以国内大循环为主体、国内国际双循环相互促进"的新发展格局，成为事关全局的系统性深层次变革。5月23日，习近平看望参加全国政协十三届三次会议经济界委员并参加联组会。他深刻分析国内国际形势，指出面向未来，我们要把满足国内需求作为发展的出发点和落脚点，逐步形成以国内大循环为主体、国内国际双循环相互促进的新发展格局。7月21日，在企业家座谈会上，习近平进一步阐释了提出构建这一新发展格局的主要考虑，并强调了"大循环"与"双循环"的内在逻辑关系。8月24日，在经济社会领域专家座谈会上，习近平从谋划"十四五"时期经济社会发展的高度对构建新发展格局和相关的一系列重大问题进行了系统阐述。9月1日，习近平主持召开中央全面深化改革委员会第十五次会议，又从改革的角度提出要求，强调为构建新发展格局提供强大动力。"大循环"与"双循环"的相关论述，确立了经济发展格局，引发各方热议。形成以国内大循环为主体，意味着要把满足国内需求作为发展的出发点和落脚点，生产、分配、流通、消费更多依

---

① 《加强市场调控 确保粮价平稳》，微信公众号"国家粮油信息中心"，2020-11-13。

托国内市场。这一要求与深化供给侧结构性改革、贯彻新发展理念一脉相承。同时，新发展格局强调"以国内大循环为主体"，但"国内国际双循环相互促进"也至关重要。经济全球化仍是历史潮流，各国分工合作、互利共赢是长期趋势，利用国际国内两个市场、两种资源，将实现更加强劲可持续的发展。

由于突如其来的疫情严重冲击我国经济，经济形势发生重大变化，外部环境严重恶化，经济平稳健康发展面对一系列新挑战和新风险。有鉴于此，2020年4月17日，中共中央政治局召开会议首次提出"六保"。会议分析研究当前经济形势和经济工作，在"六稳"工作的基础上，"保居民就业、保基本民生、保市场主体、保粮食能源安全、保产业链供应链稳定、保基层运转"。疫情之下，中央及时做出新的安排，在扎实做好"六稳"的基础上，提出了"六保"的新任务，引发舆论关注和支持。各方纷纷认为，扎实做好"六稳"工作、全面落实"六保"任务，是坚持稳中求进工作总基调的主要着力点。在疫情防控常态化前提下，只有稳住经济基本盘，兜住民生底线，才能在稳的基础上积极进取，全面推进复工复产达产，恢复正常经济社会秩序，培育壮大新的增长点增长极，牢牢把握发展主动权。

在新发展格局和新发展任务之下，确立经济目标、实施减税降费、调节货币政策、发行特别国债、建设"两新一重"、保持物价稳定等一系列惠企利民的经济政策稳步推进，政策效果和政策红利逐步显现，切实增强各类市场主体和人民群众的获得感，持续成为舆论关注的热点话题。

图5-5 六保政策具体内容
（图片来源：互联网）

经济增长不设定具体目标

2020年5月22日国务院总理李克强在全国两会上作《政府工作报告》时，并没有提出GDP增速的具体目标，这也是改革开放后，继2000年、2001年和2002年以来，我国第4次没有设定2020年GDP具体增长目标，受到社会广泛热议。5月22日上午，在国务院新闻办举行的吹风会上，《政府工作报告》起草组成员、国务院研究室党组成员孙国君在回答记者提问时表示，2020年的政府工作报告中没有提出GDP的具体目标，最大的原因在于中国经济发展面临两个方面的不确定性：一是疫情走势的不确定性。当时全球新冠肺炎感染者近500万，每天新增人数仍接近10万，下一步疫情发展趋势谁都无法预知。二是世界经济的不确定性。疫情是当前影响全球经济活动的最大因素，各国经济都处于巨大的不确定性之中，2020年一季度，全球主要经济体已经出现较大幅度的负增长。

事实上，早在两会前夕，就有不少经济学家建议淡化经济预期目标，转而关注更多民生类指标。比如2020年3月，中国央行货币政策委员马骏明确建议，中国今年不再设定GDP增长目标，因为实现4%—5%增速的难度很大，如果要定在原来的6%左右，很可能实现不了，最后被迫搞"大水漫灌"。央行货币政策委员会委员刘世锦也建议，在全球经济深度衰退的背景下，中国经济能够稳住，保持一个适度的正增长，就是很大的胜利。短期经济政策要对症下药，集中"恢复""救助""避险"。此次政府没有设定2020年GDP具体增长目标，很好地回应了各方的呼声。新加坡国立大学李光耀公共政策学院东亚研究所郑永年教授、顾清扬副教授在接受记者专访时表示，《政府工作报告》不设GDP增长目标，反映了中国政府决策的实事求是和科学性。中国虽然取得了抗击新冠肺炎疫情第一阶段胜利，但就世界整体而言，新冠肺炎疫情尚未得到有效控制，存在反复的可能性。既然中国和世界的新冠肺炎疫情尚有不确定性，或者说中国内部与外部环境都有不确定性，不设经济增长指标自然是求真务实和合情合理的。

不过，不设定经济增长具体目标，并不意味着经济不重要，也不意味着放任经济社会发展。国家通过综合研判形势，对预期目标做了适当调整。政府工作报告指出，优先稳就业保民生，坚决打赢脱贫攻坚战，努力实现全面建成小康社会目标任务；城镇新增就业900万人以上，城镇调查失业率6%左右，城镇登记失业率5.5%左右；居民消费价格涨幅3.5%左右；进出口促稳提质，国际收支基本平衡；居民收入增长与经济增长基本同步；现行标准下农村贫困人口全部脱贫、贫困县全部摘帽；等等。这些指标仍然清晰地勾勒出中国经济发展的重点是保民生、保稳定、保就业的基础，把"六稳"和"六保"的相关内容放在核心的位置。

打好减税降费"组合拳"

为了应对疫情防控和促进经济社会发展，李克强总理在2020年的政府工作报告中确定了全年国家新增减税降费2.5万亿元的目标，这一目标也是近年来力度最大的一次。为此，国家打出了减税降费"组合拳"，出台了一系列重磅政策，惠及各区域、各行业、各领域。政策效果正在逐步显现，对减轻企业负担、激发市场主体活力、保障改善民生、稳定经济增长发挥了关键作用。2021年两会上，政府工作报告晒出2020年减税降费成绩单，全年共为市

图5-6 国家大力支持减税降费
（图片来源：互联网）

场主体减负超过2.6万亿元。

先是阶段性减免养老、失业、工伤保险等社保费用，成为我国现行社保制度建立以来最大幅度的优惠政策，引发各方点赞。2020年2月18日，国务院常务会议决定，阶段性减免企业养老保险、失业保险、工伤保险三项社会保险费的政策。6月22日，为进一步帮助企业特别是中小微企业应对风险、渡过难关，减轻企业和低收入参保人员的缴费负担，经国务院同意，将阶段性减免政策期限进行延长，其中对中小微企业三项社保部分免征政策延长执行到2020年12月底；对大型企业三项社保缴费部分减半征收的政策延长执行到2020年6月底。如果加上1—4月养老保险费率比2019年同期降低的翘尾因素，以及全年继续实施阶段性降低失业保险和工伤保险费率政策的减费金额，2020年仅三项社会保险，总减费就将达到1.9万亿元[1]。武汉科技大学金融证券研究所所长董登新刊文称，这是我国现行社保制度建立以来最大幅度的阶段性缴费优惠政策。中南财经政法大学数字经济研究院执行院长盘和林称，此次减免社保费政策，不仅力度强劲，而且精准施策，有效化解了企业大部分负担，及时缓解企业的资金链断裂问题，增强企业抗风险的缓冲能力，通过降低企业经营成本缓解停工损失，保障中小微企业平稳发展。

再是"花大力气"减税稳定市场信心、重点纾困中小微企业、激发市场活力。各地各部门通过对小微企业和个体工商户减免增值税、提高部分产品出口退税率、对小微企业、个体工商户和农户等部分已到期的税收优惠政策延长到2023年底等措施，帮助企业切实减轻税收负担。国家税务总局数据显示，市场主体负担持续下降，2020年前三季度，重点税源企业每百元营业收入税费负担下降0.63元，降幅达9.4%[2]。一时间，"减税红利"成为媒体频频提

---

[1] 《全年社保总减费预计达1.9万亿，近2亿低收入者受益》，《第一财经日报》，2020-07-21。
[2] 《政策效果主要体现"一降、两增、三稳"》，中国政府网.2020-11-12。

及的词汇。媒体认为，一揽子税费优惠政策的落实落地和出口退税的提速，对企业来说是"雪中送炭"。这颗"定心丸"通过财税政策直接影响企业的活力和市场的信心，特别是帮助中小微企业和个体工商户渡过难关。

最后，给予企业"多角度、全方位"的关怀，大幅削减供水供电、物业房租、交通运输等费用。国家出台了一系列为企业减负的政策：在供水供电方面，国家要求切实落实将除高耗能行业外工商业电价进一步阶段性降低5%的政策，国有供电供水企业对疫情期间欠电费、水费的中小微企业不断供、不收取滞纳金。在物业房租方面，推动对承租国有房屋的服务业小微企业和个体工商户，免除上半年3个月租金。在交通费用方面，3月1日至6月30日，免收进出口货物港口建设费，将货物港务费、港口设施保安费等政府定价收费标准降低20%，取消非油轮货船强制应急响应服务及收费；6月底前，减半收取铁路保价、集装箱延期使用、货车滞留等费用。2020年，央企坚决落实国家政策助企纾困，坚决执行国家降电价、降气价、降资费、降路费、降房租政策，降低全社会运行成本约1965亿元，电网企业对高耗能行业外的工商业电力用户电费按95%计收，放宽两部制电价用户办理减容、暂停限制，合计降低用户用电成本约1080亿元；石油石化企业全面下调非居民用气价格，降低下游企业用能成本超过300亿元。此外，央企主动为中小微企业降本减负累计减免租金超过75亿元、减免路费超过50亿元[1]。

货币政策显温度

疫情发生后，不少民营和小微企业受开工延迟、需求萎缩等因素影响，

---

[1] 《央企去年实现正增长 降低社会运行成本近2000亿元》，中华人民共和国国务院新闻办公室网站，2021-01-19。

资金周转接续压力加大。除了财政税收政策帮扶，"延期还本付息""降低融资成本"等金融支持逐渐成为网上呼声。不少媒体表示，大幅减税虽好，但难以解决企业当下因资金链断裂而倒闭的问题。在此背景下，3月，银保监会会同央行、发改委、工业和信息化部、财政部等出台专项政策，指导银行机构按市场化、法治化原则，实施临时性延期还本付息安排，还本付息日期最长可延至2020年6月30日，免收罚息。6月，中国人民银行会同银保监会等又出台了中小微企业贷款延期还本付息政策，明确中小微企业贷款还本付息最长可延期至2021年3月31日。按照"应延尽延"要求，实施阶段性延期还本付息。根据人民银行统计，截至2020年9月末，全国银行业金融机构已累计对189万家市场主体的贷款本金和91万家市场主体的贷款利息实施了延期，共涉及4.7万亿元到期贷款本息①。相关消息引发舆论好评。山东寿光市通利窗饰公司经营者称，400多万元的贷款眼看就要到期了，当得知可以延期还本付息并且每年支付的银行利息还少了差不多4万元的时候，"觉得这真是在最难的时候给了我们一颗定心丸！现在企业已经复工复产，40多个工人全部在岗"。

同时，企业的融资成本也在不断下调，缓解受困企业的财务支出和流动性压力。2020年2月，央行副行长刘国强在国务院联防联控机制新闻发布会上指出，支农、支小再贷款利率从原来的2.75%下调0.25个百分点至2.5%，发挥好激励撬动作用。6月末，央行又宣布，7月1日起，中国人民银行下调了再贷款、再贴现利率。其中，支农再贷款、支小再贷款利率下调0.25个百分点。此外，央行还主动引导市场利率下行，截至12月末，1年期LPR较2019年12月份下降0.3个百分点，降至3.85%②。相关消息引发舆论和市场回应，"企业综合

---

① 《定了！给数百万户小微企业的金融"及时雨"不会停！》，微信公众号"国是直通车"，2020-12-23。
② 《央行报告：2020年我国贷款利率明显下降》，新华网，2021-02-16。

融资成本稳中有降""小微企业降成本多点发力""创新货币政策工具深度服务实体经济"等各类观点在网上深受认可。

特别国债应呼声

中共中央政治局3月27日召开会议，首次提出"发行特别国债"。各方对"特别国债"的期盼不绝于耳，"特别国债将向谁发行？""特别国债有何特别之处？""特别国债是直接向低无收入群体发钱？""特别国债发行的三种方式猜想"等相关文章在网上热传，成为舆论议论的焦点。5月22日，李克强总理在作《政府工作报告》时明确提出，2020年赤字率拟按3.6%以上安排，财政赤字规模比2019年增加1万亿元，同时发行1万亿元抗疫特别国债。同时，还要求建立特殊转移支付机制，让这2万亿资金直达市县基层。

作为党中央、国务院做出的重大决策部署，实行财政资金直达机制成为财政宏观调控方式的重大创新。财政部数据显示，直达机制"一竿子插到底"，财政资金从中央落地市县基层仅需20天，且投向更准，用到了基层急需

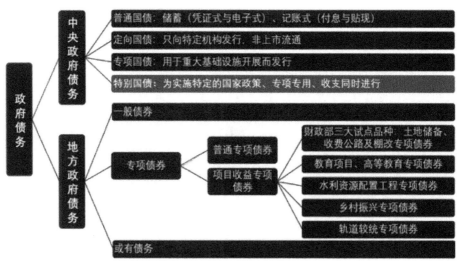

图5-7　政府债务分类

处。截至2020年10月底，实行直达管理的1.7万亿资金当中，中央财政下达了1.695万亿元，进度达到99.7%，具备条件的资金已全部下达^①。

这些资金涉及经济的方方面面，在弥补财政、保障就业、稳定市场、保障建设、脱贫攻坚等方面发挥突出作用。比如在弥补财政方面，中央财政通过安排特殊转移支付和抗疫特别国债等直达资金，全面弥补了地方落实减税等政策造成的减收，较大幅度增加了地方财力。这些直达基层的资金不仅仅是硬气的数字，还是老百姓的口碑。重庆好哥们食品科技有限公司总经理郭小平说，"6月30日，财政部下达了疫情防控重点保障企业优惠贷款贴息资金预算指标，7月14日公司就收到江津区财政局拨付的贴息直达资金4.2万元。这笔资金保障了企业生产线运转，企业无后顾之忧，大家伙干劲儿可足了！"山东省平邑县部门负责人说，"今年中央直达资金到位后，县财政及时拿出1050万元用于村级卫生室服务能力提升。直达资金为加快平邑县村级卫生室建设，提升医疗公共服务能力，助力乡村振兴提供了有力支持！"

"两新一重"奠基础

为应对投资不足、基建低迷等多重问题，5月22日，国务院总理李克强在《政府工作报告》中提出，重点支持"两新一重"建设，即加强新型基础设施建设；加强新型城镇化建设；加强交通、水利等重大工程建设。其中，新基建是实体经济迈向高质量发展的新动能，推动数字经济发展和经济结构转型升级已是大势所趋。新型城镇化建设是改善民生的重要举措，只有通过加大住房、医疗、教育等领域的投资补短板，才能让改革开放的成果惠及广大群众。而传统的交通、水利、能源、电力等重大工程仍然是保障发展的重要项

---

① 《1.7万亿！2.5万亿！这些数字，与你有关》，中国政府网，2020-11-13。

目，在拉动投资、解决就业方面的作用不容小觑，为我国的长远发展奠定基础。

一时间，"两新一重"这个新词迅速"走红"，获得各方好评。万博新经济研究院副院长、营商环境中心主任刘哲认为，"两新一重"既是应对疫情冲击进行的政策托底和对冲选择，也符合中国经济当前的结构性特征和转型方向。首都经济贸易大学特大城市经济社会发展研究院执行副院长叶堂林认为，2019年我国常住人口城镇化率首次突破60%，意味着我国新型城镇化进程要从追求速度转向追求质量，亟待补上此前城镇化在住房、医疗、教育等各个领域的短板。因此，2020年的政府工作报告，在扩大投资的部分提及推进新型城镇化，实际上就是要通过加大这些领域的投资补短板、调结构、增后劲。北京大学政府管理学院副院长李国平认为，过去，由于能更直接地产生带动效应，基建投资、产业投资的顺序相较区域投资靠前。而现在，一方面传统基建投资趋于饱和并开始向新基建投资过渡，另一方面产业投资由于外部环境存在产能过剩可能，因此转向前期投入大、收益周期长的区域投资，做好补短板成为必然选择。

各方纷纷认为，在"两新一重"的指引下，投资项目建设有望持续加快，对2020年、2021年乃至到2025年的投资都具有显著的推动作用。在新型基础设施建设方面，5G基站建设已成为热门的投资方向，中国移动、中国电信、中国联通、中国铁塔相继公布了2020年的5G投资计划，合计投资总额约2000亿元。据中国信息通信研究院预测，到2025年5G网络建设投资累计将达到1.2万亿元，并将带动产业链上下游以及各行业应用投资超过3.5万亿元[①]。在新型城镇化建设方面，国盛证券预测，"老旧小区改造"投资总规模约0.8万亿—1.4万亿元，可带动固定资产投资1.5—2.5个百分点，其中

---

① 《政策加持5G建设 预计未来五年带动投资超3.5万亿元》，《证券日报》，2020-06-07。

2020年投资规模约2000亿—3000亿元，可带动固定资产投资约0.4到0.5个百分点[①]。

稳定物价安民心

疫情初期，中国面临两方面的困境：一方面，1—3月份CPI始终在高位徘徊，食品价格上涨引发舆论不满，国内存在物价上涨的风险。另一方面，随着国内外疫情和经济形势的发展，国内经济下行压力不减，实体需要切实降低融资成本。不少学者认为，政策还有灵活宽松的空间，应加大宏观政策调节力度和货币政策的实施力度，提振国内经济。

2020年3月份以来，随着疫情对世界各国经济的影响日益严峻，澳大利亚、美国、韩国、加拿大、印度等多个经济体央行采取降息措施，多国甚至连续降息，希望给经济注入一剂"强心针"。3月3日，澳大利亚央行打响降息第一枪，宣布降息25个基点至0.5%，创下历史最低水平。同日，美联储宣布紧急降息0.5%，将联邦储备基金利率目标区间降至1%—1.25%。此后，美联储又于3月15日，再次将联邦基金利率目标区间下调1个百分点至0%—0.25%。在美联储降息后，各大经济体纷纷跟进。3月4日起，加拿大央行连续三次降息，分别于4日、13日、27日下调0.5个百分点，从月初的1.75%降至月末的0.25%。3月16日，韩国央行召开金融货币委员会临时会议，将基准利率1.25%下调0.5个百分点至0.75%。3月27日，印度央行宣布，将基准回购利率下调75个基点至4.4%，印度此次降息不仅早于市场预期，且降息幅度也大于市场预期。

对此，我国货币政策仍然坚持"以我为主""灵活适度"，并没有简单跟

[①] 《扩大有效投资新提法："两新一重"惠民生调结构》，《21世纪经济报道》，2020-05-23。

图5-8 "米袋子""菜篮子"供给有保障

随境外动向进行大幅宽松的调整。而是更加注重"精准滴灌",通过政府部门适度增加杠杆、发行政府债券、降低企业成本和负担,针对中小企业等薄弱环节强化定向扶持,保持一定力度地刺激经济。总体来说,货币政策是在考虑国内的经济形势和物价走势的基础上进行微调,坚决不搞"大水漫灌"。

在这一货币政策下,中国坚持稳健取向,加强逆周期调节,保持政策定力,并没有出现货币贬值、通货膨胀等现象。除此之外,政策上还更加注重打通制约"米袋子""菜篮子"供需的堵点、难点。破解短期性、局部性的粮食价格失衡困境,通过持续推进粮食收储制度改革,稳定市场粮源供应,灵活安排政策性粮食投放,加大玉米及高粱等替代品进口,实施"藏粮于地、藏粮于技"战略,有效调剂了国内余缺,控制了粮价的稳定。同时,通过持续恢复全国生猪生产,提高生猪养殖户补栏积极性,加大我国猪肉进口,常态化防控非洲猪瘟疫情,稳定了猪肉价格。

第三节 复苏:涅槃重生展宏图

在面对百年不遇的新冠肺炎疫情、面对世界经济陷入第二次世界大战结束以来最严重的衰退、面对美国等一些国家遏制打压全面升级等的"三重冲击"下，中国率先控制疫情、率先复工复产、率先实现经济增长由负转正，取得了举世瞩目的成就。2020年下半年至2021年，中国疫情防控和政策调控成效持续显现，经济稳中向好、长期向好的趋势越来越明显，中国经济进入"后疫情时代"。在国家各项政策的有力支持下，中国经济在持续复苏的轨道中稳步运行，展现出韧性强、潜力大、活力足的特点，运行表现出显著的平稳特征。从各项指标来看，GDP、投资、外贸、消费等主要经济指标增速相继转正，供给和需求端均获改善，复产复工有效推进，制造业保持高景气，服务业加快恢复，消费增长持续强劲，就业数据逐月改善，多项目标提前完成。

经济逐季改善，全年经济总量突破100万亿元；兑现承诺，如期实现脱贫攻坚目标，贫困县全部摘帽；保障民生，稳定就业，城镇新增就业超过1100万人。深化改革开放，海南自贸港建设启航，区域全面经济伙伴关系协定（RCEP）成功签署。每一项成就背后，都凝结着中国人民的顽强不屈、团结一心、奋勇向前、努力拼搏，彰显了不同凡响的中国风采、中国智慧、中国力量。

2020年中国经济增长数据好于各方预期，根据中国国家统计局2021年1月发布的经济数据，2020年全年国内生产总值1015986亿元，比上年增长2.3%[1]。中国不仅成为全球唯一实现经济正增长的主要经济体，GDP总量也实现了百万亿的历史性突破，引发舆论热议。

首先受到舆论关注的是居民的消费情况，2020年下半年以来，消费加快复苏，假期消费、购物节大促等纷纷成为热点。

2020年五一长假期间，国内消费经济瞬速提升，"报复性消费"成为网红热词。由于疫情得到控制，多地逐渐放开旅游，越来越多的人走出家门，出现在商场、农家乐和景区。少了出境游，少了扎堆玩，周边游成为"五一"

---

[1]　中国统计局：《中华人民共和国2020年国民经济和社会发展统计公报》，2021-2-28。

图5-9 2016—2020年国内生产总值及增长速度

假期消费的显著特点。文化和旅游部数据显示，五一假期全国共计接待国内游客1.15亿人次，实现国内旅游收入475.6亿元。以武汉为例，不少商场推出消费券等多种形式的促销手段，吸引市民走出家门，来到商场"逛吃逛喝"，开启"买买买"模式，沉寂已久的商场正逐渐恢复人气。微信"武汉战疫"小程序显示，武汉广场商圈、楚河汉街商圈日均人流量均突破10万，江汉路步行街商圈、户部巷日均人流量为假期前的2倍多。5月1日—5日，武商、中百、中商、汉商、工贸五大商业集团预计实现销售额7.05亿元。

由于2020年的中秋和国庆假期恰好在一起，并成了8天的长假，广大居民为祖国妈妈"庆生"的同时，也点燃了消费热情。国庆节期间，驴妈妈旅游网发布《2020中秋国庆出游总结报告》显示，国庆期间，山水名胜、文化游、IP乐园是最热主题类型，夜游、红色旅游人次增幅大，更加讲究错峰出游、升级体验①。根据中国银联数据显示，2020年国庆长假前7天银联网络交易金额达到2.16万亿元，较2019年同期增长了6.3%。10月8日当天交易金额超过3300

---

① 《驴妈妈〈2020年中秋国庆出游总结报告〉：夜游人气旺、西部长线游更自由》，中国经济网，2020-10-08。

图5-10 国庆中秋长假期间上海外滩旅游风景区

亿元，同比增长15.5%。具体来看，西部游、长途游受到追捧，旅游、出行、购物、餐饮等成为假期消费主力。尤其是西部旅游，带动了当地餐饮消费增长，其中西藏、新疆和青海地区的餐饮行业消费金额同比增长最多，普遍在两成以上[①]。

热闹的不仅仅是2020年国庆假期，2021年元旦假期同样"活力满满"。节日经济的市场红利、消费者持续旺盛的购买力，让假日经济不断释放消费热力。内蒙古、辽宁、四川、河南等地举行"跨年狂欢周""迎新嗨购不打烊""跨年巨惠"等活动，消费市场人气活跃。银联发布的数据显示，2021年元旦期间，银联网络交易总金额为1.02万亿元，创下历年元旦小长假交易金额纪录。从3天假期整体来看，日用百货、宾馆住宿、餐饮、景区售票等多个日常消费行业的日均消费金额均不同程度高于2020年元旦[②]。

除了法定假期，"双十一"购物节同样展现其无与伦比的风采，线上线下加速融合，激发消费的巨大潜能。从各大平台的成交数据看，2020年11月1

① 《长假前七天银联交易额2.16万亿元 同比增长6.3%》，央广网，2020-10-08。

② 《元旦假期银联网络交易额1.02万亿创新高 生活刚需类交易领跑》，新京报网站，2021-01-04。

日到11日，线上线下零售市场销售规模再创新高。京东平台发布的数据显示，11月1日0时至11日24时，平台累计下单金额超2715亿元，再次突破纪录。天猫发布的数据显示，2020年"双十一"参与品牌达到25万个，参与商家500万家，折扣商品达到1600万款，是2019年的1.6倍。11月11日0时26秒，天猫"双十一"的订单创建峰值达到58.3万笔/秒。1日0时至11日24时，天猫成交额突破4982亿元。苏宁发布的数据显示，11月1日0时至11日1时，苏宁易购线上订单量同比增长72%[1]。同时，消费相关舆情传播的通道也不仅仅局限于传统电商促销平台和新闻平台，短视频、在线直播等平台也乘势加入。

其次，伴随着投资热潮，重点项目建设、新基建、老旧小区改造等一系列活动也成为舆论关注的焦点，"圆满收官""超额完成"成为高频词。

从中央到地方都在以"两新一重"为抓手，抓紧推进和储备重大投资项目。6月，中国石油化工集团位于广东省东海岛的中科炼化一体化项目正式建成投产，该项目成为目前国内生产装备国产化率最高的炼化一体化项目，预计年产值超过600亿元，可实现年利税260多亿元，拉动超过2000亿元下游产业。7月，历时6年，横跨长江连接江苏南通与张家港的沪苏通长江公铁大桥建成通车。8月，广州港深水航道拓宽工程全线投入使用，彻底结束了珠江口至南沙港区大型集装箱船舶单向通航历史。9月，中国海洋石油集团有限公司宣布，我国首个自营深水油田群——流花16-2油田群顺利建成投产，高峰年产量可达350万吨，可满足400多万辆家用汽车一年的汽油消耗。10月，我国渤海湾首个千亿方大气田——渤中19-6气田试验区开发项目正式投产，预计2020年底将实现高峰日产天然气100万方，凝析油910方，将为京津冀协同发展、雄安新区建设等提供更加安全、清洁、低碳的能源保障，助力打赢"蓝天保卫战"。11月，齐翔腾达丁腈胶乳项目一期建成投产，年产量达10万吨，

---

① 《"双十一"，见证消费加速回暖》，《人民日报》，2020-11-12。

加速扩建丁腈手套产能，将部分弥补疫情期间全球丁腈手套3400亿只左右的缺口。12月，国家电网山西浑源、浙江磐安、山东泰安二期抽水蓄能电站工程集中开工，3座抽水蓄能电站总投资将达到267.17亿元，总装机容量达到450万千瓦。

除了传统基建项目，以5G、人工智能、工业互联网、物联网等为代表的新型基础设施建设，正开足马力驶入快车道。以5G建设为例，目前我国已建成全球最大规模的5G网络。商用一年多来，我国已建成全球最大规模的5G商用网络，独立组网率先规模商用，网络性能显著提升。根据工业和信息化部数据，2020年新建5G基站数达到58万，累计建成5G基站71.8万个，目前5G终端连接数已经超过2亿，实现所有城市都有5G覆盖[①]。同时，工业互联网也将迎来广阔的发展机遇。中国计算机行业协会副秘书长、赛迪顾问股份有限公司总裁孙会峰预计，未来3年，中国的工业互联网将以14.4%的年均复合增长率稳定增长。目前，我国5G+工业互联网在航空、机械、钢铁、矿业、港口、医疗等行业实现率先发展，应用范围向生产制造等核心环节持续延伸。据工业和信息化部信息通信管理局副局长鲁春丛介绍，我国5G+工业互联网投资超过34亿元，应用于工业互联网的5G基站总数超过3.2万个，未来工业互联网将成为5G应用的主战场。

作为投资的重点领域，老旧小区改造近年来也深受关注。"高龄"住宅普遍面临老化问题，停车棚、垃圾站、加装电梯等公共设施也面临"更新"需求，民生工程建设势在必行。对此，2020年5月22日，第十三届全国人大三次会议明确，加强新型城镇化建设，大力提升县城公共设施和服务能力，以适应农民日益增加的到县城就业安家需求。新开工改造城镇老旧小区3.9万个，支持加装电梯，发展用餐、保洁等多样社区服务。加强交通、水利等重大工

---

① 《工业和信息化部：到2020年底 累计开通5G基站71.8万个》，央视新闻网，2021-03-01。

程建设。根据国家发改委数据，2020年的城镇老旧小区改造任务比2019年翻了一番，中央预算内投资安排规模也随之翻番。对此，舆论纷纷表示，老旧小区改造，不仅仅是小区内建筑物外墙、楼道、电梯等公共部位，与小区联系的供水、排水、供电、道路、供气、供热等基础设施也随之更新。居民的居住条件和生活品质得到提升，"改"出美好家园和新生活。

再次，外贸积极求变，我国外贸进出口明显好于预期，2020年进出口、出口总值双双创历史新高，国际市场份额也创历史最好纪录。货物贸易正增长、防疫物资出口、区域全面经济伙伴关系协定等备受世人瞩目。

2020年，世界经济增长和全球贸易遭受严重冲击，我国外贸发展外部环境复杂严峻，在这样困难的情况下，我国从疫情突发后导致的"订单荒""退单潮"，到加班加点赶订单甚至频现"爆单"，外贸进出口快速回稳。疫情期间，中国供应链优势进一步凸显，巩固了对外出口的强劲韧性。经历一季度大幅震荡后快速回稳，进出口逐季攀升，走出一条令人振奋的"V"形反转曲线，成为拉动中国经济复苏的重要引擎。海关总署的数据显示，2020年我国货物贸易进出口总值32.16万亿元，同比增长1.9%，成为全球唯一实现货物贸易正增长的主要经济体。其中，跨境电商备受关注，成为企业开展国际贸易的主要模式，超万家传统外贸企业触网上线，1800多个海外仓成为海外贸易新载体，贸易方式求新求变，贸易发展动力强劲[①]。

海外疫情持续蔓延，使得海外产能受到严重的冲击，很多境外订单不得不转向中国。在全世界各国都因为防疫实行封锁，企业停工的时候，中国依然能够保持稳定的生产，成为世界制造业的避风港。对于应对疫情，我国发挥全球抗疫物资最大供应国的作用，尽己所能向全球200多个国家和地区提供和出口防疫物资。2020年3月至年底，全国海关共验放出口主要疫情防控物资

①《我国2020年成为全球唯一实现货物贸易正增长的主要经济体》，新华网，2021-01-14。

图5-11　中国30万只口罩抵达比利时机场

价值4385亿元，充分展示了我国负责任大国的形象，为全球抗疫斗争作出了重要贡献[①]。

同时，全球的消费者被动地将消费行为转移到线上，"宅经济"需求全面爆发。海关数据显示，2020年我国出口笔记本电脑等"宅经济"产品2.51万亿元，增长8.5%[②]。"全球宅经济需求爆发！跨境电商火爆""海外市场需求爆发，小家电、家具出口火爆""中国制造火了，商家想接都接不起了"等消息持续成为舆论热点。

11月15日，区域全面经济伙伴关系协定（RCEP）在东亚合作领导人系列会议期间正式签署，世界上人口数量最多、成员结构最多元、发展潜力最大的自贸区就此诞生。RCEP的签署，推升了我国双循环发展战略，促进了我国与RCEP成员国的国际贸易额和投资往来，使我国对外开放更加全面深入多元。包括中国在内的15个亚太国家打造世界最大经济圈，境内外媒体纷纷表示惊叹，对中国贸易发展来说，区域全面经济伙伴关系协定签署无疑是一次重大成功。

---

① 《海关总署：去年3月至年底验放出口主要防疫物资价值4385亿元》，中国新闻网，2021-01-14。
② 《出口增长四成、规模创历史新高 跨境电商增长势头猛》，人民网，2021-02-22，http://health.people.com.cn/n1/2021/0222/c14739—32033506.html。

图5-12　区域全面经济伙伴关系协定（RCEP）第四次领导人会议

　　然而，中国经济的复苏之路也不是一帆风顺的，复苏中的各类问题仍然是多方关注的焦点。相对于投资和出口，消费整体疲弱乏力，仍未恢复到常态和均值。根据国家统计局2021年1月18日发布的经济数据，2020年全年社会消费品零售总额比上年下降3.9%，这意味着消费总体依然疲软[1]。目前，各项宏观经济政策和资源主要还是集中在投资领域和企业部门，经济内在动力仍需多方努力培育。华侨银行大中华区研究主管谢栋铭分析，2020年中国经济复苏主要得益于强劲外需拉动出口增长，内需复苏则参差不齐，个人消费领域尤为疲弱，反映出疫情对居民收入和消费欲望带来双重冲击。

　　同时，基础设施仍严重不足，投资短板较为明显。我国人均基础设施存量仅相当于发达国家的20%—30%，在交通、水利、社会民生等基础设施领域存在不少短板，相关领域投资仍有很大的提升空间和潜力。重大工程建设需要围绕人民，聚焦补短板、提升发展质量效益，避免重复建设、资源浪费。新一代信息技术的牵引作用仍有待进一步发挥，推动新型基础设施与传统基础设施融合发展，提高资源要素配置效率。在房地产投资方面，以一线城市为代表的部分城市房价显著上涨，市场热度居高不下，局部的房价泡沫化风

---

① 《2020中国经济怎么样？国家统计局权威解答》，中国政府网，2021-01-19。

险正逐步抬头，不少舆论担忧房价可能将面临上涨压力。

此外，工业方面仍存在诸多"卡脖子"的关键领域。目前，我国拥有41个工业大类、207个工业中类、666个工业小类，形成了独立完整的现代工业体系，是全世界唯一拥有联合国产业分类当中全部工业门类的国家[①]。但是，制造业短板明显，尤其是在核心零部件领域中存在薄弱环节，关键基础材料、高端芯片、特殊制造装备、基础工业软件等不能实现完全自主可控，相当一部分需要依赖进口。比如我国当前基础电子元器件产业发展迅速，但依旧存在产业大而不强、基础研发偏弱、个体企业实力不强等不足：在5G基站领域，国产MLCC产品与国外差距达到10年以上；光通信领域所必需的光通信芯片、光纤滤波器与国外差距达到5年左右[②]。再比如随着新冠病毒疫苗接种工作展开，疫苗玻璃瓶产能等话题引发关注，我国中硼硅玻璃面临"卡脖子"现状。

面对经济复苏中的各类问题，媒体纷纷建议，要加快构建以国内大循环为主体、国内国际双循环相互促进的新发展格局，确保为经济提供有效的货币政策和财政政策支持，重点关注提高潜在产出，不断汲取继续前进的磅礴力量，乘势而上铸就新的辉煌伟业。

---

① 《新发展阶段我国实体经济发展的四大着力点》，光明网，2021-01-11。

② 《我国将突破一批基础电子元器件关键技术 改变产业大而不强局面》，微信公众号"工信微报"，2021-01-30。

第六章　新经济：蹄疾步稳奔新程

2020年，新冠肺炎疫情突袭而至，全球经济风雨飘摇，多个主要经济体处于深度衰退状态，中国成为唯一实现正增长的主要经济体，并实现GDP总量破百万亿的历史性突破。中国新经济表现极其亮眼，不仅在疫情冲击下逆势增长，同时也为疫情防控加油助力。这一年，中国新经济化危为机、迎难而上、蓬勃发展，挖掘并释放出巨大的新兴消费潜力，引领经济转型升级，推动中国经济高质量发展。

第一节　疫情下的新经济：一骑绝尘领发展

在2020年新冠肺炎疫情期间，中国经济能率先企稳，实现快速复苏并录得正增长，得益于中国政府采取有力措施迅速控制住疫情，相关政策也为经济活动的迅速恢复铺平了道路。在经济增长受到重创的时候，新经济逆势增长，增速可谓"一骑绝尘"。《新京报》认为，基础设施投资、中国制造、线上消费，组成2020年这个特殊年份的"新三驾马车"，带动中国经济回升。同时，基于新经济产业——信息技术、互联网+等行业的良好发展基础，我国部分经济活动、民生教育等在疫情初期也并未完全停滞。而且在2020年4月初，全国就逐步复工复产，经济活动正常化的速度快于预期。可以说，在全球经济遭受新冠肺炎疫情重创时，新经济表现优异，源源不断地向中国经济注入新动能，极大地降低了我国经济体系在应对突发事件下的系统性风险。

新冠肺炎疫情突发前期，居家隔离是重要的防控措施之一。部分"居家"需求释放出巨大的增量空间，一些隐性需求也被激发，进而衍生出多样化的新经济业态。

其中，表现最为突出的是外卖行业。在疫情催化下，外卖已成为人们日常生活中必不可少的工具，用户的诉求也从餐饮迅速扩充到了"买菜""买水果""买药""跑腿"等多元化的诉求上。尤其是疫情前期，生鲜需求爆发式增长，各电商平台交易量接连翻番。移动互联网研究机构Fastdata极数发布数据显示，2020年上半年，生鲜电商交易额达1821.2亿元，同比增长137.6%。生鲜电商月活用户超7100万，同比增长75.4%。预计未来几年生鲜电商市场仍将快速发展。

在疫情催化下，社区团购模式获得迅速发展，互联网巨头更是"杀气腾腾地冲进赛道"。在上半年疫情期间，滴滴就已经低调在成都上线社区电商平台"橙心优选"。下半年开始，美团、拼多多、阿里巴巴、京东等互联网巨头相继入局，抢滩社区团购赛道。艾媒咨询9月发布的《2020上半年中国社区团购行业专题研究报告》指出，在疫情的刺激下，2020年社区团购市场发展迅猛，市场规模预计将达720亿元。与此同时，互联网巨头斥巨资进行社区团购补贴，线上线下比拼进入白热化。"1.58元6只鸡蛋""1元一包面条"等商品在各平台上架，价格PK战火热打响。随后，多个微信公众号以《"不讲武德"的互联网巨头正在用资本夺走无数卖菜小商贩的生计，这是不道德的，必须反垄断》等为题，抨击互联网巨头挤压实体店和卖菜商贩的生存空间。12月11日的中共中央政治局会议研究了2021年经济工作，会议提出了"强化反垄断和防止资本无序扩张"，引发舆论高度关注和持续热议。12月11日《人民日报》发表题为"'社区团购'争议背后，是对互联网巨头科技创新的更多期待"的评论文章，质疑互联网企业痴迷于急功近利、短期变现。"社区团购"瞬间成为国民热点，掀起一阵阵舆论热潮。中新网等媒体指出，资金入场、重金补贴、大举招人，互联网巨头们亲自下场"抢菜"的画面，像极了每一次风口到来的前夜；呼吁警惕社区团购再次演化为一两家巨头的垄断游戏，最后让供应商和消费者"困"在模式里。

互联网巨头布局社区团购情况

互联网巨头	入局方式	社区团购品牌
阿里	投资	十荟团
腾讯	投资	兴盛优选、食享会
美团	自建	美团优选、美团买菜
拼多多	自建	多多买菜、快团团
阿里盒马	自建	盒马优选、盒马云超
滴滴	自建	橙心优选
字节跳动（头条、抖音母公司）	筹备	或为：今日买菜、今日优选、跳动优选
京东	筹备	或为：京东优选

图6-1　互联网巨头布局社区团购情况
（图片来源：光明网）

线上餐饮、生鲜、药品实现快速送达用户，离不开"外卖大军"的奔走。舆论亲切地称这些骑手是疫情中维系城市呼吸的"摆渡人"。2020年3月，美国《时代周刊》封面发布抗疫群像，外卖骑手高治晓作为唯一华人面孔登上封面。《时代周刊》写道："如果没有这群在危险中挺身而出的外卖骑手们，很多家庭会挨饿，病人也无法得到赖以生存的物资供给。"接连几日，英国《金融时报》和美国《纽约时报》等外媒纷纷刊文，聚焦中国抗疫战线下的外卖骑手们。《人民日报》海外网称，外卖骑手们冒着被感染的风险，穿梭在大街小巷，将口罩、卫生纸、瓜果蔬菜等物资送货上门，维系人们日常生活。外卖骑手们在疫情中的坚守，也得到了社会的认可和尊重。不仅有外卖小哥登上了国务院新闻办新闻发布会，外卖骑手所属的"网约配送员"职业也纳入了国家职业大典，将在未来得到更多的培训和更好的工作条件，获得更广阔的职业发展空间[①]。

在新冠肺炎疫情防控中，围绕"宅生活""云消费"等数字化需求的新业态新模式被大量激发。

2020年可谓电商直播爆发之年，直播带货成为最引人瞩目的新经济模式之一。受疫情影响，线下商家销售几乎陷入停摆状态，复工复产面临严峻挑战。在此情形下，直播带货模式成为各商家的"救命稻草"，甚至有政府官员化身"网红"走进直播间推销农产品。从湖南省永州市双牌县宣传部部长唐俊推销茶叶，到广东茂名副市长带着所属市县的一把手直播卖荔枝，为了展开抗疫助农项目，很多官员不遗余力地推销家乡特产，成为抗击疫情后消费领域的一道独特"风景线"。同时，网红、明星、机构、各行各业的商家也都涌入直播带货领域，追逐消费风口。除了薇娅、李佳琦等头部主播持续直播带货之外，许多明星开启了自己的带货直播，还有许多传统的线下厂家、零售商家纷纷拿起手机，为自己的产品代言。商务部数据显示，2020年前11月，全国的电商直播场次超过了2000万场。《北京日报》称2020年直播带货迎"出圈元年"，直播的角色从配角到C位主角，成为"双十一"等购物狂欢节中的"核心玩法"。在10月20日晚"双十一"开启预售当天，两位头部主播薇娅和李佳琦战绩惊人，直播间观看人次累计超过3亿，8小时卖出近80亿元，两人的带货量分别超过了1000万件、720万件。随后，"薇（尾）款人""李姓消费""琦乐吾穷"[②]等"谐音梗"迅速在网上热传。

---

① 《外媒聚焦中国外卖小哥，平凡人创造"不凡"》，海外网，2020-03-23。
② 尾款人是网民调侃"双十一"期间付完定金等着付尾款的消费者。"李姓消费"形容因李佳琦陷入不理性消费。"琦乐吾穷"形容在"双十一"开幕晚会上，李佳琦带着尾款人的横幅乐开怀，而买单的"我"穷得泪如雨下。

直播带货这一新经济模式也获得了国家的认可。7月，人社部联合国家市场监管总局、国家统计局向社会发布了一批新职业，"互联网营销师"赫然在列，"直播销售员"等5个新工种同时亮相。人社部表示，在商品市场领域，随着直播带货等网络营销行业的兴起，覆盖用户规模达到8亿以上，互联网营销从业人员数量以每月8.8%的速度迅速增长，大量中小微企业也因网络直销方式激发出了活力，直接带来的成交额达千亿元。

与直播带货"并驾齐驱"的在线文化娱乐在2020年亦获得爆发性增长。其中，短视频成为互联网用户不可或缺的娱乐方式。据极光统计的数据显示，抖音在春节假期的日活跃用户数量最高达到3.11亿，较往年同期增长93.1%；快手以1.77亿日活跃用户数量稳居第二，较往年同期增长55.8%；西瓜视频的日活跃用户数量则达到了4580万，较往年同期增长30%。据中国互联网络信息中心（CNNIC）发布的第47次《中国互联网络发展状况统计报告》显示，截至2020年12月，我国网民规模达9.89亿，其中，短视频用户规模为8.73亿，占网民整体的88.3%。

"宅家"的日子，追剧也是很多人的主要娱乐方式之一。以2020年春节前后一周的统计数据为参照，相比疫情突发前，爱奇艺会员环比增长1079%，芒果TV会员、腾讯视频会员分别环比增长708%和319%。此外，手游表现亮眼。游戏"王者荣耀"春节期间日活跃用户数量均突破5千万，"你画我猜""在线麻将"等经典线上游戏大受欢迎。

在政策利好、信息技术浪潮以及消费升级的推动下，中国在线教育市场规模、用户规模不断扩大。巨大的市场空间也吸引了资本纷纷入局。2020年12月，在线教育领域迎来了一轮密集融资：作业帮完成E+轮16亿美元融资，猿辅导完成3亿美元融资，编程猫完成13亿元（人民币）D轮融资，美术宝完成2.1亿美元D轮融资，好未来与银湖等机构达成33亿美元私人配售协议，跟谁学宣布获得8.7亿美元定增，一起教育科技正式在美国纳斯达克挂牌交易。

据艾瑞咨询统计，2020年教育行业累计融资1164亿元，其中在线教育融资金额1034亿元，占比89%[①]。这些融资背后出现的则是BAT、字节跳动等互联网巨头，以及软银、老虎基金等著名投资机构的身影。另一方面，资本在线教育行业逐渐向头部企业集中的趋势开始呈现，资本向在线教育行业累计输送的1034亿元中，80%都流向了头部的5家公司。其中好未来和猿辅导2020年融资金额分别达333亿元和243亿元。在线教育行业的中尾部企业遭遇了资本突如其来的撤场，加上疫情影响，部分在线教育企业"暴雷"。12月28日，主攻在线"一对一"教育模式的学霸君创始人兼CEO张凯磊发布公开信承认资金链断裂。

2020年初疫情突发初期，全国人民都在积极抗击新型肺炎，多地延期返工，不少企业选择让员工在家"云办公"，通过远程沟通、视频会议、线上销售等方式复工复产。远程办公市场需求爆发，前景向好。从2月3日部分企业复工第一天开始，办公软件的下载次数和使用人数不断被刷新。2月5日，钉钉跃居苹果App Store排行榜第一。2月10日，企业微信后台服务器请求上涨超过10倍。中国互联网络信息中心(CNNIC)发布第47次《中国互联网发展状况统计报告》显示，截至2020年12月，我国远程办公用户规模达3.46亿。远程办公通过重塑原有工作方式，将企业线下与线上业务有机融合，在疫情后期也有望成为常态化运营工具，是推动企业数字化转型的重要手段。企业对远程办公应用及设备的需求持续增长，推动我国远程办公市场规模保持高速增长趋势。

---

① 《2020年中国在线教育行业研究报告》，上海艾瑞市场咨询有限公司，2021-01-18。

第二节 互联网产业：本固枝荣再进阶

近年来，中国互联网产业步伐稳步加快，随着互联网技术的不断革新和发展，互联网深入经济社会民生，与传统产业的融合更加广泛而深刻，是当前建设新经济的重要力量。中国互联网络信息中心（CNNIC）发布的第46次《中国互联网络发展状况统计报告》指出，2020年上半年，中国互联网产业呈现出巨大的发展活力和韧性，克服新冠肺炎疫情带来的冲击和困难，在数字基建、数字经济、数字惠民和数字治理等方面取得了显著进展，成为中国应对新挑战、建设新经济的重要力量。有专家形象地比喻，在新冠肺炎疫情冲击下，中国经济被迫拉伸了"韧带"，而数字经济的新业态、新模式以及数字技术的迅猛发展，为提升中国经济"韧带"的韧性、推动形成新的经济增长点提供了重要支撑[1]。

在疫情背景下，数字经济与传统产业加速融合，各行各业的数字化转型步伐大大加快。

首先是传统产业线上化迁移进程提速，百万企业通过上云端、线上卖、用软件等方式开展生产经营活动，在迈出数字化转型步伐的同时也拉开了产业互联网快速发展的大幕。疫情带来的生产运营和复工复产挑战，按下了传统产业数字化转型升级的"加速键"。其中，率先迅速恢复的是餐饮业。在疫情期间，一些原本与外卖契合度不高的高端餐饮、老字号企业，也推出了外卖服务。海底捞、西贝、广州酒家等餐饮企业加大力度开发半成品或成品的食品，原来的堂食菜品变成了工业化产品，消费者只需加热就可以享用到餐厅的味道。"无接触配送""无接触用餐"这些疫情期间为适应防控疫情需要而推出的新举措，成为餐饮业智能化升级的突破口。用户因为外卖便利化服

---

① 《互联网产业成为发展新经济的重要力量 中国正强劲释放数字活力》，百衲传媒，2020-10-21。

务而增加了餐饮支出。中国贸促会研究院2020年6月发布的《外卖业务对餐饮业高质量发展的作用研究》报告显示，在餐饮业总营收与总利润的增量中，分别有75%和65%由外卖业务拉动。

其次是数字技术应用加深。为了不因疫情延误学业，2020年上半年，在"停课不停学"政策的引导和助推下，全国2.82亿在校生普遍转向线上课程。这是疫情给教育的考题，其难度超出预期。面对前所未有的挑战，相关部门的表现可圈可点。据《瞭望》等媒体报道，教育部与工业和信息化部联手，用不到两周时间搭建完成国家中小学网络云平台，该平台2月17日首日上线就收到"国家队出手，丝滑无卡顿"的评价。该平台可支持5000万学生同时在线学习，且汇集大量优质线上课程和教材，极大缓解了居家在线学习暴增带来的压力。截至2020年6月，云平台网页浏览达23.41亿次，访问人数近20亿人次，免费服务全国近2亿中小学生，有力保障在疫情时期"停课不停学"。另一方面，中国教育电视台携手公立学校开设直播课堂，国家广播电视总局下发紧急通知，让直播课堂迅速覆盖全国，并通过直播卫星覆盖偏远地区1.44亿人口，使互联网不通、信号不好、智能手机未到达地方的学生也能享受空中课堂。此外，以BAT为代表的互联网科技企业，依托自身教育业务向全国提供免费课程、开放技术服务，以好未来、新东方为代表的教育培训机构主动捐课、捐平台，为线上学习加油蓄力。数字技术的进步，不但让教育经受住了大考，还让线上教育站上了新起点，教育信息化程度快速跃升至一个新的阶段。

再者，在线医疗作用凸显。我国互联网医疗的服务内容，逐渐从以挂号问诊为主向更加多元化的方向发展，包括在线问诊、医药电商、健康监测管理、医疗服务等不同模式。疫情发生后，线下诊疗渠道几乎完全被切断，在线医疗在此次疫情中发挥了重要的作用。当时医院和医疗机构主要以防控新冠肺炎疫情为主，在隔离等防控措施要求下，一些身患其他疾病的患者进行线下就医存在较大困难，线上医疗平台解了患者的"燃眉之急"。通过互联网医院平台，坐诊医生向患者提供线上诊断、开药等服务，实现居家即可看病。在线问医能够帮助实体医院进行在线初筛和分诊，缓解实体医院就医压力，避免物理空间的交叉感染，也帮助了慢性病用户实现在线管理，复诊购药。以阿里健康、好大夫等为代表的互联网平台访问量大幅增长，部分平台诊疗咨询量同比增长了20多倍，处方量增长近10倍；多平台推出在线预约新冠肺炎核酸检测服务，显著提高结果反馈效率。据比达咨询统计，2020年互联网医疗市场规模超过900亿元[①]，医疗行业以互联网+优化资源配置，提高服务效能，医院参与度明显提升，优质医生资源不断释放。

2020年，多个大型展会也相继搬到"网上""云端"。中国进出口商品交易会（广交会）是国内历史最久、层级最高、规模最大的综合性国际贸易展会，每年举办春、秋两届，风雨无阻、从不间断。面对2020年新冠肺炎疫情在全球肆虐的情形，广交会"办不办""怎么办"牵动世界目光。4月7日，武汉"重启"的前一天，国务院常务会议决定，广交会继续举办，时间延后，形式创新，上"云端"。6月15日，127届广交会在"云端"开幕，这是广交会首次整体"上线"。将逛展交易搬到线上，确保"买全球、卖全球"的贸易盛会如期举行，展现了"云端"商贸"足不出户做生意"的火爆场景。此次广交会吸引近2.6万家企业参展，来自210多个国家和地区的客商参加，实现了"10×24小时"不落幕的线上广交会。随后，多项重要会展亦采用了上"云端"的方式。第十六届中国（深圳）国际文化产业博览交易会（文博会），于11月16日—20日以"云上"形式举办。11月26日，2020世界智能制造大会"云上博览馆"、第17届中国—东盟博览会"云上东博会"双双在新闻联播节目中出现，展现了云上展览、交易和会议等场景新模型。这一切的背后是来自华

---

① 《2020年中国互联网医疗行业研究报告》，比达咨询，2021-03-22。

为、腾讯、阿里等云平台的技术支持，开启了国内云上办会展的热潮。

此外，数字人民币在2020年取得突破性进展。数字人民币是人民银行发出的和纸质人民币同样的法定货币。2020年10月，深圳市罗湖区开展的千万元数字人民币红包活动，是一次具有跨时代意义的事件。此次活动面向在深个人发放1000万元数字人民币红包，每个红包金额为200元，红包数量共计5万个。《北京商报》等媒体称，多位特约商户表示，试点期间有非常多消费者主动提出要使用数字人民币进行消费，明显感受到了大众对数字人民币的热情满满。继深圳试点数字人民币之后两个月，苏州也于12月派发数字人民币红包。苏州的试点增加了不少"新亮点"，电商线上场景、离线钱包支付体验纷纷落地，数字人民币支付体验迎来全新"升级"。随着央行法定数字人民币试点步伐提速，越来越多的地方政府都在积极争取数字人民币试点。12月10日，《中共上海市委关于制定上海市国民经济和社会发展第十四个五年规划和二〇三五年远景目标的建议》正式发布，其中明确提出"积极争取数字人民币运用试点"。专家表示，"一带一路"倡议、RCEP框架等都有利于人民币从区域化走向国际化，结合人民币跨境支付系统，数字人民币将能在这些地区的跨境贸易中优先发挥便利的支付、结算和清算功能[①]。也有专家建议，加快数字中国、数字政务建设的步伐，为新经济企业提供更好的信息服务，满足新经济企业对信息的需求。

第三节　创业创新：筑牢基底挖潜力

2020年，我国"双创"在主体质量、带动就业、培育新动能等方面取得

---

① 《数字人民币试点再下一城 专家：期待上海试点并扩大应用场景》，《新民晚报》，2020-12-17。

显著进展。《每日经济新闻》称，随着我国商事制度改革全面推进，通过改革市场准入制度，企业注册日趋便利，从源头上为经济发展注入了新活力。良好的营商环境激发了市场活力，尽管疫情给经济社会带来较大冲击，2020年全年新设市场主体仍高达约2500万户，大幅超出2019年的2179万户，实现了逆势增长。据国家市场监管总局数据，从季度情况看，受疫情影响，中国新设市场主体一季度出现了明显下降，同比降幅为30.6%；二季度即由降转升，增幅为15.9%；三季度涨幅扩大，为19.2%。前三季度日均新设市场主体6.7万户，日均净增3.9万户。到11月末，日均新设市场主体数量已超过2019年全年。中国每千人拥有企业数由2019年底的27.6户增长到30户，又上新台阶①。2020年全国新设市场主体数量降至谷底再绝地反弹，划出了"V"形走势。在中国大市场这片沃土里，新设企业、创业者如雨后春笋，茁壮成长。

改革开放力度大，激发创业热情。自2020年6月1日《海南自由贸易港建设总体方案》公布后，半年时间里，海南新增市场主体19.1万户，市场主体总量达到115.9万户，其中新设企业同比增长169.5%；引进人才超过10.3万人，相当于过去两年引进人才的总和。人民日报海外版等媒体认为，保住市场主体，就保住了中国经济的源头活水，2020年中国以改革促发展，激发市场主体活力和发展内生动力，上亿市场主体展现出强劲韧性，有力支撑着经济复苏。

《潇湘晨报》等媒体评论，新设各类市场主体逆势增长，背后是纾困惠企政策落地生根。自疫情发生以来，中央和地方密集出台帮扶政策，延期纳税、缓缴社保、返还失业保险、降低融资成本，为企业发展疏"堵点"、解"难点"、化"痛点"、续"断点"。各项纾困措施直达基层、直接惠及市场主体，中小企业生存和发展能力有效提高。

---

① 《韧性足！市场主体数量创新高》，人民日报海外版，2020-12-22。

新设企业增多的同时，大型初创企业也在加速发展。美国调查公司CB Insights在11月发布的数据显示，2020年被称为"独角兽企业"的大型初创企业在世界范围内已增加至500家，其中中国119家，仅次于美国（242家），位居全球第二，中美两国占到7成[①]。全球排名前3的超级独角兽企业中，中国企业占据两席，字节跳动成为世界上最大独角兽企业，截至2020年9月其估值达1400亿美元，较2020年年初增长86%；排名第二的是滴滴出行，估值达620亿美元。据科技部火炬高技术产业开发中心2020年10月发布的《2020年中国创业孵化发展报告》显示，全国孵化载体数量已超过13000家，从区域分布上来看，孵化器数量最多的五个省份分别为广东、江苏、浙江、山东和河北，占比超过54%。2020年共有133家单位被评为国家级科技企业孵化器。孵化器为中小企业的创业创新提供了有利平台，从各地的孵化器和众创空间中走出了不少上市企业，特别是科创板企业。

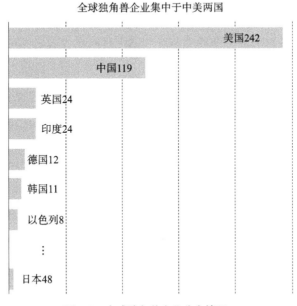

全球独角兽企业集中于中美两国

图6-2　全球独角兽企业分布情况

（数据来源：日经中文网）

①《全球独角兽企业达到500家，中国占119家》，日经中文网，2020-11-27。

好的营商环境就像阳光、水和空气，给予企业成长发展充足养分。澎湃新闻网等媒体评价，2018年以来，中国的营商环境得到"飞跃式"改善。在世行发布的《全球营商环境报告》中，中国的排名从2018年的第78位跃升至2019年的第46位，2020年再度提升至第31位，连续两年入选全球优化营商环境改善幅度最大的十大经济体。国家发改委2020年10月发布我国营商环境评价领域首部国家报告《中国营商环境报告2020》。《报告》显示，我国优化营商环境取得积极成效，企业和群众的获得感明显提升。目前，我国营商环境评价已实现对31个省区市全覆盖，累计已有98个城市参与中国营商环境评价改革实践①。据2020年12月粤港澳大湾区研究院、21世纪经济研究院发布的《2020年中国大中城市营商环境评价报告》，在35个大中城市中，深圳、北京、上海、广州、重庆、成都、杭州、南京、长沙、武汉等城市排名前十。新冠肺炎疫情发生以来，各地区各部门着力优化营商环境，惠企政策接连落实落地，企业家信心得到有效提振。全国工商联2020年"万家民营企业评营商环境"报告显示，企业对所在城市营商环境的总体评分为74.46分，比2019年上升近6分。

天明双创研究院2020年12月发布《2020双创白皮书》对双创政策、双创科技、双创投资、全球独角兽企业等方面进行深入分析，认为虽遭遇疫情打击，2020年中国在创新创业方面的进步仍旧显著。《白皮书》显示，在创业群体方面，22—32岁的青年创业群体占比73.8%，"青年创业主力军"势头迅猛。在30岁以下创业者中，人工智能、企业服务、教育培训、大消费成为年轻人最为集中的行业。从细分赛道上观察，一些极富科技感的领域越来越被年轻创业者青睐。电子商务、人工智能、金融科技成为中国独角兽企业的主要分布行业。《白皮书》认为，中国经济已迈向高质量发展阶段，需要存量产业转

---

① 《营商环境评价领域首部国家报告发布》，《人民日报》，2020-11-30。

型升级与新兴战略型产业共同发力，而"双创"正是有效的支持手段。

后疫情时代，找准创新创业着力点，化痛点为新动能，是很多人的迫切愿望。10月15日，2020年全国大众创业万众创新活动周开幕，以"创新引领创业，创业带动就业"为主题的活动周，内容涵盖五大展区160多个项目，亮点纷呈。

其中，新农业表现突出，功能农业带动精准扶贫。我国著名土壤学家、农学家赵其国院士曾预计，中国功能农业前景广阔，到2025年，其规模将达2000万亩，产值将突破2000亿元；到2035年，全球规模将超过3亿亩，产值突破3万亿元，其中，中国将占2/3。背靠如此大的市场，中国功能农业的发展不仅会大大增进本国和世界民众的健康福祉，对于创业者来说，这样的"新农业"领域也值得深耕。《福建日报》报道，福建龙岩市连城县揭乐乡大力推进现代农业"接二连三"加速发展，形成了铁皮石斛、地瓜、葡萄、猕猴桃、无花果等特色、富硒农业种植面积3000多亩，拓宽农民增收渠道，引领200多户贫困户在特色现代农业产业上创业、就业，实现精准脱贫。

新航天揭开星辰大海面纱，卫星"变现"迈入蓝海市场。云遥宇航科技有限公司在"双创周"上带来了商业空间气象探测项目。这个创新型企业通过完成80颗气象小卫星组网工作，填补了相关领域的探测空白。他们未来的目标是服务全球的地震短临预报及气象预报，为"一带一路"国家提供实时性优于20分钟的地震短临预报信息及气象预报信息。2020年4月，我国将卫星互联网首次列入新基建范围，此后随着北斗组网、"天问"升空等一系列重大航天事件，商业航天市场炙手可热。不过，商业航天技术门槛高，设计制造卫星和发射火箭耗资巨大。因此，尽管前景非常广阔，这一领域对创业者的技术创新能力和资本运营能力仍有较高要求。

艺术融合科技，演绎数字音乐新篇章。在"双创周"上，网易原创音乐内容创新创业服务平台亮相。这是一个基于数字音乐智能推荐、数字音乐智能处理两大核心技术，将人工智能与音乐产业融合的音乐艺术平台。这一平台展示了其对原创音乐及原创音乐人的扶持，目前平台已累计入驻原创音乐人16万人，孵化音乐人工作室（公司）200余家，直接拉动就业岗位新增近2000个，助力上万音乐人就业创业。事实上，疫情的催化和科技的变革，使得在线音乐快速成为国内服务领域的创新点。线上演唱会、线上音乐会等"云演艺"模式，显示出音乐在线行业的巨大市场与创新活力。2020年9月，中国音像与数字出版协会还正式发布5G数字音乐超高清音质团体标准，将促进数字音乐千亿产业创新发展。科技与艺术相融合，相信也会带动更多的"新艺术"创新创业形态出现。

新文旅产业蓬勃发展，数字文化异军突起。近年来，在党中央、国务院发展数字经济、建设数字中国的系列部署推动下，一批新兴的数字文化企业快速发展，生产了优质的内容产品，满足了人民美好生活的需要，也成为促进产业转型升级的重要引擎。疫情对于本来快速实施的文化、旅游产业融合步伐造成了剧烈的冲击。但是疫情的特殊情况，也凸显了数字文化的力量。文化和旅游部产业发展司司长高政在国务院联防联控机制新闻发布会上指出，疫情期间，以数字内容为核心的数字文旅产业异军突起、逆势上扬。网络动漫、网络音乐、网络直播、短视频等业态流量大增，相关指标创历史新高；云娱乐、云直播、云看展等新业态用户高涨，各地博物馆推出2000余项网上展览，2020年春节期间总浏览量超过50亿人次，众多5A级景区开辟了线上游览功能，一批VR（虚拟现实）文化旅游产品在网上传播。

第四节　高新技术：阔步向前谋升级

国家统计局数据显示，2020年，全国规模以上工业增加值同比增长2.8%。高技术制造业快速增长，新兴产品增长强劲。2020年，高技术制造业增加值比上年增长7.1%，高于全部规模以上工业平均水平4.3个百分点。其中，医疗仪器设备及仪器仪表制造业、电子及通信设备制造业、计算机及办公设备制造业增加值分别增长12.1%、8.8%、6.5%。"新基建"表现亮眼。2020年上半年，新基建等相关产品均以两位数增长，其中城市轨道车辆增长13%，充电桩产量增长11.9%。下半年以来，城市轨道车辆、充电桩等新基建产品增速更进一步，均在20%以上。专家认为新基建是未来各类产业发展的基础性平台，类似传统基建中的"铁公基"①，布局建设新基建是为产业发展创造未来的可拓展空间。

我国高技术产业发展潜力大，2020年新设企业增长显著。国家统计局数据显示，2020年前三季度，新设制造业企业达9.1%，超过企业平均增幅（7.7%）。高技术制造业增长62.8%，远超制造业整体增长水平，主要是受医药制造业和医疗仪器设备及仪器仪表制造业高速增长带动；高技术服务业增幅则较服务业整体增幅高1.5个百分点。

高技术制造业经受住疫情冲击，逆势而上，实现较快增长，充分体现了坚持经济高质量发展不动摇，并以此推动经济体系优化升级，做大做强做优实体经济。在以人工智能、大数据、云计算、物联网等为代表的信息通信技术支撑下，远程办公、远程教育、在线医疗、在线游戏、无人配送等过去多为概念性的技术应用和服务模式，在重大疫情的倒逼下，以意想不到的速度崛起。疫情期间，数字技术不仅在疫情防控中发挥了作用，在患者的诊疗、

---

① "铁公基"，泛指以铁路、公路、机场为代表的国家投资的基础设施建设。

疫情、地图、人群追踪等方面得到充分运用，还渗透到社会生活的方方面面。教育、汽车、医疗、电商等行业积极上云，使得"宅家抗疫"只是限制了人们的出行，却并没有减少人们接受医疗、教育、继续工作的机会。在疫情外力和产业升级内需的双重作用下，大数据、云计算、物联网、人工智能等数字技术与产业融合的步伐逐步加快，个性化定制、柔性生产、数字孪生、无人仓储等智能制造和智慧物流产业逐步成长。

科技企业积极进行产业升级。其中，最具代表性的是华为在2020年正式推出自主操作系统——鸿蒙操作系统。鸿蒙操作系统是一款"面向未来"的基于微内核的面向全场景的分布式操作系统，现已适配智慧屏，未来它将适配手机、平板、电脑、智能汽车、可穿戴设备等多终端设备。作为我国第一个物联网操作系统，鸿蒙OS在2019年受到了众多质疑，华为不断对鸿蒙OS进行优化及升级，并在2020年9月份正式推出鸿蒙OS2.0。2020年，百度持续拉近无人驾驶技术和日常生活的距离，百度自动驾驶技术Apollo在北京、长沙两地无人驾驶测试里程已超过5.2万公里。百度还和首汽约车合作，首汽约车将成为国内率先开放自动驾驶服务的网约车平台。钉钉推出一款"智能数据助理"，是一款通过自然语言对话形式，提供智能分析的数据机器人，具备数据自助查询、智能图表展示、多维增强分析、数据简报推送、动态数据预警和智能洞察等能力。用户可以随时随地向数据助理机器人提问，进行个性化的数据查询和数据分析。

2020年，中国造车新势力在经历淘汰赛之后迎来发展的分水岭。在近年来的"弯道超车"过程中，中国已经步入全球智能电动汽车发展的前列。随着新能源补贴退坡、资本趋向理性，中国新能源汽车市场竞争逐渐加剧。而在汽车产业电动化、智能化、网联化、共享化的"新四化"发展趋势下，软件定义汽车的时代已经到来。据国盛证券分析，智能汽车或将开启千亿级赛道。随着自动驾驶商业化加速落地，车用市场未来将超越消费类应用，成为仅次于手机应用的第二大应用市场，智能汽车市场也具备广阔的市场空间。据中国汽车工程学会预测，2025年、2030年，我国销售新车联网比例将分别达到80%、100%，联网汽车销售规模将分别达到2800万辆、3800万辆。目前来看，强势自主品牌和互联网巨头的合资公司都将目光投向高端新能源汽车领域。随着高科技互联网企业扎堆入局，一场颠覆传统的汽车业变革也将加速上演。

新加坡《联合早报》等外媒评价，2020年，中国重大科技突破迎来井喷期。2020年12月6日，携带月球样本的"嫦娥五号"上升器与轨道器返回器组合体成功交会对接后，又成功分离，并安全返回地球。中国2020年12月6日还在西昌卫星发射中心用"长征三号乙"运载火箭，成功将"高分十四号"卫星送入预定轨道。"高分十四号"卫星可高效获取全球范围高精度立体影像，测制大比例尺数字地形图。中国重大科技突破还包括新一代"人造太阳"放电、第三代核电技术的"华龙一号"反应堆并网发电、"奋斗者"号载人潜水器在深达10909米的马里亚纳海沟成功坐底等。

2020年9月发布的《2020中国硬科技创新白皮书》指出，随着"硬科技"①概念逐步推广到全国各地，从政府到企业再到金融机构都加大了对"硬科技"的关注与研究，科创板的提出更是直接将"硬科技"推到了国家话语体系。在疫情影响下，科技创新领域依旧活跃蓬勃，尤其是针对疫情的生物科技领域，无论从学术产出和企业投入方面，都呈现出爆发式增长，表现出"硬科技"在外部环境挑战和经济放缓下的韧性与突出作用。人类正迎来以智能技术为代表的产业变革，硬科技将融入人类社会的方方面面，对经济发展、社会进步、环境保护等方面产生重大而深远的影响。

---

① 硬科技是指能够培育高新技术产业、支撑现代化经济体系建设、促进实现经济高质量发展的关键行业领域内的原创性核心技术。

《中共中央关于制定国民经济和社会发展第十四个五年规划和二〇三五年远景目标的建议》强调了坚持创新在我国现代化建设全局中的核心地位，把科技自立自强作为国家发展的战略支撑，面向世界科技前沿、面向经济主战场、面向国家重大需求、面向人民生命健康，深入实施科教兴国战略、人才强国战略、创新驱动发展战略，完善国家创新体系，加快建设科技强国。《建议》提出，发展战略性新兴产业。加快壮大新一代信息技术、生物技术、新能源、新材料、高端装备、新能源汽车、绿色环保以及航空航天、海洋装备等产业。推动互联网、大数据、人工智能等同各产业深度融合，推动先进制造业集群发展，构建一批各具特色、优势互补、结构合理的战略性新兴产业增长引擎，培育新技术、新产品、新业态、新模式。

2021年是"十四五"开局之年，新年伊始，新兴产业投资热度持续升温，新一批重大项目火热开启。多地紧锣密鼓谋划创新发展新路径，加强创新链和产业链对接，全面优化升级产业结构，为地方经济高质量发展聚力蓄能。相关产业项目密集落地有利于发挥稳投资效应，形成较强的支撑带动作用，积蓄经济发展新动能。由于对相关产业规律认识不够，个别地方在推进产业发展过程中，出现盲目上项目、低水平重复建设的现象，集成电路、电动汽车、新能源等新兴产业出现了一些烂尾工程。如何审慎推进相关产业的投资和发展，是当下各方需要关注的重点问题之一。

当前，我国面临的内外部环境发生了深刻变革，战略性新兴产业发展将成为我国实现经济转型的重要战略支撑。促进新兴产业高质量和理性发展，谨防盲目投资、过度发展带来的风险，需从多角度发力，包括合理统筹规划整体产业布局，适度以优惠政策引导产业发展，兼顾金融支持重大项目稳投资和防风险，进一步完善多元融资渠道，顺畅社会资本的投资路径。未来，相信中国高新科技产业在政策支持下，将获得更广阔的发展空间，迎来更高质量的发展。

第七章　就业：踏平坎坷勇向前

2020年，突袭而至的新冠肺炎疫情对我国经济社会发展及就业工作都造成严重冲击，高校毕业生、农民工等重点就业群体"就业难"压力空前加大，"招工难"凸显结构性矛盾；在职"打工人"遭遇就业歧视、裁员、"996"等职场"潜规则"，引发就业情绪焦虑。对此，中央和地方优先将"就业"置于所有民生之首，打出"政策组合拳"，就业形势"逆势翻盘"，全年就业形势总体稳定、好于预期。2020年城镇新增就业1186万人，超额完成年度目标任务。疫情下，灵活就业、就业新形态频频发力，展现出就业市场强大韧性。舆论盛赞2020年就业成绩斐然，离不开党和国家的一系列精准就业方针政策，期盼2021年继续扩大就业渠道，推动经济发展行稳致远。

第一节　就业市场：叠加疫情迎挑战

2020年，就业总量的长期压力与结构性矛盾交织，叠加疫情，"就业难年"如期而至，并被媒体渲染为"史上最难就业年"。2020年，高校毕业生已成为我国规模最大的首次就业群体，加之选择回国就业的80万留学生和2021届毕业生，以及体量较大的农民工，待就业群体规模再创历史新高，重点人群就业形势依然严峻复杂。

"就业难""招工难"

教育部数据显示，2020年我国高校毕业生达到874万人，相比上一年增加40万人，增幅是2012年以来的最大值。大学生已成为我国规模最大的首次就业群体。"最惨20届""刚毕业就失业"都是网民对于2020年不容乐观的就业形势的调侃。874万2020届毕业生的就业问题还没有解决，909万2021届求职大军也挺进了"战场"。《就业困难大学生群体研究报告》显示，截至2020年6月份，"仍有26.3%的2020届应届生在求职"。意味着2020届毕业生与2021届秋招撞车，大学生就业即将面临"双届叠加"的更为严峻的局面。

为了应对疫情，教育部门采取了"封校"措施，企业进行云招聘，这些在往年并不常见的场景加剧了毕业生的求职焦虑。8月，教育部要求各大高校要严格做好校门管控，并要求广大师生非必要不外出。部分毕业生表示，学校的封校管理影响到自己找工作。根据大学生一站式求职网申平台梧桐果的调查，65%的受访企业表示从2021届的秋招到明年的春招都不再进校园，而是将空中宣讲会、招聘会作为校招首选。

80万海外留学生"回流"加剧就业形势严峻。据教育部数据显示，受疫情及多国就业移民政策收紧等影响，2020年回国求职"海归"数量增加七成，人数突破80万，这让原本就已人满为患的国内就业市场面临更大的压力。互联网求职平台的统计数据也显示出海外留学生回国热情高涨：据智联招聘统计，2020年在国内求职的海归人数同比增长33.9%，增幅远高于2019年（5.3%）、2018年（4.3%），其中应届生更是增长67.3%。还有报告显示，2020年有近四成"海归"人员年薪不足10万，而在2019年这一比例为仅为三成。

2020年4月，中国人民大学中国就业研究所联合智联招聘发布的《疫情冲击下的高校毕业生就业市场——2020年大学生就业力报告》显示，与2019年同期相比，一季度大学生招聘需求人数减少了16.77%，但求职申请人数增加

69.82%。"大学生就业问题研究"课题组负责人、国务院发展研究中心发展部副部长卓贤表示，除了因新冠肺炎疫情冲击导致的总量供需矛盾之外，用人单位岗位需求与大学生能力和期望之间的结构性错配，是当前大学生就业难的主要原因。"此外，还包括区域机会和流动意向错配、学历要求与学历结构错配、能力要求与专业背景错配、企业性质与就业偏好错配、行业需求与求职热度错配、岗位缺口和职业选择错配等原因[1]。

高校毕业生就业形势总体情况		
季度	CIER 指数	
	全国	高校毕业生
2019Q1	1.68	2.82
2019Q4	2.18	2.17
2020Q1	1.43	1.38

图7-1　高校毕业生就业形势总体情况（数据来源：智联招聘）
（指数越大表示就业市场的景气程度越高）

招聘平台BOSS直聘发布的《2020应届生春招趋势报告》则显示，2020届毕业生的求职道路存在期望过高和雇主太严两大"拦路虎"。一方面，2020年应届生岗位的平均招聘薪资为5838元，应届生的平均期望薪资则为6139元，两者之间相差301元。另一方面，企业对求职者学历和知识能力的要求更加严苛，应届生岗位中明确要求本科及以上学历的比例为49.5%，较2019年同期高出13%。首都经贸大学中国新就业形态研究中心主任张成刚分析，大学生找工作难，从需求端看是产业结构调整中的短期困境，从供给端看是由于教育不足导致的知识、技能、能力无法满足市场需求。

为解决毕业生就业难问题，部分高校发动教职工、校友提供岗位，为毕业生"操碎了心"。2020年6月，华南理工大学新闻与传播学院通过其微信公

---

① 王炬鹏：《大学生就业难在哪"结构性错配"是主因》，中国经济网，2020-08-17。

2020应届生岗位平均招聘薪资   2020应届生平均期望薪资   2020应届生平均期望薪资同比增幅

图7-2　应届生的平均期望薪资与招聘薪资直接的差距
（图片来源：《2020应届生春招趋势报告》）

众平台，为其新传学子向广大校友发布了一封"求助信"，希望他们将招聘信息推送给学院，并欢迎以直荐等方式为学院毕业生提供岗位。该学院同时公布了一组数据，截至5月25日，该院本科生就业率为35.17%（其中签约率仅14.48%）、研究生就业率为48.53%。不少网民纷纷表示震惊，"985院校毕业生就业都这么难！"澎湃新闻网评论称，华安理工新传学院的惨淡状况无疑给各大院校敲响警钟：全国顶尖院校尚且如此，没有"985""211"名校光环加持的院校又将何去何从？统计发现，3—7月，清华大学法学院、中国人民大学公共管理学院、中央财经大学、北京交通大学、浙江工商大学杭州商学院、山西工商学院、河南财政金融学院、商丘师范学院、福州大学、湖南科技大学、南京大学化学化工学院、南昌大学等共五十余所高校或学院发布倡议呼吁全体教职工利用自身影响，广开渠道、挖掘资源，助力毕业生就业。不少毕业生直呼"2020年就业太难了！"还有不少"双非"院校毕业生担忧"更没有出路了"。

就业歧视

就业歧视话题屡屡成为舆论关注焦点，长时间未得到解决。虎嗅调研针对职场人士的线上调查显示，78%的受访者表示曾受到过职场歧视，最主要的歧视来源依次是学历（35%）、年龄（33%）和性别（29%）。"毕业生遇花样就业歧视""非全日制研究生遭歧视""性别就业歧视""35岁限制""湖籍务工人员就业歧视"等关于就业歧视的报道屡见报端，加剧职场"打工人"的担忧和焦虑，对稳就业大局造成不利影响。

毕业生遇花样就业歧视，其中最为突出的是"唯名校""唯学历"歧视。2020年媒体密集报道非全日制研究生遭遇就业歧视现象。据中国教育在线发布的《2021年全国研究生招生调查报告》调查显示，超过八成的非全日制研究生都因为学历在就业过程中受到过歧视。6月，有网民反映南昌"人才10条"排斥非全日制研究生：该市发布的《关于支持大学毕业生和技能人才来昌留昌创业就业的实施意见》前后共有十余次提到了"全日制"，却未提及"非全日制"学历。全日制与非全日制硕士被如此明确地区分对待，令不少学子感到不满。7月，有网民在人民网留言板留言，称自己是2017年后的统招非全日制硕士研究生，在参加内蒙古鄂尔多斯古杭锦旗和准格尔旗的教师招聘时，均被"学历不符，非全日制学历"的理由拒绝。该事件一度引发网民热议，有关"非全日制研究生就业被歧视"话题冲上微博话题热搜榜。更有不少学生反映，有企业在招聘问答环节中直接明确回复，"不招收非全日制研究生"，有的招聘人员更是直接表明，"全日制和非全日制研究生的区别大了去了""非全日制=本科生"。很多遭遇就业歧视的非全日制研究生感叹："同样参加全国统考，同样的国家线，同一标准质量培养，有些'非全'同学甚至三年都在脱产学习，仅仅因为毕业证上多了'非全日制'四个字，就被各种区别对待。"部分非全日制的研究生更是表示，努力考取的硕士学位竟成了找工作的绊脚石，仿佛读了个"假硕士"。

此外，"二本生""高职生"就业也困难重重。"'二本生'遭遇学历歧视，成为就业'夹心饼'，甚至还不如专科生"，"385万高职生的就业季，呼吁取消不合理就业限制"等新闻屡见报端，学历成为很多用人单位的唯一指标，

"唯学历论"也成为不少行业的隐形规则。还有调查表明，大部分高校毕业生认为在招聘中存在学历"查三代"现象。在劳动力市场中，一些用人单位以第一学历毕业院校是否属于"双一流"高校或"985""211"高校作为筛选门槛，限制第一学历为普通院校的毕业生应聘求职。有评论称，"名校情结"是产生该问题的心理因素。《中国青年报》称，在用人成本区别不大的情况下，很多人普遍存在"985和211的本科生＞一般本科生＞专科生（高职生）"的学历歧视链，学历歧视的本质在于"学历是快速且简易评判应聘者学习能力的指标"。

性别歧视、年龄歧视早已成为就业"隐形门槛"。2020年11月，江西抚州高新区公开招聘五级主办工作人员的岗位表，该岗位表显示，抚州高新区党政办公室、人社局、财政局、审计局等14个招聘单位的综合岗、管理岗及综合文稿岗等20个岗位，都标注了要求"男性"。网民纷纷质疑如此招聘涉嫌就业性别歧视。光明网、《中国青年报》以《以"工作性质特殊"为由进行性别歧视，不合适》《"仅招男性"，女性的就业门槛为何降不下来》为题转载报道，呼吁破除对女性就业的歧视，保障女性就业权益。事实上，性别歧视的"门槛"并不少见。有报道称，有企业单位明确提出"女性免谈""我们今年只要男生""女生不如男生能加班"等歧视女性就业的条件。女性面临生育问题被认为是造成职场性别不平等的主要原因。智联联招聘发布的《中国女性职场现状调查报告》显示，58.25%的女性在求职时被询问婚育问题，27%的女性遭遇了"求职时，用人单位限制岗位性别"，还有6.39%的女性曾遭遇"婚育阶段被调岗或降薪"。除此之外，有17%女性表示还有来自外形外貌上的歧视和不公正待遇。

"女艺人YAMY被公司PUA[①]""YAMY被公司老板说丑"的热搜微博将女性在职场遭遇PUA、霸凌推上了舆论风口。2020年7月，艺人YAMY（郭颖）发布微博，控诉其经纪公司老板徐明朝在公司内部会议上公开以"非常丑""不会唱歌""娘炮"等词对其进行贬损羞辱。徐明朝语言中显示出来的对女性的审美绑架和歧视引发全网激愤，网民纷纷站出来愤慨发言"女性的美丑不该被粗暴定义"。该事件更是将"职场PUA"话题一度冲到微博话题热搜第二。《人民日报》评论称，职场中意见观点相左、价值取向有异是常有的事情，但尊重他人人格是基本职业伦理。

年龄也成为就业路上的障碍，"30+"中年人在职场屡受限制。2020年10月，一则"菜场女摊贩不超过45岁"的消息引发网络群情激愤，公众敏感情绪被点燃，相关话题频频登上微博热搜，引发全网吐槽。据悉，武汉有40多年历史的吉庆街胜利街菜场升级改造，《入场须知》要求菜场女售货员不超过45岁、男售货员不超过50岁。网民纷纷吐槽，"考驾照都取消70岁年龄限制了，菜场摊贩居然要限制年龄？"用工年龄的傲慢与偏见似乎已成为企业单位招聘时的一个普遍的"隐形门槛"。2021年1月，智联招聘发布《中高龄求职者就业问题研究报告》显示，有80.1%的中高龄求职者认为找工作的最大困难是年龄限制。

就业中的年龄歧视问题也引发全网广泛讨论。2021年全国"两会"期间，人大代表蒋胜男关于取消国家公务员报考35岁以下的年龄限制的提案一经发布，便冲上新闻热搜第一。有评论称，"35岁职场荣枯线"现象几乎在各个就业场景下都存在。在企业招聘中，无论是国有还是民营，大多数招聘都限定年龄在35岁以下；一些互联网公司近几年在优化人力资源结构时，也将35岁

---

① PUA的全称是Pick-up Artist，是起源于美国的"搭讪艺术"，原本是用于男女两性交往的一套方法，但是后来变成指代洗脑、诱骗、心理暗示等一系列精神控制手段。

确定为一个分界线，部分公司甚至明确要求"员工90后化"。在知乎、微博、脉脉等平台上，关于"程序员真的有35岁这样的年龄危机吗""大龄程序员都去哪了"等讨论也比比皆是。《新京报》称，这种以年龄为标准，鼓吹"自然淘汰"的行为，明显不符合当下的社会文明标准。山西财经大学教授杨俊青表示，形形色色的就业不合理限制破坏了就业市场的公平竞争环境，不仅对劳动者信心造成打击，也不利于用人单位招聘到真正符合岗位需求的人才，更不利于国家稳就业大局。

裁员风、996

2020年初，随着疫情持续发酵，一方面，线上线下资本市场一片哀号，各个行业裁员暗流涌动，"断尾"求生。另一方面，随着互联网公司"996""007"加班文化的常态化，员工猝死、积劳成疾的报道新闻已不鲜见，公众和媒体对"畸形加班"制度批评的声音也从未停止。

各大企业"求生存"迎来裁员风暴。2020年1月，网传腾讯裁掉了一批任职七年的老职员，并且在第一时间封掉了这些员工的内网账号、工卡等与公司有关的各种权限。同月，互联网安全公司360董事长周鸿祎在微信朋友圈宣布，年会的特等奖是一张"免裁券"，相当于"免死金牌"，可抵消一次裁员。其做法引来网上不少骂声。3月，认证名为"小米员工"的用户在脉脉平台上称，"小米挖来了狼性的HR，现在走上狼性的末位淘汰制，所有部门都得裁10%的人，老白兔（人缘好，但是不出业绩的老员工）、应届生、低绩效人员都首先淘汰。"5月，华为曝出裁员1100余人，对外宣称"放弃平庸员工"，末位淘汰10%主管，引发"中年危机"下的职场焦虑。除此之外，京东、百度、科大讯飞、大疆、恒大等众多知名企业也因为裁员问题被顶上了舆论的风口浪尖。

受疫情冲击最大的行业当属服务业，尤其是旅游、线下培训、住宿餐饮等行业，由此也引发这些行业的裁员潮。2月，旅游网站马蜂窝员工自曝，"员工待岗，其实就是裁员，不给n+1补偿"；有网民在脉脉平台爆料发帖称，民宿预订平台途家裁员40%，约800人，高管团队有异动，业务线也有重大调整。培训行业也频频传出裁员的消息。2月，IT培训领域的黑马"兄弟连"创始人李超公开发声，北京校区将停止招生，员工全部遣散。3月，DaDa英语有多名员工反映遭遇不公平降薪、裁员，甚至被公司转走名下会员，离职人员已超百人。据中国饭店协会发布的《新冠疫情下3月中国餐饮业生存现状报告》指出，在2020年3月，20%餐饮企业关闭了20%以上门店、裁员20%以上。除此之外，"北京KTV巨头K歌之王要与全体员工解除劳动合同""新潮传媒复工首日宣布减员500人"等各服务业公司裁员消息屡上热搜。

"996""007""猝死""过劳死"成为2020—2021年职场的热词。据南都民调中心于2020年12月发布的《职场压力与加班状况调查报告》显示，77.46%的人需要经常加班，加班对于上班族已经成为"家常便饭"，很多职场人更是表示都是在"拿命换钱"。2021年1月3日，有网民在知乎平台爆料，拼多多23岁女员工凌晨在下班路上猝死。令人心寒的是，1月4日拼多多给予回应称，"哪个底层人民不是在用生命换钱，加班不是我们企业的问题，是整个社会的通病。这是你自己的选择，猝死也与我无关。"该回复引发舆论一片哗然，即便被秒删，但该回复截图迅速在社交媒体上被转发，"网传拼多多23岁女员工凌晨下班猝死""拼多多员工意外离世说明""知乎声明拼多多身份真实无误"等相关话题在微博阅读量达15.2亿次。网民一边倒地指责拼多多过度的加班制度以及其"冷血"的回应，控诉拼多多是"黑心资本家、打工人的坟场"，甚至还呼吁卸载该公司的App。舆论也将这次事件归结于加班制度，"996"一词再次被推上了热搜。新华社、央视新闻、侠客岛、中央政法委长安剑等多家媒体对此点名批评：奋斗不能演变成"拿命换钱"。

关于拼多多的悲剧还未结束。在"23岁女员工猝死事件"之后的十天里，拼多多的一位员工因胃疼痉挛被急救120救护车抬走；拼多多的另一位员工发布视频称，"因为看到同事被抬上救护车，我被拼多多开除了"；拼多多一位刚入职的年轻男孩从27楼家中一跃而下自杀身亡……关于拼多多的负面舆情持续发酵，对拼多多的讨伐声纷至沓来，谴责互联网各大平台"996""007"加班制度的声音也愈演愈烈。

拼多多事件还未彻底冷却，一则"应届生拒绝996被申通快递辞退"的消息出现在微博热搜中。申通公司副总监称，要求下属9点以后下班，并表示这是为员工负责。新华网评论称，上述事件是当下职场"996"引发冲突的一个典型事例，其背后是"996"的日渐常态化。与以往的"遮遮掩掩"不同，如今在职场招聘中，一些企业已经将"996"摆在明处，将其列为招聘标准之一。"四川一公司要求员工自愿签奋斗者协议""西贝董事长称，996算个啥，我们是715、白加黑、夜总会""如何看待'996''007'加班文化""拿命换钱是当今职场常态吗"等热议话题屡上热搜，舆论认为，畸形的加班文化让"打工人""过劳死"呈现出年轻化、低龄化趋势。在微博热搜话题榜单中，"上海白领体检异常率99%""90后不敢看体检报告"话题阅读量高达8.5亿次。

2021年全国两会期间，多位代表委员纷纷"声讨"超时加班现象。全国政协委员李国华指出，当前我国"996"问题处于企业失控、监管失序、工会失灵的状态，鲜少见到"996"企业得到处罚，劳动监察没有发挥应有的作用，劳动者维权困难；一些企业甚至直接在规章制度中规定，执行"996""大小周"工时，剥夺了员工的休息时间。全国政协委员林淑仪表示，超时加班与体面劳动、舒心工作、全面发展不相符，与国家提倡的提升人民生活品质也脱节，希望重视和解决超时加班问题。"建议对996工作制进行监管""建议依法限制加班时间"话题引发众多网民的共鸣和支持，微博相关话题阅读量高达10.6亿次。《半月谈》《参考消息》《工人日报》、中国新闻网呼吁严格推行"8小时工作制"，保障劳动者的切身利益，为劳动者打造良好的就业环境。

第二节 就业政策：和衷共济新征程

"组合拳"保障重点群体

面对严峻就业形势，"稳"成为就业政策的重中之重。习近平总书记指出，要落实就业优先政策、突出做好高校毕业生、退役军人、农民工、城镇困难人员等重点全体就业工作。李克强总理将就业作为"六稳""六保"之首，在2020年的《政府工作报告》中，"就业"成为高频词汇，"优先稳就业保民生""就业优先政策要全面强化""千方百计稳定和扩大就业"……仅"就业"一词共出现39次；2021年的《政府工作报告》更是提出"就业优先政策要继续强化、聚力增效"。"就业"已连续3年位居政府工作报告"优先级"，令就业群体感受到"民生温暖"。

中央和地方密集出台减负纾困政策，针对重点人群精准实施，打好政策"组合拳"，复工复产稳步推进，劳动力市场需求升温，就业局势逐步回稳。国家统计局数据显示，2020年城镇新增就业1186万人，明显高于900万人以上的预期目标，完成全年目标的131.8%。2020年年均城镇调查失业率为5.6%，低于6%左右的预期目标。舆论认为就业形势总体稳定并好于预期，离不开一系列保就业政策的实施。

图7-3　2016—2020年城镇新增就业人数
（图片来源：新华社）

多项措施助力高校毕业生就业

2020年年初以来，国务院多次召开会议，加大力度支持稳企业、拓岗位，还通过税费减免、创业贷款、补贴等政策为毕业生创业和灵活就业搭建更广阔平台。例如，引导企业扩大招用规模，支持新增投资向能够带动高校毕业生就业的项目和领域倾斜；鼓励国有企业、事业单位显著增加高校毕业生招聘岗位；对中小微企业招用毕业年度高校毕业生给予吸纳就业补贴等。

教育部会同国家发改委、财政部、人社部等20多个部门出台了30多项政策措施。加大升学扩招力度方面，硕士研究生、专升本、第二学士学位三项扩招可吸纳170余万人，其中应届毕业生约140万人。针对基层就业方面，"特岗教师"计划增加5000人，总量达到10.5万人；"三支一扶"（支农、支教、支医和扶贫岗位）增加5000人，规模扩大到3.2万人。2020—2021年度，还将招募选派2万名"西部计划"全国项目志愿者到西部地区基层工作；国有企业已录取高校毕业生64.6万人；中小学幼儿园教师已发布岗位50万多个；鼓励城乡社区、基层医疗机构吸纳毕业生，扩大大学生应征入伍规模……这些实招，大大增加了毕业工作机会总量，尤其是促进了政策性岗位的供给。据统计，2020年公共部门提供了大约300万个岗位吸纳高校毕业生就业，比2019年增长了11%。

2020年的就业指导主打"全天候、不断线、不打烊"，为企业和毕业生提供全天候24小时的就业服务。就业市场"云"招聘平台、就业指导"云"服务平台、手续办理"云"管理平台、就业反馈"云"数据平台等成为各个高校建设的重点。教育部推出"24365校园网络招聘服务"，截至9月底已提供岗位信息1522万条，累计注册毕业生669万人次，投递简历3736万人次；人社部发起"百日千万网络招聘专项行动"，在100天里共举办14392场线上招聘会，组织208万家用人单位发布了2761万人次的岗位信息，接收求职简历1943万份，同时还推出河南、山东、湖北、湖南、广东、广西、海南特色专场招聘活动。此外，央企"抗疫稳岗扩就业""国聘行动""千校万岗"线上招聘会等针对重点就业人群就业陆续展开，切实保障就业不断线。"云招聘"通过科技赋能，在5G、大数据、人工智能等技术的落地应用下，通过视频、AI等形式进行面试，运用智能算法进行供需双方多维度匹配，助力企业与高校毕业生打破沟通壁垒，实现双赢。2020年3月，国务院《关于应对新冠肺炎疫情影响强化稳就业举措的实施意见》提出，对中小微企业招用高校毕业生并签订1年以上劳动合同的，给予一次性吸纳就业补贴。

地方政府在致力于稳就业的基础上更加强调高校毕业生高质量就业。如，北京发布"京8条"专项政策，从支持灵活就业、鼓励企业吸纳等8个方面，为高校毕业生就业创业提供政策支持；深圳出台稳就业21条措施，包括将高校毕业生的扶持范围扩大至毕业2年内的高校毕业生，加大对毕业学年困难学生的就业扶持，提高求职创业补贴标准等；浙江省计划两年内国有企业拿出不少于50%的新增岗位招录高校毕业生，2020年新开发1万个基层公共管理和社会服务岗位，面向高校毕业生招录；山西创新"直播带岗""隔空送岗"等模式助力高校毕业生就业；安徽宣城打造"云服务"的全链条模式，助力高校毕业生借"云"就业等等，获得舆论一致好评。在诸多政策共同作用下，2020届高校毕业生的就业结果总体稳定，总体就业率达到90%以上，好于预期。

多方合作助力退役军人就业

2020年4月，退役军人事务部与滴滴出行、阿里巴巴、顺丰、京东"云签约"，签署退役军人就业合作协议。4家企业共拿出分布于31个省(区、市)的5.5万个岗位招聘退役军人，涵盖电子商务、销售代表、仓储物流、交通驾驶等多个岗位类别。"5.5万个岗位助退役军人就业"一度冲上微博热搜话题榜，网民纷纷为该政策点赞，"让退役军人继续在各行业中发挥优良作风！"与此同时，全国各省各地也都纷纷为退役军人再就业提供力所能及的帮助。广东印发《广东省促进退役军人就业创业的若干政策措施》，面向退役军人开展全员适应性培训，退役军人参加学历教育、报考公务员、创办企业享受系列政策优惠，设立吸纳退役军人就业专门补贴，按每人1万元补贴用人单位；河北省退役军人事务厅与河北顺丰速运、河北滴滴出行等9家大型企业签署《河北省退役军人就业合作协议》，9家企业共拿出2000多个优质就业岗位供退役军人自主选择；四川省首次采取"政企合作"方式为广大退役军人批量提供央企、国企和知名民营企业就业岗位。甘肃在2020年为退役军人提供1.4万多个岗位、促进8600多人实现就业。2021年1月，退役军人事务部、国家发展改革委等8部门联合印发出台了《关于促进退役军人到开发区就业创业的意见》，提出一系列创新举措，鼓励退役军人就业创业。

多渠道保障农民工返岗就业

2020年2月，中共中央、国务院发布《关于抓好"三农"领域重点工作确保如期实现全面小康的意见》，即"中央一号文件"，对稳定农民工就业做出了要求：加大援企稳岗工作力度，落实保障农民工工资支付条例，加大对拖欠农民工工资的整治力度，加强农民工职业技能培训，支持返乡农民工就业创业，不断提高农民的工资性收入。3月，农业农村部、人社部联合印发了《扩大返乡留乡农民工就地就近就业规模实施方案》，从拓展外出就业渠道、促进就地就近就业、强化平等就业服务和权益保障、优先保障贫困劳动力稳岗就业等4方面，稳定城镇常住农民工就业，确保农民工就业形势平稳，困难农民工及时得到救助。此外，为提升农民工技能，人社部2020年5月印发了《农民工稳就业职业技能培训计划》，决定在2020—2021年开展大规模、广覆盖和多形式的职业技能培训，计划以在岗农民工、城镇待岗和失业农民工、农村新转移劳动力、返乡农民工、贫困劳动力等为主要培训对象，每年培训农民工700万人次以上；8月，人社部、国家发改委等15部门联合印发《关于做好当前农民工就业创业工作的意见》，支持多渠道灵活就业，鼓励农民工从事个体经营，开办特色小店，符合条件的按规定给予税收优惠、场地支持等政策。多措并举，返乡入乡创业就业规模持续扩大。2020年，全国各类返乡入乡创业创新人员达到1010万人，比2019年增加160万人，同比增长19%，是近年来增加最多、增长最快的一年；1900多万返乡留乡人员实现了就地就近就业，凸显了乡村就业"蓄水池"作用[①]。

为支持困难群体就业，2020年4月，国务院联防联控机制新闻发布会提到，贫困劳动力的就业要优先安排，优先吸纳，要求对贫困户的就业需求提供个

[①]《去年返乡入乡创业创新人员达1010万比2019年增加160万人》，《中国青年报》，2020-03-17。

性化的帮扶。人社部还同国务院扶贫办等出台了鼓励吸纳、帮助外出、兜底保障等一系列扶持政策，组织开展了支持湖北"6+1"劳务协作、易地扶贫搬迁就业帮扶行动、数字平台经济促就业助脱贫行动等一系列活动，同时密集开展线上招聘、线下"点对点、一站式"的就业服务，全力帮助贫困劳动力就业。截至2020年6月底，贫困劳动力外出务工2831万人，超过了2019年的水平，就业扶贫工作总体好于预期，获得舆论一致好评。

助力中小微企业抗击疫情

中央和地方一直以来高度重视保中小微企业活力，从推出助企惠民政策到优化营商环境，从减税降费到加大金融支持力度，政策"工具箱"可谓是丰富多样。2020年《政府工作报告》提到，"保障就业和民生，必须稳住上亿市场主体，尽力帮助企业特别是中小微企业、个体工商户渡过难关"。李克强总理3月考察国务院复工复产推进工作机制时强调，要想尽一切办法让中小微企业和个体户生存下来。政府出台财税金融等宏观政策，都要着力为中小微企业和个体户"供氧""输血"。

为此，中央和地方力行做好"加减法"助力中小微企业"抗疫"，破解中小微企业就业难题。"减法"：2020年，减税降费、为企业降成本堪称力度空前，国家密集出台7批28项减税降费措施。同时，多地纷纷出台针对性惠企政策，力度大、覆盖广，援企稳岗取得积极成效。2020年2月，苏州市率先公布"政策礼包"，其中包括减免房租税费、缓缴社保金、降低融资成本、稳定职工队伍等，助力中小企业渡过难关；上海发布发布四项举措减轻企业负担，同时，上海市职工社会保险缴费年度（含职工医保年度）的起止日期调整为当年7月1日至次年6月30日，推迟3个月，预计当年度将为本市企业减轻社保缴费负担101亿元。此外，各地还通过降低企业、商户日常用水用电用气

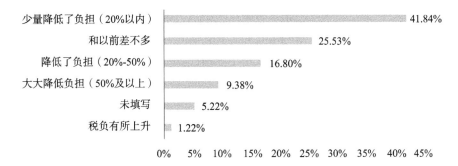

图7-4　全部样本中税费负担下降比率的组别分布
（图片来源：阿里研究院）

价格等，减轻企业的支出负担。根据阿里研究院2020年4月调研显示，全国有93.5%的小微经营者税费负担有所降低或持平，68.03%的小微企业经营者认为政府的政策减轻了负担，且疫情越严重的地区对减税降费的获得感越高。舆论点赞这些举措释放出实实在在的利好，给中小微企业吃下了"定心丸"。

"加法"：强化对中小微企业的金融支持和加大财政补贴。2020年2月，人民银行、财政部等五部委联合印发《关于进一步强化金融支持防控新型冠状病毒感染肺炎疫情的通知》，明确要求加大对受疫情影响较大的行业和企业的信贷支持，不得盲目抽贷、断贷、压贷；6月，人民银行联合银保监会、财政部、发展改革委、工业和信息化部等部门重磅发布《关于进一步对中小微企业贷款实施阶段性延期还本付息的通知》《关于加大小微企业信用贷款支持力度的通知》以及《关于进一步强化中小微企业金融服务的指导意见》，创设两个直达实体经济的货币政策工具，并提出30条措施满足中小微企业的金融需求，进一步加大对中小微企业的支持力度。多省市要求小微企业整体信贷规模只增不减，2020年普惠型小微企业贷款增速不低于各项贷款增速。"山东20条"对降低实体经济融资成本提出了明确要求，即确保小微企业融资成本同比下降，普惠型小微企业贷款综合融资成本低于2019年同期0.5个百分点。辽宁省亦发布通知，金融机构通过展期、无还本续贷、贷款期限和结构重组等方式，妥善解决困难企业融资问题。北京市出台九条新措施，包括对不裁员、少裁员的参保企业，返还50%上年度缴纳的失业保险费，对中小微企业实现100%返还等。上海市嘉定区新增1000个短期租房补贴专项额度，补贴标准为800元/人/月，补贴期限暂定3个月，用于补贴中小微企业吸引留住核心团队。河北、安徽、山东、四川等地也纷纷出台金融实招支持企业。

第三节　就业新业态：奋楫扬帆行致远

灵活就业显韧性

2021年3月，十三届全国人大四次会议闭幕后，李克强总理出席记者会并回答中外记者提问时首次提到，"我们一方面继续鼓励增加相对稳定的就业岗位，另一方面也要广开灵活就业的渠道。""应该给其社保补贴，提供基本的权利保障。"在过去一年中，总理还多次指出，要"取消对灵活就业的不合理限制""鼓励发展灵活就业，多措并举增加岗位"。舆论点赞总理频频为灵活就业发声，反映民之所望，施政所向。

2020年，灵活就业日益成为稳就业的"蓄水池"。"副业刚需"渐成新宠，"斜杠青年"风行一时，"直播带货"火遍全网——这是时下灵活就业盛行的真实写照[1]。人社部数据显示，目前中国灵活就业从业人员规模达2亿左右。根据《智联招聘2020年白领生活状况的调研报告》显示，职场人期待政府能够出台政策缓解疫情带来的负面影响，其中，灵活就业的呼声最高，近六成白领希望政府能够进行鼓励并给予保障。可见，灵活就业无疑成为疫情时代下，

---

[1]　周琳：《让灵活就业成稳就业重要抓手》，《经济日报》，2020-08-17。

最受白领们欢迎的就业方式之一。

"夜经济""地摊经济""小店经济"兴成为拉动灵活就业的"三驾马车"。2020年3月，国家宣布部分城市率先放开夜经济，鼓励灵活就业。"回归"后的夜经济，不再只是简单的"吃喝买"，而是包括了饮食、观光旅游、体育健身、阅读学习等多元形态。如，济南全力打造"泉城之夜"品牌，首个24小时不间断营业的商业综合体，满足市民游客吃、喝、游、购、行的需求。对此，央视点赞称，"夜经济"点亮"就业梦"，带动1万余人就业。上海打响"夜经济"名片，打造首届上海夜生活节。有专家称，中国夜经济或可拉动就业超过一个亿的规模，产值会超过30万亿人民币。

2020年3月18日，国务院办公厅印发的《关于应对新冠肺炎疫情影响强化稳就业举措的实施意见》提出，支持多渠道灵活就业，合理设定无固定经营场所摊贩管理模式，预留自由市场、摊点群等经营网点。在政策支持下，各地的"地摊经济"如雨后春笋般崛起。5月，李克强总理在十三届全国人大三次会议记者会上点名表扬：成都设置3.6万个流动商贩的摊位，结果一夜之间就有10万人就业。6月，总理再次为地摊经济发声，在山东烟台考察时称：地摊经济、小店经济是就业岗位的重要来源，是人间的烟火，和"高大上"一样，是中国的生机。有了总理的"撑腰"，"地摊经济"火遍全网，一时间被各大媒体大篇幅报道，"摆地摊"成为全网热门话题，微博话题阅读量在两日内达到20亿次。百度大数据显示，"地摊车""地摊货架""美食车""小吃车"等地摊关联产品搜索需求激增。"忽如一夜春风来，千家万户摆地摊"，万千人民加入了摆摊的行业，地摊热潮瞬间席卷全国。在微信群里，还有人分享了整理好的"地摊干货"文档，更有热心网民手把手教菜鸟们如何练摊儿大把的白领和学生纷纷表示可以去摆摊试试赚外快，还有人称"每天营业额差不多有1000元。"各地也纷纷出台了一系列"地摊经济""夜市经济"发展扶持政策。在江西九江瑞昌市，甚至出现城管队员打电话喊小贩去指定地点摆摊的现象。网民纷纷点赞"这样的城管真好"。

小店作为城市的"毛细血管",成为灵活就业的最重要抓手。小店经济用实力扮演着城市的"晴雨表"。2020年,腾讯、阿里、京东、美团、百度、苏宁、拼多多等互联网巨头对地摊及小店等进行服务和扶持,为地摊经济、小店经济再添一把火。2020年5月,支付宝发布首份"中国小店经济五一报告"显示,五一期间,有800万家小店的收入已全面超过2019年同期,其中500多万家小店单日收入是2019年五一的2倍以上。许多网民发出感慨称,"奶茶、烧烤、串串又回来了!"中南财经政法大学数字经济研究院执行院长盘和林称,经济学家判断经济景气程度,常常会以路边小店营业状况作为重要参考。《南方都市报》称,一家家看似不起眼的小店,不仅使很多灵活就业者赖以谋生,更成为国民经济的韧性所在、活力所在和潜力所在。9月,移卡联合艾瑞咨询共同发布《小店经济活力报告》显示,越来越多的人加入"开小店"的浪潮中。通过对18—50岁的核心从业人群进行调研显示,37%的民众现阶段已经开了小店,有71%的民众未来有开小店的打算。

新就业形态强势"出圈"

2020年,新冠肺炎疫情以来,以数字经济为代表的电子商务、直播销售得到快速发展,"新就业形态"作为一匹"黑马"迅速"出圈",催生了大量就业岗位,衍生出新的创业和就业群体,成为"稳就业"和"保就业"的重要发力点。新就业形态由平台经济演化而来,是以互联网平台直接连接供给和消费两端的平台化、去雇主化的灵活就业模式。

在多种新就业形态形式中,共享经济、直播经济、数字经济的表现尤为亮眼。2021年2月,国家信息中心分享经济研究中心发布的《中国共享经济发展报告(2021)》显示,2020年我国共享经济参与者人数约为8.3亿人,其中服务提供者约为8400万人，同比增长约7.7%；平台企业员工数约631万人，同比增长约1.3%，2020年共享经济新就业对稳就业保民生的作用凸显。

直播短视频成为领跑新就业形态的新潮流。智联招聘发布的《2020年春季直播产业人才报告》显示，2020年春节复工后一个月内，企业整体招聘职位数与招聘人数分别同比下降31.43%和28.12%。与此同时，直播行业人才需求量却逆势猛增。直播相关岗位的招聘职位数在一个月内同比上涨83.95%，招聘人数增幅更是达132.55%。直播相关兼职岗位数更是同比增长166.09%，是全职岗位增速的2倍有余。据中国人民大学劳动人事学院发布《淘宝直播就业测算与新就业形态研究报告》测算，淘宝直播带动直接和间接就业机会共173.1万个，其中交易型就业机会共102.2万个，新型岗位就业机会共70.9万个。据悉，云南省腾冲市第一职业高级中学和淘宝直播合作培训出来的第一批40名毕业生，还没出校门就被企业"预定"，优秀毕业生甚至可以在好几个企业中挑选。在淘宝直播间，除了大众熟知的主播，还诞生了助播、选品、脚本策划、运营、场控等多种新职业。中国经济网称，疫情期间，淘宝直播就是线下门店、线下市场加速复工的利器。

2020年9月，中国人民大学国家发展与战略研究院发布的《灵工时代：抖音平台促进就业研究报告》显示，2019年8月至2020年8月抖音带动的直接和间接就业机会达到3617万个，在行业分布方面，占比靠前的是文化教育、时尚、剧情、娱乐、才艺、美食、游戏、体育等行业。报告称，抖音产生了五大类超20种岗位机会，形成相对稳定的从业人群，如直播运营、直播助理、选品师、场景包装师。此外，抖音还间接带动上下游产业链的多种就业形态，如摄影、录像和直播设备生产的相关岗位。

在线教育、在线问诊、在线服务等领域是新就业形态的"晴朗板块"。如，百度文库2020年上半年知识店铺开店量超过4万家，直接带动近100万兼职或全职的内容创作者就业。猎聘大数据显示，2020年1—8月，在线教育新发职位在整体教育培训行业职位的占比为19.41%，比2019年1—8月的占比提高3.93个百分点。据不完全统计，疫情期间至少有10余家互联网医疗平台推出在线问诊专页，调动医生10万余名，超过400万人次在线上咨询。《人民日报》等称，灵活包月的共享设计师、线上接单的"到家老师"……我国的新就业形态在从业人数规模、服务类型多样化等方面都处于世界前列。越来越多的新生代劳动者开始选择个体化、分散化、灵活化的"新"就业领域，既可以足不出户就轻松获得收入，又能够力所能及地发挥自己的专业特长。

"斜杠青年"（指不满足"专一职业"，而选择拥有多重职业和身份的多元生活的人群，又称"两栖青年"）选择多，选择副业成刚需。清研智库等机构发布的《两栖青年金融需求调查研究》显示，全国年轻群体中有主业的兼职者、创业者超过8000万人，以80后至95前人群为主，高学历人群占据"两栖"青年的主流。此外超过五成受访者表示正准备或期望开展副业。疫情影响下，"兼职做骑手"成为就业新趋势。《2020饿了么蓝骑士调研报告》显示，超过一半的骑手拥有"多重身份"：26%的骑手同时是小微创业者，4%为兼职自媒体博主，骑手们还有可能是司机、白领等。美团2020年7月发布的《2020上半年骑手就业报告》显示，2020年上半年，通过美团获得收入的骑手总数达295.2万人，同比增长16.4%。近四成骑手有其他职业，其中不乏律师、舞蹈演员、导演、企业中层管理者群体，总体上五成以上骑手月收入超4000元。一时间，"律师兼职做骑手""跨界骑手成青年就业新趋势"微博热搜话题引发舆论热议。《北京青年报》评论称，律师、导演等白领人员选择兼职做骑手，是疫情影响下新就业形态不断丰富细化的一个缩影，新就业形态不断丰富细化，并非疫情影响下的特殊情况，而是近年来我国新业态、新模式健康发展的重要组成部分。此外，全职白领业余运营公众账号，在校大学生兼职文案协作，还有电竞主播、声音主播、方言翻译、网络段子手等兼职、副业在新技术、新业态的助推发展下，为新就业形态创造了更丰富的形式，更多

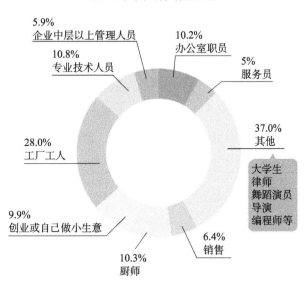

近四成骑手有其他职业

5.9%
企业中层以上管理人员

10.2%
办公室职员

10.8%
专业技术人员

5%
服务员

37.0%
其他

28.0%
工厂工人

大学生
律师
舞蹈演员
导演
编程师等

9.9%
创业或自己做小生意

6.4%
销售

10.3%
厨师

图7-5　美团兼职骑手主业分布
图片来源美团《2020上半年骑手就业报告》

的可能性[①]。

新就业形态也为社会重点群体的就业创造了更广阔的空间和更多机会。商务部数据显示，到2020年3月，全国农村网商突破1300万家，吸引了大批农民工、大学生、退伍军人返乡创业。滴滴公开数据显示，网约车平台司机中，12%是退役军人，6.7%来自国家级贫困县；滴滴平台20.4%的专职司机是下岗、失业人员，其中41.1%来自制造业，13.6%来自交通运输业，4.9%来自钢铁、煤炭等去产能行业。2020年上半年，美团平台上的新增骑手中，来自国家建档立卡贫困户的近8万人。在微信平台上，陕西镇坪县推出了"协会+微信平台+残疾人"模式，利用微信带动35名重度残疾人累计发送便民、服务、广告及商业等信息20余万条，累计收入60余万元，月人均收入达3000余元，帮助残疾人增收脱贫。光明网称，新兴业态的就业门槛低、吸纳能力强劲，在摄

---

① 李婕：《无须犹豫，兼职副业干起来》，《人民日报海外版》，2020-10-01。

合途径、组织方式和工作形式等方面灵活高效，使家庭主妇、贫困户、退役军人、大学毕业生、残障人士等都可以找到理想的工作岗位。

58同城发布《中国灵活用工市场研究报告》显示，90后与00后灵活就业者占比超过50%，其中95后占比超过21%，5—10年工作经验求职者较多。美团研究院发布《生活服务业新就业形态和灵活就业的发展特征和发展趋势》显示，灵活就业群体中，超六成是90后。可见，**越来越多的年轻人不再信奉"铁饭碗"**，愿意在新业态中寻找机会。中国人民大学副校长刘元春表示，2020年1—7月全国新增就业671万个，城镇调查失业率从2—3月的6.2%下降到7月的5.8%。这背后很重要的一个因素就是新业态、新模式、新产业、新型就业所做出的贡献。

然而，新就业形态发展迅猛的同时，也面临流动性大、社保缴纳不及时、工伤认定难等诸多"成长的烦恼"。2020年9月8日，《人物》杂志官方微博、微信公众号刊登了历时半年的调查报告《外卖骑手，困在系统里》。文章揭示了平台企业的精心设计的算法一味压低送餐时限和以罚代管，使外卖骑手不得不通过闯红灯、逆行等违规行为"用生命送外卖"，导致外卖骑手遭遇交通事故的数量也急剧增加，外卖骑手成为高危行业。在上海平均每2.5天就有1名外卖骑手伤亡，一位外卖骑手形容称，"送外卖就是与死神赛跑，和交警较劲，和红灯做朋友。"文章第一次把饿了么、美团两平台的约600万新型劳动者的生存状态呈现在众人面前，引发全网一片口诛笔伐。微博话题"外卖行业如何成为高危职业"阅读量高达2.7亿次，网民一边倒谴责商家"唯利是图"，置骑手生命于不顾。随着饿了么、美团对该事件的回应，央视对"外卖骑手生存现状"的持续报道再次引发舆论发酵，"白岩松谈外卖小哥为抢时间拼命""央视揭秘外卖员送餐全过程""美团外卖员一个投诉能扣500元""骑手送餐50分钟违规6次"等话题屡屡登上微博热搜。网民呼吁监管部门强化对平台的有效监管，从顶层完善对灵活就业、新就业形态人员的权益保障政策。

中国社科院新闻与传播研究所助理研究员孙萍及其团队2020年11月在北京进行的调查显示，受访外卖骑手六成以上没有社保。有社保的骑手多为兼职，是原单位交的社保，或是骑手自行缴纳。目前外卖骑手大多与第三方机构签订"合作协议"，而非劳动合同。而卖骑手遭遇的就业困境并非个案，主播、淘宝店主、创意性的自由职业这类就业形式还存在诸多问题，如没有签订劳动合同、没有缴纳社会保险、平台监管有欠缺，这些都让从业者难有安全感。中国新就业形态研究中心主任张成刚表示，期待建立政府部门、平台企业、行业协会以及资源提供者和消费者共同参与的多方协同治理机制，促进新就业形态的发展。

"护航"新就业形态

随着新技术加持推动，新业态带来新就业形态潜力，一系列"顺势而为"的政策出台，也让新就业形态配套设施更加完善，使更多灵活就业者从"新三百六十行"中脱颖而出。

根据人社部中国就业培训技术指导中心联合阿里钉钉2020年7月发布的《新职业在线学习平台发展报告》数据显示，未来5年新职业人才需求规模庞大，人才缺口超过千万，数字化管理师从业人员已超过200万，电子竞技运营师缺口近150万……2020年，全国"两会"期间，习近平总书记在政协联组会上指出，"疫情突如其来，'新就业形态'也是突如其来。对此，我们要顺势而为，让其顺其自然、脱颖而出。"2021年李克强总理在《政府工作报告》再次提及要"支持和规范发展新就业形态，加快推进职业伤害保障试点。"为此，中央各部门和地方加大力度出台政策为"新形态就业"开新局。

2020年6月，教育部印发《教育部办公厅关于严格核查2020届高校毕业

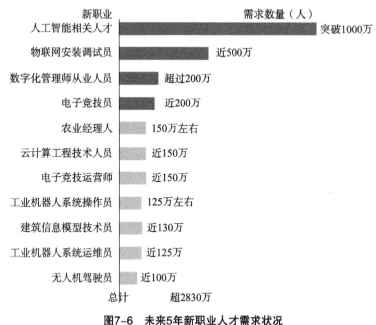

图7-6 未来5年新职业人才需求状况
数据来源《新职业在线学习平台发展报告》

生就业数据的通知》，进一步明晰了高校毕业生就业统计相关指标含义。该通知的最大亮点在于，将开设网店归为"自主创业"，互联网营销工作者、自由撰稿人、公众号博主、电子竞技工作者等均算"自由职业"，均属于就业的形式之一。随后，"高校就业统计指标纳入打电竞开网店""打电竞也属于就业"等相关话题冲上微博热搜，不少网民赞同这样的分类方式，称"这是拓宽了毕业生的就业渠道！"，昔日的"不务正业"终于要"名正言顺了"。

2020年7月，人社部、国家市场监管总局、国家统计局正式向社会发布一批新职业，包括区块链工程技术人员、城市管理网格员、互联网营销师、信息安全测试员、区块链应用操作员、在线学习服务师、社群健康助理员、老年人能力评估师、增材制造设备操作员等9个新职业。这是中国自《中华人民共和国职业分类大典(2015年版)》颁布以来发布的第三批新职业。除发布新增职业外，此次还发布了一些职业发展出的新工种，如互联网营销师职业下增设"直播销售员"，大众熟知的"电商主播""带货网红"有了正式的职业称谓。除此之外，"互联网信息审核员""小微信贷员""劳务派遣管理员""泥板画创作员"等工种也成了正式的职业称谓。同时将"公共卫生辅助服务员"职业下的"防疫员""消毒员"和"公共场所卫生管理员"等3个工种上升为职业。网民热议"直播电商"无疑是这批新职业中最受关注的明星行业，"带货网红有称谓啦，恭喜李佳琦们'转正'！"

同月，国家发展改革委、中央网信办、工业和信息化部等13个部门印发《关于支持新业态新模式健康发展 激活消费市场带动扩大就业的意见》，提出在线教育、互联网医疗、线上办公等数字经济新业态新模式15大重点方向，并明确4方面主要支持举措。有评论称，新政策为加大激活消费市场，带动扩大就业，按下数字经济新的"快捷键"。《意见》还首次明确鼓励发展新个体经济，支持微商电商、网络直播等多样化的自主就业、分时就业，大力发展微经济，鼓励"副业创新"。在新浪微博话题热搜榜，"13部门发文支持微商电商""13部门发文支持网络直播等多样化自主就业"等相关话题总阅读量超过2400万人次。

此外，广东、北京、江西、河北、重庆等地密集发布支持灵活就业、新就业形态等配套政策，为灵活就业群体提供了政策保障。舆论认为，2020年以来，受益于国家稳就业政策力度不断加大，《关于支持多渠道灵活就业的意见》等多份文件相继发布，从支持"小店经济"，再到为"新个体经济"摇旗呐喊，都折射出国家支持新业态新模式，激活消费市场、带动就业兜底民生的决心和信心。期盼发芽破土的"新业态"能够成为"主流业态"，从而带动更多"新新业态"的涌现。

回顾2020年，在新冠肺炎疫情冲击下，中央和地方为稳就业、保就业顶压前行，交出了亮眼的成绩单。"就业政策可圈可点""信心满满"都是舆论对政府工作的由衷点赞。但不确定、不稳定的因素仍然较多，就业形势依然比较复杂，面临诸多挑战。媒体称，"就业是最大民生"仍是以后就业工作的总基调。人社部在2021新年新举频频：将扎实开展技能提升质量年活动，全面提高技能人才发展水平……舆论期盼"十四五"开局之年，更大力度实施就业优先政策，兜住民生底线，稳住千家万户的就业"饭碗"。

第八章　教育篇：百步九折须奋进

2020年对于教育领域来说，是值得被铭记的一年。因新冠肺炎疫情突然来袭，春季学期延期开学，高考也是17年来首次延后一个月举行。疫情还催生出教育新形态，"停课不停学"政策的出台，让课堂教学从"面对面"变成"屏对屏"，也让在线教育迎来了一波红利。2020年以来，从新高考改革到强基计划，一系列政策措施陆续出台和实施，彰显了政府部门在建设高质量教育体系上所做出的努力。然而，频频曝出的新闻热点反映出教育发展的道路仍是百步九折：山东数起冒名顶替事件引发热议，警示我们教育公平还任重道远；饭圈文化进校园，教师组织学生应援明星，告诫我们教育监管不能松懈；媒体反映家校权责相互"越位"，减负变加码，提醒我们教育改革还须深化。舆论期待政策层面持续发力，倾听人民群众的教育呼声，回应教育期待，让教育向更加公平而有质量的目标迈进。

第一节　多事之秋：公平红线屡被触碰

2020年，数起冒名顶替入学的旧案陆续曝光，严重冲击教育公平理念，持续席卷舆论热潮，引发社会广泛关注。

5月，山东省聊城市冠县陈春秀在填报成人教育报考信息时发现，"陈春秀"在山东理工大学"就读"过且已顺利毕业，她意识到自己在2004年被人冒名顶替上了大学。6月，山东聊城的王丽丽（曾用名王丽）向媒体反映：她在1996年以王丽这个名字报考了聊城农业学校，因一直未收到录取通知书误认为未被录取，后调查发现聊城市东昌府区柳园街道办事处党委委员"王丽"冒用了其身份信息入学。

陈春秀、王丽丽被冒名顶替事件引发了一波舆论关注，但"风头"很快被苟晶"抢"了去。2020年6月22日，山东济宁人苟晶在新浪微博上发文称，"我也是被顶替的，1997年，我班主任老师让她的女儿顶替我的名字上了北京的一所大学。"之后，苟晶还陆续在微博上发文，如"父母都是普普通通的农民，没有能量为我讨回公平""班主任带壮汉'跨省堵人'强制私了""很向往大学的生活，无奈与大学擦肩而过"。截至6月28日，新浪微博话题"被顶替者苟晶怀疑自己早被选中"阅读量达到8.1亿，评论量6.7万，话题"苟晶"阅读量达到4亿，评论量6.5万。

7月3日，山东省纪委监委发布的《关于苟晶反映被冒名顶替上学等问题调查处理情况的通报》显示，苟晶在冒名顶替事件中的描述有确实之处，也有不实之处：苟晶的成绩确实被顶替了，她在1997年达到济宁市中专（理科）委培录取分数线，但本人未填报志愿，其个人身份、高考成绩等被班主任女儿邱小慧冒用，但所谓"北京的名牌大学""学霸人设"则子虚乌有。

通过百度指数搜索发现，苟晶得到的社会关注度远远超过陈春秀和王丽丽，成为热度最高的被冒名顶替者。虽然通报一出，舆论对苟晶一顿炮轰，认为苟晶"说谎带节奏"，但也有声音认为不能忽视苟晶事件在教育公平中发挥的作用。《中国青年报》评论称，无论如何都应该感谢苟晶这个举报者，顶替是实实在在存在的，类似的操作窃走了很多本属于其他人的命运。

在同一时间段，多起冒名顶替事件"批量"曝光。《南方都市报》报道，在2018年至2019年的山东高等学历数据清查工作中，有14所高校曾公示清查

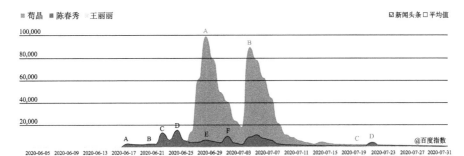

图8-1　百度有关"苟晶""陈春秀""王丽丽"的检索指数对比图
（来源：百度指数）

结果，其中有242人被发现涉嫌冒名顶替入学取得学历，冒名顶替者获得学历时间为2002年至2009年。人民网指出，冒名顶替入学，不仅"偷"走了受害者的大学梦想，还改变了受害人的人生轨迹，乃至摧毁了整个家庭的希望。新华网等呼吁，任何形式的对教育公平的侵蚀，都应被政府与公众高度警惕。必须严惩这一黑色链条上的每一个作恶者，让其为恶行付出代价，让被冒名者得到慰藉。

2020年10月13日，提请全国人大常委会会议审议的刑法修正案（十一）草案二审稿明确，盗用、冒用他人身份，顶替他人取得高等学历教育入学资格、公务员录用资格、就业安置待遇的，处3年以下有期徒刑、拘役或者管制，并处罚金。12月26日，第十三届全国人大常委会第二十四次会议表决通过刑法修正案（十一）。中国新闻网、《工人日报》、澎湃新闻等纷纷点赞，认为冒名顶替入刑，是对公众关切的回应。

在多起冒名顶替事件被曝光的同时，一起高考身份篡改事件引发高度关注。2020年5月22日，艺人仝卓在一次直播中自曝高考时将往届生改为应届生身份，言语间还有引以为傲之意。相关言论引起巨大争议，网民在激烈指责仝卓舞弊行为的同时，也强烈建议有关部门进行彻查。《北京青年报》《新京报》《南方都市报》等媒体以《仝卓自曝"往届生变应届生"，较真儿是为了公平》《关注"仝卓疑似改学籍"是在关注教育公平》《修改学籍难度不小　必

图8-2　仝卓舞弊事件词云图

严查漏洞》等为题呼吁一查到底，给公众一个交代。

　　事件曝光后持续发酵，多部门出面回应并协助调查。6月12日，山西省教育厅官方微信公布的《山西省教育厅关于仝卓以伪造应届生身份参加高考问题的调查处理通报》明确，仝卓2013年高考各阶段、各科成绩无效。仝卓事件在网上持续发酵，网民们将其戏称为"翟天临事件2.0版本"。人民网一针见血地指出，先有翟天临不知知网，后有仝卓往届变应届。不是网民抓着艺人不放，而是教育公平事关中国未来，容不得一丝舞弊造假。舆论对有关部门调查结果及通报表示肯定。《光明日报》发文评论，"作为社会一分子，我们为'黑幕'事件的正确处理点赞叫好"，部分网民表示，"这次组织调查很到位，公平公正"。还有不少媒体对防止类似事件的发生提出建议。《北京青年报》等称，维护高考公平和教育正义，不能指望每一个获益者都像仝卓那样无意间"自曝"，而要进一步完善相关工作机制，堵住高考制度漏洞，规范招生考试每个环节，增强高考的透明度和公信力，强化外部对高考招生的监督，以最大努力防止"仝卓"再现。

　　考试公平是教育公平、社会公平的基石，而试题保密是考试公平的重中之重。2020年7月8日下午，全国高考英语科目考试结束后，有网民在新浪微博等平台反映，江苏高考英语试卷完形填空与"吉林实验中学2019第四次模拟"中完形填空题相似度很高，部分题目疑为"原题"。不少网民提出质疑：高考命题过程中是否有查重环节？21世纪教育研究院副理事长熊丙奇指出，如果一套高考试卷中出现个别题目相似，可能是因使用了题库里的题，在审核时没有查出来。对于严肃的高考命题来说，需要建立严格的查重机制，避免出现雷同题、相似题。

江苏高考英语试卷疑现原题泄露并非个案。2020年7月9日，网民举报2020年河南省专升本考试严重泄题，有辅导机构押中近90分原题，该机构VIP班的管理学大题全部押中，其他科目也有不同数量原题。舆论的声音很快得到了回应。7月26日，河南省招生办公室官网消息，经查，某培训机构在专升本考试封闭命题前，非法从参与命题人员赵某某处获取部分信息。《光明日报》评论称，在社会影响力和关注度上，专升本自然不及高考和研究生考试，但这并不意味着专升本考试泄题问题的严肃性和重要性降低。在专升本考试背后，同样是笃信知识改变命运，没有轻易放弃自己的一个个年轻人。

高考作文一直是社会各界津津乐道的话题。2020年，浙江高考满分作文《生活在树上》将考试评分问题推上风口浪尖。8月2日，浙江外国语学院主管、主办的《教学月刊》微信公众号刊出一篇浙江省高考满分作文《生活在树上》，并配发阅卷组长陈建新的点评。第一位阅卷老师给该作文打了39分，后面两位老师都打了55分，最终作文审查组判为满分。许多网民认为，该作文用词晦涩，硬拗名人名言，不配拿满分，一时间，这篇满分作文引发舆论争议。新浪舆情通数据显示，微博话题"生活在树上"的阅读量达3.2亿，讨论量为2.7万。部分网民赞同阅卷组长陈建新的评价，认为"文字表达如此学术化，不是一般高中生能做到的"；也有网考生是"辞藻堆砌"，在"生吞活剥"地卖弄，这样的文风不值得提倡。争论的焦点也从这篇文章是否担得起高考满分示范作文之名，变成了对高考作文评分标准是否存在偏差、如何指导学生写作文的全民探讨。

微博情绪

网友观点不一，"言之有物""言之无物"各成一派

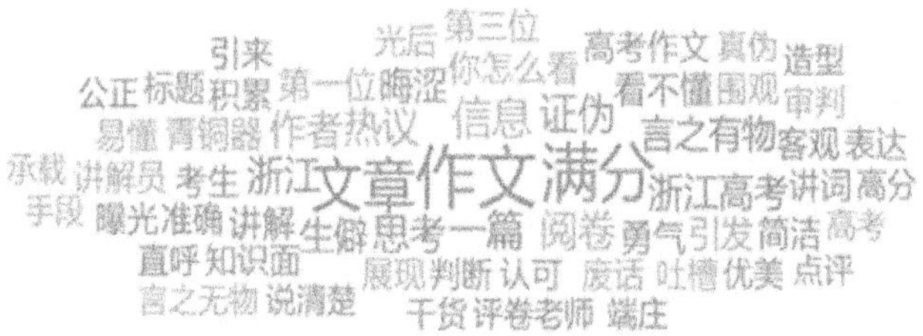

图8-3　浙江高考满分作文微博情绪
（来源：新浪舆情通）

2020年6月，一则"考研成绩弄虚作假"的消息在网上传开。网民爆料西南交通大学茅以升学院2016级学生陈玉钰被保研中科大，但保研成绩有猫腻。爆料截图中，陈玉钰《工科数学分析MI》课程正考为61分，补考为91分，按保研规则只能算61分，而保研成绩却被算成91分。媒体进一步调查后发现，陈玉钰高考线刚刚过一本，结果却考上了西南交通大学这所211重点大学。陈玉钰在大二以第一作者的身份发表论文，并且被SCI收录。有网民查看发现陈玉钰的导师是红杰和陈帆，陈帆是她的父亲，副教授；红杰是她的母亲，教授和博导。对此，大量网民表示不满，"多少普通家庭的孩子努力读书，都比不过'我爸妈都是教授'有用"。半月谈发表题为《把自己的科研成果安到孩子身上！造假保研事件背后有多少"隐形加分"黑幕？》的文章，质疑一些"神通广大"的家长从搞科研、发文章等方面，砸资源、拼人脉，为孩子升学全面助攻。

无独有偶。2020年7月12日，一则云南省昆明市盘龙小学六年级学生陈某石通过研究突变基因"在结直肠癌发生发展中的功能与机制"获得全国青少年科技创新大奖的信息，在社交媒体中广为传播。不少网民发现，这项研究工作的水平已经达到了医学或生命科学专业硕士研究生甚至博士研究生水准。

一所985大学在读博士生李玲表示，根据陈同学的实验记录，他连基因是什么都不知道，怎么可能明白基因片段和癌症直接的关系？经媒体调查发现，陈某石的父母是中科院昆明动物研究所的研究员，研究的方向正是陈某石获奖的课题。中科院昆明动物研究所通过官网回应称获奖学生确系本所研究员之子。一时间，关于陈某石拿父母的研究成果参加全国青少年科技创新大赛并获奖的质疑声不断。全国青少年科技创新大赛官网7月16日通报，决定撤销其全国大赛三等奖奖项，收回奖牌和证书。事实上，在同一时间段，重庆、湖北武汉还各出现了一项全国青少年科技创新大赛获奖作品被质疑的事件。

媒体刊登《全国青少年科创大赛结果再遭质疑 "神童"乱象究竟谁之过？》等文章，批评青少年科创大赛乱象。人民网通过官方企鹅号发文称，这已经不是青少年科技创新大赛第一次引发质疑。多名曾参与此赛事的人士爆料称，参赛的部分科研项目存在造假，很多科研课题和实验难度已到达硕士、博士水平，不是忙于学业的小学生和中学生能够独立完成的。舆论对家长热衷于帮助孩子参加全国青少年科技创新大赛的原因进行了剖析。半月谈等指出，无利不起早，科技创新类竞赛加分仍不少见，即使常规高考途径的加分取消了，也会在各种保送、评优中体现。《科技日报》认为，在整个社会急功近利盛行的情况下，青少年科技创新活动难免也会受影响，这类活动应

图8-4　青少年科技创新大赛获奖作品被质疑事件词云图

彻底与升学脱钩，坚持"去功利化"。

城乡教育差距一直是教育公平无法回避的问题，2020年以来，农村教育难题多次成为舆论焦点。据《东方今报》报道，按照规定，小学生从三年级开始就要上英语课，但河南信阳市余湾小学的学生们从三年级开始，只发英语书，不上课。他们也曾试图聘请老师，但学校只能给出1.3万元的年薪，根本没人愿意来。《南风窗》记者调研发现，东南沿海省份某山区县明成县下辖的石方乡，原先18个村都配备了村小学，如今只有2个村还保留着设有一二年级的农村教学点，其中一个教学点只有2名老师，学生不到20人，他们大多是留守儿童。而在黑龙江省延寿县加信镇中心校，25名特岗教师只留下13名，走了一半。《光明日报》分析称，伴随着城镇化进程不断加速，不少地方的县域普通高中已经或正在遭遇优秀教师和生源的流失，这导致教育质量不断下滑，在一些地方甚至出现了让人忧心的"县中塌陷"现象。

城乡教育差距的逐步扩大，从教师工资的差距也可见一斑。2020年11月，一张深圳教师的工资单火了。从工资单中可以看出，这名教师一个月应发工资达到26243元，其中基本工资5533元，级别工资4479元，岗位津贴6980元。而在许多三四线城市以及乡镇，部分教师的工资还达不到一线城市的零头，有些教师还面临着工资不能按时发放的风险，如贵州省毕节市大方县自2015年起即拖欠教师工资补贴，截至2020年8月20日，共计拖欠教师绩效工资、生活补贴、五险一金等费用47961万元，挪用上级拨付的教育专项经费34194万元。

待遇的巨大差距也导致优秀教师资源向一线城市集中。2021年年初，深圳中学一份2020年"豪华"教师招聘名单引发热议。据深圳中学介绍，共有66名毕业于世界顶尖学府的新教师加盟。所有新教师均为硕士及以上学历，其中博士及博士（后）占比超过了40%。按新教师的毕业院校来分，清华大学和北京大学毕业生占据了一半的比例。另一个新的趋势是，名单中出现了越来越多的牛津大学、剑桥大学等海外名校的毕业生。

　　教育是最持久、也最有效的扶贫，贫困地区发展教育本无可厚非，但部分贫困县却不惜高额举债建中学，引发热议。2020年8月13日晚，新华社旗下微信公众号"新华视点"发布题为《学校建漂亮点本无错，为何这所"豪华中学"让人困惑？》的报道称，4层喷泉的"鲤鱼跳龙门"水景，削掉真山建的假山瀑布群，这不是大都市的星级酒店，而是陕西摘帽不久的深度贫困县商洛市镇安县的一所新建中学。记者调查发现，镇安县2019年地方财政收入不足2亿元，而这所中学总投资高达7.1亿元，并由此导致债台高筑。镇安中学部分教师反映，在硬件改善的同时，学校师资力量等软件并未得到明显提升。而且，一些规划并不合理，造成了资源浪费。人民网观点频道发文称，一个刚刚摘掉贫困帽的县，更应厉行节约，诸多基建等民生工程都需要财政投入，要尽可能优化、合理分配资金。央视网评论直指，"再穷不能穷教育"不应被误读。不顾地方财政承受力，在没必要的地方"豪华"，体现的不是对教育的尊重，而是对教育的伤害。在引发媒体聚焦后，8月24日中午，镇安中学新校区喷泉、凉亭等设施开始被拆除。许多网民表示非常不解，"建都建了，为什么还要拆？拆了能解决问题吗？"《中国经济周刊》、澎湃新闻、新华网等以《"豪华中学"建与拆的背后，是科学决策的缺失》等为题进行报道评论。《楚天都市报》感叹，耗巨资建成的中学，都还没派上大用场，因为遭受质疑就赶紧拆了，这难道不是瞎折腾吗？而且，建起来要钱，拆起来也要钱啊，一建一拆之间，全是真金白银的耗费，令人心疼。新华网发布评论，当初的建和现在的拆，都属于同一问题：决策几乎都是直接拍板，没有充分听取意见、科学决策的过程。

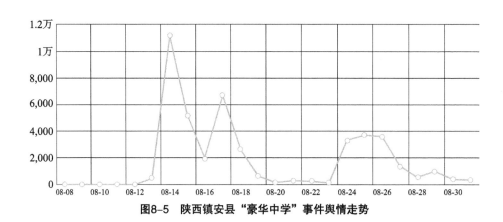

图8-5　陕西镇安县"豪华中学"事件舆情走势

第二节　始料未及：教育行业遭遇疫情

2020年初，一场突袭而至的新冠肺炎疫情让师生们的寒假被迫无限延长，一系列的考试也因此取消或推后。3月31日，教育部发布《关于2020年全国高考时间安排的公告》，明确2020年全国普通高等学校招生统一考试延期一个月举行，考试时间为7月7日至8日。这是17年来我国首次调整高考时间，共有1000万名高考生受到影响。4月16日，原定于2020年上半年举行的多个考试项目取消，包括全国英语等级考试（PETS）、全国计算机应用水平考试（NIT）、全国计算机等级考试（NCRE）、全国外语水平考试（WSK）、全国大学英语四六级口语考试（CET—SET）等。相关消息引发网民广泛关注，新浪微博出现"教育部取消2020年上半年部分考试""2020年上半年6个考试项目取消""2020上半年外语专四专八考试取消"等多个话题，相关话题累计阅读量达4.2亿次。

为了应对延期开学，多地陆续启动在线教育模式。教育部1月29日发布通知称，开学后学校要利用好网络平台，停课不停学。《中国教育报》点评道，教育系统在特殊情况下面向全国亿万学生开展大规模在线教育是历史上没有过的。我们可能正在经历一个全球最大的信息化基础设施升级改造工程和一个师生信息素养提升培训工程，一次全球最大的信息化教学社会实验和一次开放教育资源运动。

延期开学决定发布后，据《证券日报》记者不完全统计，疫情期间，包括新东方在线、学而思网校、猿辅导、作业帮、流利说等在内的多个在线教育平台，均推出了优惠及推广措施，如"向全国中小学生免费提供100万份春季班直播课程""捐赠总价值超1200万元的在线英语课程""推出全年级各学科免费直播课和自学课"等，每个线上教学平台都有各自的特色。

在线教育也成为2020年全国两会关注热点。舆论关注点主要集中在在线教育基础设施建设、在线教育常态化、在线教育市场和线上教学资源4个方面。会内会外舆论充分认识到疫情防控期间"停课不停教、停课不停学"的革命性意义，对推动线下线上教育常态化融合发展达成高度共识。多位代表委员认为"停课不停教、停课不停学"对推进我国教育教学变革具有革命性意义。①

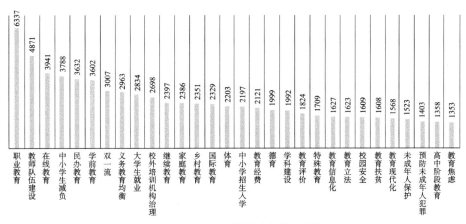

图8-6　2020年全国两会教育舆情热点主题Top30
来源：《中国教育报》

---

① 《2020全国两会教育舆情分析报告发布》，《中国教育报》，2020-05-30。

虽然在线教育被很多人看好，但不少问题陆续被媒体曝光，让公众对在线教育监管提出质疑。2020年6月，央视新闻点名批评虎牙、斗鱼两大平台借免费网课向学生推广网游。据《湖南日报》、华声在线主办的《湘问·投诉直通车》栏目后台显示，仅2020年，栏目就受理互联网教育相关投诉3400余条，其中，第二季度环比增长30%。对投诉内容盘点后发现，一些机构在获客时宣称"新开考、缺口大、有题库、不过包退"等，消费者极易信以为真，纠纷发生后，因商家受理投诉不及时，拖延退费、售后失联、虚假宣传成为投诉率最高的问题。新浪财经题为《在线教育增速放缓，烧钱、遭投诉成行业常态》的报道称，7月16日的3·15晚会上，央视点名嗨学网存在虚假宣传、过度承诺、学员退费难等问题。除了嗨学网，沪江网校、51talk等企业也曾被投诉退费难。学霸君也因为来自黑猫投诉的1500多条投诉引起了不少关注。

2021年年初，中央纪委国家监委网站、中消协均发布文章指出在线教育的发展弊端，并发出消费警示。其中，中央纪委国家监委网站的文章还提出了三个拷问——"资本的力量给在线教育带来了怎样的影响""对于这一蓬勃兴起的行业，相关部门监管是否跟上""如何确保在线教育体现党和国家的教育方针"。《人民日报》《光明日报》《证券日报》《瞭望》新闻周刊以及新华网等中央媒体、财经媒体也撰文把脉在线教育，谨防"虚火"旺。舆论认为

图8-7　在线教育用户投诉十大问题
（来源：《南方都市报》搜狐号）

应给在线教育降降温，建议监管部门从涉及公众财产安全的预付费模式切入，对在线教育的乱象亮剑。

在线教育行业高速发展的同时，部分线下教育企业则在疫情期间卷入倒闭、暴雷的漩涡中。由于线下招生成本高，对于一些本就存在困境的线下教育行业企业，疫情成为压倒骆驼的最后一根稻草。天眼查数据新闻实验室发布《2020教育行业发展报告》分析称，在教育行业中，存在经营异常风险提示的企业占17.8%。2020年10月初，优胜教育破产传闻在网络上广泛，据悉，优胜教育被列入经营异常名录，总部人去楼空，仅北京广渠门校区应退学费总额已超过900万元。10月19日，大批学生家长和老师来到北京优胜教育总部，要求退还剩余学费以及拖欠的工资。2020年12月27日，关于学霸君部分被收购、倒闭破产、拖欠工资等消息传开。2021年3月，鸿文教育宣布接盘了学霸君部分学员。《中国商报》等认为，学霸君和优胜教育暴露出的问题，仅是教育行业现状的冰山一角。以上事件直接撕开了行业虚假繁荣的"外衣"，行业亟待规范化、标准化改革。

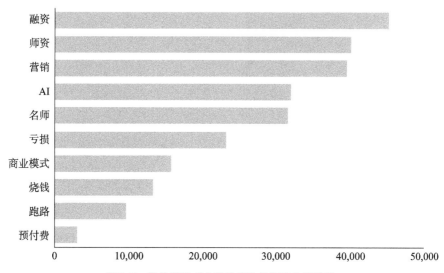

图8-8　舆论关注"在线教育"热词信息量统计
（来源：人民网舆情数据中心）

疫情期间，学校在收费管理、疫情防控等方面的话题持续成为网上讨论焦点。2020年3月，春季学期还没开学，江苏兴化市的一所民办学校文正实验学校就向家长提前催收学费，而且学费还涨了，让不少家长直呼承担不起。当月，还有网民爆料称，四川南部县翔宇实验小学在还没开学的情况下已经多次催家长交学费。4月，有网民发文称山西临汾开发区北城双语学校还未开学就收取2500元学费。对此，教育部4月10日发布《关于疫情防控期间学校收费有关问题的预警》，提醒各地教育主管部门指导各级各类学校和幼儿园做好疫情防控期间的学校收费管理工作，获得舆论好评。

2020年4月，一段"小学生的错峰吃饭方式"的视频火了。视频中，同桌的两个小朋友，一个吃饭，一个戴着口罩坐在一边看着。有声音认为，这样错峰吃饭，效果有待观望，且有形式主义嫌疑。相关话题登上微博热搜榜。随后，山东省威海市广播电视台披露，其实小学生错峰吃饭的真相，是本来安排一半的学生户外活动，一半在教室里吃饭，结果因为降温，那一半学生临时取消了户外活动，回教室等待。尽管如此，学生防疫期间如何就餐还是引发了一波讨论。4月11日，网易新闻发起"小学生'错峰吃饭'是不是形式主义？"的投票，其中82.6%的人认为"是，达不到防疫效果，还有点'残忍'"；17.4%的人认为"不是，这样做也是为防疫考虑"。《新京报》发表评论称，在上课上学过程中，学生之间相互密切接触的时间和机会显然更长、更多，单凭一个简单孤立的错峰吃饭，很难全面充分实现错峰的防疫初衷，甚至难免沦为一种流于表面、缺乏实效的"错峰形式主义"。

2020年9月20日，一场高校封闭管理引发的呐喊引爆互联网。长期封校而无法外出、物价上涨、学校后勤热水供应不及时、洗浴难等问题引发学生不满，20日晚上11时半，西安外国语大学许多学生在宿舍楼里隔空呐喊，呐喊持续将近30分钟。相关视频在网上流传，引起社会广泛关注。类似的不满层见叠出。2020年11月，有网民发文称，云南民族大学实施封闭式管理模式，该校留学生、教职工以及职工家属可以随意出入学校，而部分学生以正当理由请假却不予准假。因请假不方便，部分学生选择翻墙进出校园，甚至有学生与保安发生矛盾冲突。受此次疫情长期性、反复性的影响，多数高校都采取了封闭管理的措施，相关话题也引发了网民广泛讨论，据不完全统计，仅新浪微博关于高校封闭管理的话题就多达上百个。

不少媒体和网民对疫情已在全国得到有效控制的情况下，部分高校仍坚持封闭管理提出质疑。《中国商报》发表评论称，如果做不到全封闭，封闭式管理就无效。而从目前高校办学的实际情况来看，要全面恢复正常的教育教学秩序，就几乎不可能实现全封闭。部分网民认为学校还是用老办法应对新形势，"成为当代的'孔乙己'。"部分高校学生还做起了打油诗，"风能进，雨能进，教师职工都能进。猪能出，狗能出，唯独学生不能出。"不少网民呼吁封闭管理要因地制宜、因时制宜、因事制宜。

第三节　乱象频发：教育监管亟待加强

学术不端现象屡见不鲜

2020年1月，一篇发表于2013年的论文将中文核心期刊《冰川冻土》推上风口浪尖。该论文题为《生态经济学集成框架的理论与实践》，以作者导师程国栋院士夫妇的事迹为例，"阐述了导师的崇高感和师娘的优美感，描述了他们携手演绎的人生大道"。论文作者系中国科学院寒区旱区环境与工程研究所研究员徐中民，论文为《黑河流域中游水—生态—经济模型综合研究》中的子项目，还获得200万元的资助。《冰川冻土》主编程国栋正是论文作者徐中民大声讴歌的导师。该论文的曝光引发舆论哗然，《北京青年报》、法制网、澎湃新闻等多家媒体进行了报道和评论。《人民日报》点评，将师生关系庸俗化实属不当，这么一篇论文登上专业领域核心期刊，更是对学术尊严的一种侮辱。学术期刊不是个人的菜园子，不能想种什么就种什么。光明网发表社评，围绕献媚，该作者还发表了几篇其他核心刊物文章。不禁让人质疑，这样的选题有学术价值和意义吗？刊物编辑是如何审核放水的？上游新闻直指，"拍马屁"论文，绝不允许用"学术自由"来解围。

学术腐败、造假现象也被频频曝光。2020年4月，施普林格出版集团旗下期刊《多媒体平台与应用》（*Multimedia Tools and Applications*）批量撤稿了30余篇文章，其中大部分文章的作者都来自中国。被撤稿件涉及浙江大学、南京理工大学、北京航空航天大学、华中师范大学等多个高校。撤稿原因出奇一致，即30余篇里的29篇都涉及伪造同行评议。5月，计算机科学领域期刊《未来时代计算机系统》（*Future Generation Computer Systems*）一口气撤回了13篇来自中国学者的论文，涉及南开大学、四川大学、首都医科大学、华中科技大学、暨南大学等高校。撤稿的原因也是涉嫌伪造同行评审专家。

一波未平，一波又起。2020年6月15日，德国独立科学记者列昂尼德·施耐德在其主办的科学新闻网站上发布了中国数学领域涉嫌论文批量造假的报道。通过施耐德与另两位学术打假人的梳理，共有65篇论文涉嫌造假，77位署名作者分别来自中国44所高校，论文作者中还有3名高校学院院长级人物。数学本被视为不太可能造假的学科，但此次涉嫌批量造假的数学论文存在大量反复抄袭、伪造同行评议、虚构论文作者等问题，引发中国青年网、中国经济网等多家媒体的关注。《中国科学报》评论，65篇论文被曝涉嫌造假，这种现象触目惊心。这说明我们大环境存在一些问题，比如科研考核方面，比较注重短期效应和形式上的东西，而忽略了科研最根本的内涵。《新京报》认为，打击学术腐败，是中国高等教育走向国际化过程中必须正视的国际责任。

师德师风建设仍需加强

2020年全国两会召开前夕，新华网特别联合百度、新浪新闻、趣头条、喜马拉雅、快手推出"2020年两会热点调查"，涵盖国际、社会、经济、民生等多个与百姓生活密切相关的领域。近500万网民参与了调查，调查结果显示，网民关心的十大热点中涉及教育领域的是加强师德师风建设，排名第6位①。

究其原因，教师负面新闻频出，让社会各界对当前师德师风建设尤为关注。2020年3月20日，有微博用户举报广西横县云表镇某乡村小学教师邓某上课时多次性侵幼女，引发社会关注。4月19日，一自称四川广汉某中学的学生在网上发帖举报高三老师陈某对多名女生进行性骚扰。4月26日，福建福州40多名年轻人集中发帖，指控23年前受到小学班主任陆某虐待、猥亵，包括图钉扎、扇耳光、摸胸，时间持续了4年，希望得到陆某公开道歉。8月7日，四川绵阳某国际学校一副校长被200余名校友指证长期殴打、性骚扰学生。9月28日，呼和浩特鼎奇幼儿园昭君园多名家长反映，他们在孩子身上发现有不明针眼。

而在众多师德失范事件当中，网民就"广州小学教师涉嫌体罚学生"事件展开了激烈讨论，事件后期的反转也引发了不少反思。

2020年5月30日，新浪微博用户"小岛里的大海"发布微博称，广州市方圆实验小学一名教师涉嫌体罚学生，患哮喘的女儿被班主任体罚至吐血抢救。这篇微博附有多张图片，沾满血迹的校服令人触目惊心，孩子输液的画面也让不少网民直呼心疼。很快，这起疑似教师体罚小学生的事件冲上微博热搜，网民的愤怒情绪被点燃。5月31日和6月1日，广州白云公安两次发布通报，刘

①《2020年新华网两会调查：十大热点来了》，新华网，2020-05-20。

某（新浪微博用户"小岛里的大海"）承认博文系为扩大影响而故意编造的谎言，警方在调查中还发现了刘某涉嫌雇请人员进行网络炒作的相关证据。至此，广州方圆小学哮喘女孩遭体罚致吐血事件迎来彻底反转，网络舆论随之发生剧烈变化。

"广州一小学教师涉嫌体罚学生致其吐血"一事在网络上闹得沸沸扬扬，教师体罚、吐血等信息戳中网民的敏感情绪。新浪舆情通大数据平台统计显示，5月30日13时，事件全网信息量规模达到顶峰，此时距离事件首发仅6小时，舆论关注的传播速度为642.4条/分钟，爆发力强。但随着事件的反转，公众注意力逐渐转移，信息量规模也随之骤降。①

《人民日报》针对官方通报的家长雇佣网络炒作团队，追问"帮人网络炒作即是帮凶，是否形成了黑色利益链"等等。原本愤怒的网民转而对家长编造谣言消费善意更加难以接受，导致负面情绪大幅上升。不少微博大V及网民表示愤怒，认为涉事家长"愚弄"了所有人。腾讯网等认为，网民起初对

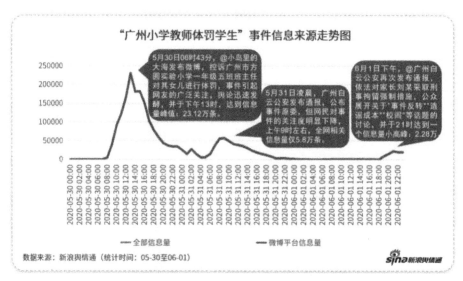

图8-9 "广州小学教师涉嫌体罚学生"事件信息来源走势图
（来源：新浪舆情通）

① 《广州"教师体罚学生至吐血"事件网络舆情传播数据分析报告》，新浪舆情通，2020-06-03。

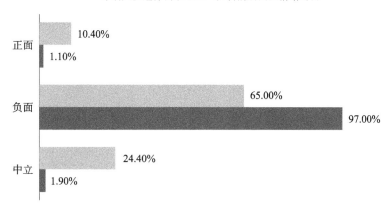

"哮喘女孩遭体罚致吐血"反转前后网民情绪对比

■ 反转前：首爆料哮喘女孩遭体罚致吐血 ■ 反转后：警方查明刘某故意编造虚假信息

图8-10 "广州小学教师涉嫌体罚学生"反转前后网民情绪对比
（来源：蚁坊软件舆情监测平台）

体罚深信不疑，且一边倒地进行批判，本质上还是因为对教育现状不满的情绪在作怪。

教师组织学生应援明星，作为2020年教育领域的新晋热点，引发舆论对饭圈文化进校园的讨论。2020年5月，有网民在新浪微博曝出，江苏省宿迁一小学老师公开组织全班学生为明星肖战跳舞应援，还录下视频发到了网上。视频中，小学生们齐喊口号："肖战哥哥你很好，我们很喜欢，冲啊！""肖烟四起，为战而来。"相关话题于5月12日登上"抖音热点"榜单，在新浪微博也迅速发酵，截至5月13日10时，微博话题"组织学生应援肖战老师被停职"阅读量达9.1亿，讨论量55.7万次[①]。无独有偶。山东济宁一位初三教师也被曝在上网课前放肖战新歌，有学生因在公屏上发"肖战必糊"而被当众批评。此外，河南夏邑也曝出一名幼师组织孩子们为明星王俊凯拍视频。视频中，老师问"佳佳老师男朋友是谁"，学生齐声回答"王俊凯"。

《人民日报》《北京晚报》《南方都市报》等以"'饭圈'不能圈一切，尤

---

① 《教育舆情观察：老师应援偶像 谨防个别行为污化群体形象》，人民网，2020-05-14。

其是孩子的课堂""教师组织小学生应援背后的失控'饭圈'""组织学生应援艺人，荒唐！""青少年价值观培养关乎民族未来"等为题进行报道和评论。澎湃新闻指出，一些老师一心给"爱豆"们"打call"时，忘了自己教书育人的使命，忘了自己的职业规范，把学生当成了自己追星的工具，逾越了师德的底线。

2020年5月，因为在视频中传神地模仿老师，来自黑龙江鹤岗的13岁男孩钟宇升以"钟美美"的身份在网络上走红，一夜之间粉丝超过百万。网民纷纷表示"高度还原""太形象了""把中小学老师气质'拿捏得死死的'"。5月29日，有网民发文称钟美美被相关部门约谈，模仿老师的视频全部被删除。6月3日，鹤岗市宝泉岭农垦管局教育局回应被"约谈"传言，承认学校与钟美美接触，并表示是希望从正面引导孩子，去拍一些正能量作品。新浪微博用户"新闻晨报"6月3日发起关于"你怎么看教育局承认学校与钟美美接触"的投票，共计10.9万人参与投票，其中过半的人认为钟美美模仿老师视频没有必要删除，"学校不应该这么敏感"，4.2万人表示"应该欣赏孩子的表演天赋"，只有3922

图8-11 《新闻晨报》关于教育局承认学校与钟美美接触的调查

人支持学校与钟美美接触，完全理解学校的做法，应从正面引导孩子。

针对当地教育局"插手"，舆论呼吁要保护和尊重孩子创造自由，尊重人性，激发禀性，避免压制，主张教育需要开放、包容和关怀。如何处理好"钟美美"们成长道路上的那份天真烂漫和欢脱自由，与未成年人成长中的价值观和当下教育生态环境的碰撞，是当今教育面临的新课题，也是新问题，不但需要教育部门，也需要社会各界的关注和审慎对待[①]。

2020年，各地学费上涨的报道屡见报端，媒体呼吁对此加强监管，让学费"涨势不要那么凶猛"。据《21世纪经济报道》等媒体报道，2020年9月开学季，一些民办小学初中的学生家长发现学费又涨了。重庆市一些民办小学的学费从2019年的1.3万元/学期涨到了2万元/学期。广州市最抢手的20所民办小学，平均收费逾4万元/年。广东东莞有近100所民办学校学费标准上调，涨幅从10%—50%不等，主要集中在20%—40%之间，最高的涨幅达到了58%。网上出现不少反映学费太贵家长压力大的文章，如《多所高校学费上涨，大学4年要花多少费用，家长表示压力增大》《渭南一小学学费曝光，一学期涨一次学费，家长：这谁受得了》《上海交大这个专业学费大幅上涨，从4万涨到12万，家长：还上吗？》。不少网民直言学费太贵、涨得太快，期待学费能涨得慢点让普通家庭能够承受。

校园暴力事件引发热议

一直以来，校园暴力都是舆论热点话题，2020年，校园暴力事件话题依然热度不减。2020年5月27日下午课间休息时间，陕西省蓝田县一小学教学点四名男生（其中两名11岁，两名12岁）对一名13岁女生在男厕所实施侵害。学校

---

① 《涉教育热点事件舆情观察：个案背后谨防群体危机》，民主与法制网，2020-06-22。

老师发现此事后随即同女方家长联系，女方家长随后报案，经蓝田县公安机关调查后，因涉事男学生未满14周岁，不够立案条件，不予立案。截至6月8日，新浪微博话题"官方通报小学女生校内遭4名男生侵害"阅读已达9.3亿，讨论16万。大部分网民对官方公布的处理结果不满，认为受害女孩权益没有保障。公安机关的处罚结果引发舆论对降低刑责年龄这一话题的讨论，在中国新闻周刊一项相关投票中，九成网民认为"应该降低"。此外，官方通报中称"希望社会各界不要再关注报道此事"，遭到舆论指责。多数网民认为，这种"保护行凶者，却叫被害者宽容大量"的敷衍态度，是对受害者最大的伤害；新浪微博用户"新周刊"追问，"都是未成年人，为什么受保护的总是加害者？"①

与网民的聚焦点不同，媒体更多地聚焦青少年性教育与心理健康教育，认为教育远比惩戒重要。《中国新闻周刊》指出，虽然当代青少年较早接触了性，但是很大一部分青少年没有得到正确的性教育，执法不是关键，性教育是关键。腾讯网称，该事件的发生，再次警醒了学校以及家庭方面亟待加强孩童以及青少年的心理教育，为学生树立一个正确的观念，这不仅能维护学生的心理健康，还能真正预防暴力行为。

被曝光的校园暴力事件还有多起，不少网民直呼"真实的校园暴力远比电影触目惊心"。2020年11月12日，广西柳州柳江区一小学生被拖鞋抽脸、衣兜放鞭炮的视频在网上流传，被欺凌的男生无助地哭喊。2020年12月28日，在广东石油化工学院的西城校区内，一名男生将浓硫酸浇到两名女同学的头上，导致两名女生受伤。2021年1月3日晚，河北张家口市蔚县多个微信群转发多条学生在宿舍内被打视频，一名中学女生被多名同学围住，并不时被掌掴。对方还逼她抽电子烟，只要反抗就会被打。从语言侮辱、排挤孤立、敲诈勒索到身体殴打、性骚扰，校园暴力的形式多种多样。

---

① 《蓝田小学女生校内遭侵害 官方通报引争议》，法制网，2020-06-18。

舆论有所呼，政府有所应。加强校园暴力监管也得到了国家的重视。十三届全国人大常委会第二十二次会议2020年10月17日通过了修订后的未成年人保护法，在学校保护中针对校园欺凌这一社会广泛关注问题从预防到处置专门作出规定，法律赋予了任何组织或者个人的报告权利以及国家机关、居民委员会、村民委员会的报告义务，获得舆论点赞。

第四节　引领而望：教育改革备受期待

2021年3月，历经20多天、超过520万人次网民投票选出的2021年全国两会热词排行榜由人民网正式公布。调查结果显示，教育改革话题热度不减，排名第七，可见网民对教育改革的关注和期待。

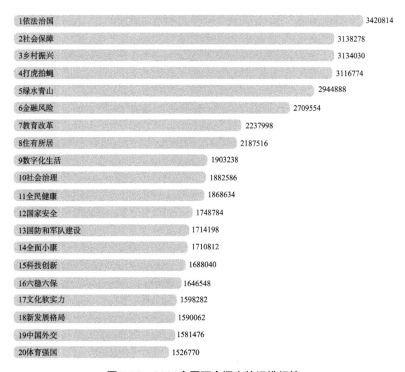

排名	热词	票数
1	依法治国	3420814
2	社会保障	3138278
3	乡村振兴	3134030
4	打虎拍蝇	3116774
5	绿水青山	2944888
6	金融风险	2709554
7	教育改革	2237998
8	住有所居	2187516
9	数字化生活	1903238
10	社会治理	1882586
11	全民健康	1868634
12	国家安全	1748784
13	国防和军队建设	1714198
14	全面小康	1710812
15	科技创新	1688040
16	六稳六保	1646548
17	文化软实力	1598282
18	新发展格局	1590062
19	中国外交	1581476
20	体育强国	1526770

图8-12　2021全国两会调查热词排行榜

新高考改革引发期待

2020年7月，有关"江苏文科状元430分，只是因为自己选修的历史是B+无缘北大清华"的消息在网络上引起关注。江苏现行高考政策中，额外两门选修不算分值，而是算等级，因江苏省文科状元白湘菱的历史选修是B+，所以国内很多985、211名校都上不了。网民们纷纷表示遗憾，认为录取制度不合理，部分网民呼吁名校破格录取。武汉大学隔空喊话白湘菱，表示她符合本校录取要求。南开大学、兰州大学等也纷纷表态愿意录取白湘菱。

白湘菱将是江苏最后一位"落榜状元"，2021年开始，江苏也将和浙江、山东一样采用新高考模式。新高考改革为中国基础教育的改革和发展带来了新机遇，但也带来了选课走班、综合素质评价、专业导向志愿报考等众多新挑战。《半月谈》调研发现，新一轮高考改革伴随着争议持续推进，2020年第二批试点省市的高考中，赋分选科[①]引起一些争议和困惑。第三批8省份高考方案增加的"1"[②]，又引发重回文理分科老路、限制考生选择权的质疑。《北京青年报》称，在北京"新高考"科目6选3[③]的背景下，如何选科？大学学什么专业？"选科"已经成为事关几乎每个中学生未来的焦点问题。而为了进一步指导学生们选科、提前做出未来规划，中学的生涯规划教育已在校园悄然兴起。新高考改革背景下，这也无疑成为教育改革的一道新命题。

此外，舆论还反映新高考的选科必然导致中学教学的改革，比如走班制。

---

① 选考科目按等级赋分，每门满分100分，以高中学考成绩合格为赋分前提，根据事先公布的比例确定等级，每个等级分差为3分，起点赋分40分。赋分时要根据考生的原始分的排名和总人数以及等级比例确定考生所在的等级，再根据等级对应的分数给予赋分。

② 第三批8省份采用"3+1+2"模式。"3"为全国统考科目语数外，所有学生必考；"1"表示物理或历史任选其一，每门满分100；"2"指的是在政治、地理、化学、生物中自主选择的两门科目按等级赋分后计入考生总成绩。

③ 北京新高考采用"3+3"模式，即语数外+物/化/生/政/史/地（6选3）。

表8-1 关于新高考改革十大热门文章

文章	热度
选科面临困难，赋分遭遇质疑：新高考改革在争议中前行	100
"新高考改革"正在催生基础教育5大巨变，校长请早做准备！	84
官方解读：新高考改革方案公布，明年高考是否会有影响？	64
新高考改革第7年：重回文理分科？限制考生选择权？	62
新高考改革将在多省推行，这两门学科地位骤升，再不重视要吃大亏	59
2021最新资讯！全国31省市新高考改革方案汇总	57
新高考改革，填报志愿不知从何入手？理清思路是关键	54
新高考改革，这两种组合最吃亏，难拿高分，班主任建议慎重选择！	44
选科成中学生新"痛点	44
新高考改革后，2021年恐成山东最难高考年！	40

走班制对学校的师资、场地、管理都有更高的要求。多个试点省市的学校校长表示，新高考带来的困难包括教室不足，师资有的过剩闲置，有的普遍短缺，教师编制跟不上、积极性不高，教学班、行政班交叉管理有难度等，这些都有待进一步改革和完善。

2020年对于高等教育招录工作来说注定是求新求变的一年。2020年1月13日，《教育部关于在部分高校开展基础学科招生改革试点工作的意见》印发，决定自2020年起，在36所高校开展基础学科招生改革试点（也称强基计划）[①]。36所试点高校陆续向社会公布强基计划的招生章程，正式启动了报名工作。

高起点、高定位，强基计划首年试点社会关注度高，报名热度高。据不完全统计，2020年报名系统有超过135万人次点击操作。不过，强基计划首年

---

① "强基计划"将改变此前自主招生以学生申请材料为依据和"降分录取"的做法，而是将考生高考成绩作为重要依据，将高考成绩、高校综合考核结果、综合素质评价情况等折合成综合成绩，由高到低顺序录取。

很多院校未招满计划数，有评论认为强基计划实施首年即"遇冷"。对此，也有部分媒体并不认同，中国教育在线等称，强基计划报名人数超过100万，最后只招收6000人。冷，还是热？不言自明。遇冷是对强基计划的误解。这恰是学校坚持高标准遴选的结果，是宁缺毋滥的坚持，并非真的遇冷。《光明日报》指出，强基计划有必要在实践中进一步完善招生细则。比如，强基计划只允许学生申请报考一所学校，从现实出发，或可考虑让考生申请报考两所学校，实行平行志愿投档方式。另外，强基计划在实施中，在把高考成绩作为入围门槛后，可以适当增加校测成绩的权重。

2020年，艺考招录工作也产生了不少争议。2020年5月，清华美院、中央美院、中国美院三所高校的初选政策公布，随即引起了轩然大波。这三所高校采取的形式是，以考生的统考成绩进行初选，在各省划定入围分数线，达不到这个分数线的考生将失去校考资格。有媒体质疑称，"初选分数线划下一道'鸿沟'：苦练三年一夜清零，97.4%的湖北艺考生被淘汰"。这种初选方式引起考生及家长的极大反弹，被质疑搞歧视、不公平。有考生发帖称，"联考考完了突然通知联考成绩将作为初选成绩，中途临时改变规则，显然是不公平，也不妥当的。"据媒体统计，在教育部3月16日—4月15日举办的"2020年全国普通高校艺术类专业招生网上咨询活动"中，清华大学咨询页面涌入1038条问题咨询，其中关于初选的咨询内容占到9成以上。《法人》刊载中国社会科学院国家法治指数研究中心副主任吕艳滨的观点称，虽然高校出台的是涉及学校自身的招生规则，但由于牵扯到大量考生切身利益，仍需十分慎重，在确定这些政策前应该充分考虑各地考生实际情况。

研究生扩招带来难题

根据教育部2020年招生计划，2020年扩招硕士研究生18.9万名，研究生招生规模会超过110万。而这些学校是否"接得住"，又能否"消化得了"，成为舆论关心的问题。随着扩招的推进，媒体反映扩招后存在经费、硬件、师资等难题，亟待引起重视。

2020年9月，多名湖南师范大学研究生新生在微博曝料，由于研究生扩招，比往年增加448人，宿舍安排紧俏，导致申请宿舍系统开放几分钟内床位就被抢光，将近200多名研究生没有申请到宿舍。因扩招不能满足全体研究生住宿需求的，还有中国医科大学等高校。中国医科大学研究生新生在人民网领导留言板留言称："由于宿舍紧张，仅给全日制临床医学学硕提供一年住宿，后两年按照惯例自己解决。"暨南大学经济学院和管理学院的研究生因本部宿舍资源不足，宿舍被安排至华文校区。

同一时间段，华北水利水电大学在扩招后对研究生学业奖学金政策进行更改，取消了硕士研究生的二等、三等奖学金，且一等奖学金的覆盖率仅有40%；此外，博士研究生的一些奖学金也一并被取消，学业奖学金的覆盖率仅70%。多地曝光的问题反映了部分地区在扩招后学校运行上面临难题。据人民网报道，重庆市教委有关负责人表示，对于地方政府而言，办学经费可能是最大的挑战。按照"2017年各地高职院校年生均财政拨款水平应当不低于1.2万元"的要求，各地总体情况达标，但扩招后一些高职院校的教育经费将变得更加拮据。上海中华职教社副主任胡卫表示，按平均师生比1：18计算，2019年扩招后，全国高职院校共缺5.5万名教师，如考虑每年自然减员约1万人，则有6.5万人的缺口。部分媒体对此给出建议，《中国教育报》等称，国家要进一步深化高职教育经费投入机制改革，加大对高职教育的投入，建立与办学规模、培养成本、办学质量等相适应的财政投入制度。进一步落实相关配套支持政策，国家相关部门尽快出台政策，以保障高职院校扩招后教师动力不减，教学标准不降。

减负话题持续受到关注

新华网2020两会热点调查显示，在民众最关注的教育公平问题中，"中小学生课业减负、减轻教师负担"热度排名第四位。在人民网"2020年两会，你最关心什么话题？"的评论中，有网民表示，最关心教育减负，学生6点起床晚上11点30睡觉，学校一门心思抓学习，学生缺乏运动、睡眠、课外阅读、社会实践，导致知识狭隘、身体差、视力差、心理素质差、创新能力差①。

而为了应付上级检查出现的"藏猫猫"现象也引发了媒体的关注。据《新华每日电讯》报道，教育年终检查结果变成学校年终"晒成绩单"，与学校的奖惩挂钩。为了迎接检查，部分学校要求老师通知家长和学生，一律将"不在规定范围"的教辅材料带回家，各个班级都要求将出现等级名次的卷子带回家。让孩子"藏试卷"是在与国家减负的要求"藏猫猫"。教育减负已被强调多年，但在某些地区学生的负担却"越减越重"。

2021年3月1日发布的最新版心理健康蓝皮书《中国国民心理健康发展报告（2019—2020）》显示，95.5%的小学生、90.8%的初中生和84.1%的高中生的睡眠时长未达标。部分学生因不堪压力走极端，选择结束生命。2020年5月6日，西安一名9岁的小女孩因为无法按时完成老师布置的作业，从15楼跳下，自杀身亡。2020年10月13号凌晨2时，大连理工大学一名研究生在微博上写完遗书发微博后自杀身亡。该研究生在微博上发文称，因课题实验长期受挫可能面临延期毕业的压力，选择在实验室结束生命，希望下辈子做一只猫。不少网民表示在"告别信"中看到自己的影子。学生自杀事件频发，学生压力、心理健康等成为热议话题。2021年2月，教育部发布官方通知，提出中小学减负等相关问题，对此，各地纷纷出台中小学生减负的相关规定。如陕西省教

---

① 《今年两会，这些教育话题最受关注》，新浪网，2020-05-21。

育厅发布指南指出，小学一、二年级不布置书面家庭作业，三至六年级家庭作业完成时间不超过60分钟，初中家庭作业完成时间不超过90分钟。网民希望减负政策能够得到严格贯彻落实，部分网民建议减负政策的落地应具备相应的保障措施。

长期以来，小学生家长"陪作业"已经成为普遍现状。2020年全国两会期间，全国政协委员、江苏省作家协会主席范小青提出关于给小学生家长减负的提案引发热议。范小青提出，"如果说老师在校来不及教，学生在校来不及学，那无疑就是顶层设计不合理，教育大纲出了问题。给小学生家长减负，其实也是给小学生减负，更是让教育回归初心，回归根本。"

范小青的提案引发不少网民点赞，反映家长不堪教育重负已成为普遍问题。2020年11月，江苏一家长发短视频大呼："我就退出家长群怎么了！"该家长称老师要求家长批改作业、辅导功课使自己承担了老师应负的责任和工作。这位家长质问道："教是我教，改是我改，之后还要昧着良心说老师辛苦了，到底谁辛苦？"这一内容迅速引起家长们的集体共鸣。相关话题被央视等媒体报道之后，诸如"你比较烦家长群里的什么现象""家长群里的辛酸""当家长群变成压力群后"等话题登上各大社交平台热门话题榜，网络上更是掀起了一阵讨论热潮。对于这名家长的做法，家长们的意见出现了两极分化。赞成者认为他说出了很多家长想说却不敢说的话，"压垮成年人仅需一个家长群"。而反对者则认为家长太偏激，老师要求家长批改作业、辅导功课，也是为了孩子好。

"家长退群"事件被央视报道后，引发"蝴蝶效应"。面对家长们的控诉，教育部于2021年2月做出回应，禁止要求家长批改或完成作业，赢得舆论点赞。腾讯网评论称，教育部给学校老师和家长做了一个明确的定位，以后"辅导、批改作业"就是老师的责任，孩子回到家，家长可以帮忙，但老师却不能勒令要求家长去做这件事情。

2020年，抱怨负担重的除了学生和家长，还有老师。微信公众号"半月谈"刊文称，2019年国家义务教育质量监测语文、艺术学习质量监测结果报告近期发布，本次在全国31个省（区、市）及新疆生产建设兵团抽取的331个样本县（市、区）、4097所小学和2522所初中所获得的质量监测结果报告显示，班主任工作时间长、教学任务重、非教育教学性事务干扰大，减负愿望强烈。中教投研撰写的《2020年中小学幼儿园教师工作负担调查报告（2000份问卷）》显示，63.7%的受访者认为学校参与的检查"非常多，记不清了"，超26%的受访者一年写了20份以上材料，90%以上受访者认为学校承接的会议检查扰乱了教学秩序，超80%受访者称"岗位考核不反映工作实际"[1]。

各级政府不断下大力气为中小学教师减负，相继出台了一系列减负清单。舆论认为，现有政策的出台在很大程度上理顺并减轻了此前教师负担无序加重的情况，但效果的显现还需要时间。在此过程中，还需要教育部门乃至社会各界持续关注、对症施策、精准发力。部分媒体建议，给教师减负，要坚持因校施策、因人而异，也要坚持久久为功，期待教师减负改革持续推进。

中考体育改革引发观点分歧

2020年5月，全国政协委员吴志明建议把体育列入中高考必考科目，并给予语文、数学等主科一样的考分权重。人民日报微博发起"体育有必要与中高考主科同等权重吗？"的网络调查。部分网民表示赞同，认为有助于加强青少年身体素质，也有网民认为，倘若实行反而会给学生增加压力。2020年12月14日，在教育部召开的第五场"教育2020'收官'系列新闻发布会"上，教育部体育卫生与艺术教育司司长王登峰明确了"体育中考"的大趋势，并

---

[1] 《1371位中小学教师受访：63%感觉"压力非常大 需要减压"》，搜狐号"中教投研"，2020-06-03。

■ 正面　■ 负面　■ 中立

图8-13　云南体育100分话题网民情感分布

表示，"目前全国各地都已经普遍推进了体育中考，所有地方的中考都要考体育，分值从30分到100分不等。从2021年起，绝大多数省份体育中考分值都会增加，而且增加的幅度会比较大"。12月初，"云南中考体育100分"方案正式出台，成为全国第一个确定体育100分考什么、怎么考的省份，在全国范围内受到了广泛的关注。

《广州日报》等指出，体育加入应试教育，是"以毒攻毒"；中考体育分数逐年提升，是"善意的强制"。增加体育中考分值，促进全社会来重视体育，从而引导学生积极锻炼，"既是无奈之举，也是最有效的办法。"部分网民表示，"希望未来的中国学生能给世界有个生龙活虎的形象，而不是'书呆子'。"与此同时，也有言论担忧体育会因此失去乐趣，体育计分也会导致不公。有网民认为，"体育课变主课对大部分孩子是不公平的，体育成绩的好坏，更多来源于遗传和天赋。"《中国青年报》认为，在实施体育提分政策形成整体趋势前，要警惕"以考定教"带来的弊端。"如果不将思想转变为'以教定考'，'100分'或许会加速学生对体育课产生负面情绪、甚至对体育项目丧失兴趣，产生与体育中考改革初衷背道而驰的结果。"

回顾2020年，新冠肺炎突袭而至，中国教育在迎战疫情挑战的过程中升级进化。这一年，教育公平备受关注，教育监管刺痛舆论神经，教育改革呼声不断。习近平总书记指出，教育是国之大计、党之大计。2021年是"十四五"规划的开局之年，站在新的历史起点上，舆论期待政府打好政策组合拳，缓解社会教育焦虑，加快推进教育现代化、建设教育强国、办好人民满意的教育。

第九章　网络文化：凝心聚力扬正气

2020年，互联网在应对疫情冲击、加快经济复苏增长等方面发挥了重要作用，网络主流文化也发挥了凝心聚力的正面作用。回顾2020年，全国抗击新冠肺炎疫情表彰大会、纪念中国人民志愿军抗美援朝出国作战70周年大会等重大热点事件唱响爱国主旋律，全民"网络战疫"凝聚社会正能量；网络亚文化受众不断扩大，并呈现多元融合的发展态势；网络文化产业异军突起、逆势上扬；网络热词推陈出新，"抗疫""逆行者""后浪"等成为打开2020年集体记忆的钥匙。

第一节　网络主流文化：恪守正道

"网络战疫"凝聚社会正能量

2020年是极不平凡的一年，新冠肺炎疫情毫无疑问是这一年最大的"黑天鹅"，也是线上线下关注度最高的话题。2020年1月18日，距离春节不到一周，84岁高龄的钟南山院士连夜乘坐高铁赶赴武汉的照片被媒体刊发后，在网上引发广泛关注，网民纷纷表达对"无双国士"的崇高敬意。1月20日晚上9时30分，钟南山院士在央视新闻频道的《新闻1+1》现场直播连线时首次向社会公布了新冠病毒"存在人传人现象"。关键时刻，权威的声音为全国防疫及时敲响了警钟。面对来势汹汹的新冠病毒，面对海内外关注的目光，面对不聚集、不外出的防控建议，面对民众的焦虑与恐慌，一场与时间赛跑、与病毒赛跑的疫情阻击战在线上线下两个战场同时打响了。

新冠肺炎疫情突现以来，以新华社、中央广播电视总台、《人民日报》为代表的主流媒体讲述了中国战疫真实面貌和感人故事，弘扬了主旋律，承担了权威信息供应者、主流舆论引领者、对外宣传主导者、舆论斗争主力军的角色。数据显示，中国最权威的电视新闻栏目《新闻联播》自2020年1月以来整体收视率明显上扬，收看人数由2019年同期的8.3亿增长至9.2亿，增长近11%；节目收视率较2019年平均水平增长130%。节目播出后，经过剪辑的相关重要片段在各新媒体端广泛传播。不只《新闻联播》，各级央媒和地方媒体的防疫报道和创新融合传播，一次次在互联网端被置顶、被转发，引发一次次传播热潮[1]。中央广播电视总台发挥中央主流媒体主渠道、主阵地、主力军的作用，为坚决打赢疫情防控的人民战争总体战阻击战凝聚强大的力量，营造了浓厚的万众一心、众志成城抗击疫情的舆论氛围。新华社深入疫区采访，发布权威信息，创新传播手段，采写推出一大批来自现场、感动人心、鼓舞斗志的精品力作，充分发挥强信心、暖人心、聚民心的舆论引导作用。人民日报社各媒体平台及时刊发消息、反响、综述、评论等，不断加大宣传解读力度，发布权威信息稳定人心，挖掘一线故事鼓舞人心，开展融合报道网聚人心。

根据市场研究公司CTR对央媒和省级以上广电机构的疫情报道网络传播效果监测评估显示，中央广播电视总台、人民日报和新华社位列央媒三甲；中央广播电视总台、湖北广播电视台和浙江广播电视集团位列省级以上广电机构前三位[2]。

---

① 《2020年主流媒体战疫报道网络传播效果评估报告》，CTR官网，2020-04-03。
② 同上。

表9-1　八大央媒战疫报道网络传播效果综合排名

央媒	综合排名
中央广播电视总台	1
人民日报	2
新华社	3
中新社	4
光明日报	5
经济日报	6
中国日报	7
求是	8

（数据来源：CTR媒体融合研究院）

表9-2　省级以上广电机构战疫报道网络传播效果排名TOP10

电视台	综合排名
中央广播电视总台	1
湖北广播电视台	2
浙江广播电视集团	3
河南广播电视台	4
上海广播电视台	5
湖南广播电视台	6
黑龙江广播电视台	7
陕西广播电视台	8
山东广播电视台	9
广东广播电视台	10

（数据来源：CTR媒体融合研究院）

在2020年的疫情大考中，主流媒体对各种新媒体手段的花式应用、新媒体语态的创新表达，成为此次"网络战疫"的一大亮点。央视新闻、《人民日报》等各大主流媒体纷纷入驻抖音、快手等短视频直播平台，一改电视节目四平八稳的风格，在短短的几秒时间内，用字幕、背景音乐、表情包及重要镜头不断重复或放大的手法，将大众最关心的议题以最快速、直接、有趣的方式呈现出来。2020年10月27日，央视新闻抖音账号粉丝突破1亿，网民纷纷留言"恭喜破亿，我们都是'亿中人'"。人民日报直播栏目24小时直击武汉疫情防控，通过"直播间""大家聊"的形式，增强互动感。2020年2月12日20时的"直击武汉疫情防控"直播，吸引了646.5万人参与。"云直播"最典型的案例当属中央广播电视总台"央视频"客户端对于雷神山、火神山两座方舱医院建设过程的全程直播。有网民评论称："在千里之外亲眼见证着火神山、雷神山医院拔地而起，就像看到了战胜疫情的曙光！"还有众多网民一方面感谢一线建筑工人，一方面叮嘱前方记者"注意安全""保重身体""多喝水多休息"……正能量充满整个平台。短视频、云直播之外，主流媒体还应用Vlog、疫情大数据地图、MV、沙画、海报、说唱等美术类、设计类、视频类作品，以艺术之力温暖人心，鼓舞士气；用多种形式进行多元立体报道，为打赢疫情防控阻击战提供舆论支持。

随着疫情在全国蔓延，地方媒体也旋即进入紧张有序的网络抗疫状态，纷纷利用多媒体，多渠道地面向公众及时发布疫情信息、普及防疫知识、宣传抗疫部署、辨明谣言与真相、有效引导舆论。各地媒体融合发展建立起多形态、广覆盖的传播矩阵，不断尝试跨形态、跨地媒体联动，壮大主流舆论声势，在疫情报道中发挥了稳定人心的压舱石作用。移动化、社交化、可视化、智能化、平台化是媒体融合技术发展的重要趋势。在本次疫情报道中，各地媒体以多种技术手段，更加直观、客观地面向公众解释与分析疫情状况，普及防护知识[1]。

11月19日，2020中国新媒体大会"融合发展中的内容创新创优"分论坛发布了2020中国新媒体战疫精品案例，其中包括中央媒体十大精品案例和地

---

[1] 《地方媒体在战"疫"报道中彰显融合发展成效》，人民网，2020-02-02。

方媒体十大精品案例①。

表9-3　2020年中央媒体新媒体战疫精品案例前十

中央媒体	新媒体战疫精品案例
人民网	《武汉日记——人民网前方报道团队武汉采访实录》
新华社	纪录片《英雄之城》
中央广播电视总台	系列时政微视频《总书记指挥这场人民战争》
科技日报社	《追问新冠肺炎》系列报道
中国青年报	《互喊加油，四大"天团"会师武汉！网友：王炸来了，中国必胜！》
人民日报社新媒体中心	纪录片《生死金银潭》
中央广播电视总台	《与疫情赛跑——"两神山"等系列慢直播》
解放军新闻传播中心	《新冠病毒：遇到 PLA 是种什么体验》
中国日报网	《"抗击新冠病毒的中国方案"英文网站》

表9-4　2020年地方媒体新媒体战疫精品案例前十

地方媒体	新媒体战疫精品案例
湖北长江云新媒体集团	《共同"面"对，为武汉加油！这组创意海报刷屏了》
现代快报	《6 小时跟拍，实录武汉重症病房的"我和你"》
湖南日报社	《创意海报：这些痕迹，刻在你脸上，痛在我心里》
多彩贵州网	《休舱后天使摘下口罩，你一定要记住这些笑脸》
湖北广播电视台	《战"疫"系列公益短片》
长江日报	《重生》系列报道
新疆阿克苏市融媒体中心	《新疆阿克苏两名小学生向医护人员敬礼》
解放日报社	《影像纪实：上海医疗队在武汉》
湖北日报	《致敬仁心 感恩大爱》大型融媒报道
新京报社	《武汉！武汉！》H5 专题

　　在这场"网络战疫"中，互联网企业和商业媒体平台同样功不可没，充

---

① 《2020中国新媒体战"疫"精品案例发布》，百家号"华声在线"，2020-11-19。

分发挥各自的技术优势，迅速推出疫情资讯、在线问诊、社区防控、远程办公、在线教育、生活服务等"战时"服务，在疫情期间的日常生活保障方面发挥了重大作用。新冠肺炎疫情叠加春节假期，用户线上行为更加活跃，每日获取资讯、购买防护用品、在家工作学习等时长大幅上涨。快手、抖音因与央视和地方卫视春晚合作，用户增量均超过4000万，随着疫情的持续发展，社交、新闻资讯等平台成为信息重要来源，用户量增长明显；平安好医生、丁香园等医疗APP在疫情公布初期成为很多人了解专业知识的重要平台[1]。微信上线"疫情实时动态""新冠肺炎辟谣"等服务，帮助用户及时快捷地获取疫情权威信息。

习近平总书记强调要"构建网上网下同心圆，更好凝聚社会共识，巩固全党全国人民团结奋斗的共同思想基础"。新冠肺炎疫情发生后，除了国家及各地卫健委官方每日发布疫情实时数据信息外，从各大主流媒体到门户网站，从央媒到地方新闻媒体，全方位报道疫情消息，及时回应社会公众关切，与线下没有硝烟的抗疫阻击战一道，吹响了"网络战疫"的号角，共同构建起凝聚伟大抗疫精神的网上网下同心圆。

重大热点事件唱响爱国主旋律

2020年，全国抗击新冠肺炎疫情表彰大会、纪念中国人民志愿军抗美援朝出国作战70周年大会、十九届五中全会胜利召开并审议通过十四五规划、嫦娥五号圆满完成探月任务顺利返回、脱贫攻坚取得决定性胜利等一系列重大事件受到舆论高度关注，并在网上引发广泛传播和热烈讨论，形成一波又

---

① 《QuestMobile2020中国移动互联网"战疫"专题报告：单日人均时长增至7.3小时，效率办公DAU增长4000万……》，腾讯网，2020-02-18。

一波舆论热度峰值。"伟大抗疫精神""伟大抗美援朝精神"广泛地凝聚起社会正能量、唱响爱国主旋律，网民爱国热情空前高涨，民族凝聚力进一步提升，全国人民在党的领导下实现中华民族伟大复兴的信心更加坚定。

全国抗击新冠肺炎疫情表彰大会凝聚正能量。2020年9月8日10时，全国抗击新冠肺炎疫情表彰大会在人民大会堂隆重举行。中共中央总书记、国家主席、中央军委主席习近平向国家勋章和国家荣誉称号获得者颁授勋章奖章并发表重要讲话。全国抗击新冠肺炎疫情表彰大会词云图显示，"伟大抗疫精神""人民至上""钟南山""英雄""舍生忘死""张伯礼"等词语成为网络热词；"向每一位平凡而伟大的中国人致敬""每一位在抗击疫情战斗英勇贡献的中国人都值得表彰""经历磨炼方成才，年轻人可堪重任""人民至上、生命至上"等声音不绝于耳，全网形成一种上下同心、众志成城的舆论氛围。全国抗击新冠肺炎疫情表彰大会用榜样精神激励着中国人民更加坚定"四个自信"，凝聚起中华民族伟大复兴的磅礴力量。

2020年正值中国人民志愿军抗美援朝出国作战70周年，网上舆论聚焦抗美援朝历史，缅怀英雄先烈，纷纷展望未来，弘扬和继承抗美援朝精神，捍卫祖国利益，维护和平稳定的发展环境。2020年10月23日，辽宁沈阳抗美援朝烈士陵园敬献花篮仪式举行，以习近平总书记名义敬献的花篮摆放在烈

图9-1 抗击新冠肺炎疫情表彰大会词云图

士纪念碑正前方。当天，习近平总书记在纪念中国人民志愿军抗美援朝出国作战70周年大会上发表重要讲话，回顾总结了抗美援朝战争的伟大胜利，阐述了抗美援朝精神的时代价值，宣示了捍卫国家领土主权和统一、维护地区和世界和平稳定、推动构建人类命运共同体的坚定立场和决心，将舆论纪念抗美援朝70周年的热情推向高潮。各大媒体如火如荼地开展抗美援朝主题活动和英雄事迹宣传，抗美援朝题材电视剧在荧屏上热播，抗美援朝系列解读文章刷屏网络；由"纪念抗美援朝70周年"词云图可以看出，"伟大""精神""保家卫国""铭记""烈士""舍生忘死""爱国主义"等词语成为网络热词，舆论认为中国正义之师奠定了如今的和平与繁荣，网络上爱国主义热情一片高涨。通过一系列宣传报道活动，抗美援朝精神得到大力弘扬，舆论纷纷呼吁从抗美援朝精神中汲取奋进力量，为实现中华民族伟大复兴而不懈奋斗。

中国探月工程"嫦娥五号"探测器2020年11月24日成功发射，开启中国首次地外天体采样返回之旅。12月17日凌晨，"嫦娥五号"返回器在内蒙古四子王旗预定区域成功着陆，中国首次月球采样返回任务取得圆满成功。消息引发中国人民一片欢腾和鼓舞。舆论盛赞中国航空航天领域发展迅速，已经成为国际航天大国，新浪微博等社交媒体中充满了中国人民的骄傲和自豪

图9-2　纪念抗美援朝70周年词云图

图9-3　"嫦娥五号"圆满完成探月任务顺利返回词云图

之词。舆论认为，作为中国复杂度最高、技术跨度最大的航天系统工程，"嫦娥五号"标志着中国航天向前迈出的一大步，将为深化人类对月球成因和太阳系演化历史的科学认知做出贡献；这一成就的取得是追逐梦想、勇于探索、协同攻坚、合作共赢的探月精神的生动写照。由"嫦娥五号圆满完成探月任务顺利返回"词云图可以看出，"探月工程""中国航天""圆满""人类""回家"等词语成为网络热词，舆论对我国航天工程取得重要进展表示骄傲和自豪，认为中国科技水平不断提高，已在世界占据一席之地。

2021年2月25日全国脱贫攻坚总结表彰大会隆重举行，习近平在大会上发表重要讲话，庄严宣告，经过全党全国各族人民共同努力，在迎来中国共产党成立100周年的重要时刻，我国脱贫攻坚战取得了全面胜利，现行标准下9899万农村贫困人口全部脱贫，832个贫困县全部摘帽，12.8万个贫困村全部出列，区域性整体贫困得到解决，完成了消除绝对贫困的艰巨任务，创造了又一个彪炳史册的人间奇迹！由"脱贫攻坚取得全面胜利"词云图可以看出，"脱贫""攻坚""扶贫""精准""振兴"等词语成为网络热词，舆论对中国完成脱贫攻坚取得全面胜利表示欢欣和鼓舞，对全国脱贫攻坚楷模的先进事迹表示震撼和感动。舆论认为，脱贫攻坚任务目标如期完成具有划时代意义，

图9-4 脱贫攻坚战取得全面胜利词云图

中国在全球实现了快速增长与减贫任务目标的同步，创造了"又一个彪炳史册的人间奇迹"；认为中国构建了有效的平衡治理体系，为全世界贫困人口的减少和整体贫困问题的解决走出了一条反贫困的中国之路，向全世界展示了中国样板和中国经验；认为脱贫攻坚战取得全面胜利为全面建成小康社会打下了坚实基础，对中国实现全面建成小康满怀信心和期望。

2020年12月31日，新年前夕，国家主席习近平通过中央广播电视总台和互联网，发表了2021年新年贺词，为伟大人民点赞，向平凡英雄致敬，引发舆论高度关注。"习近平发表2021新年贺词"话题登上百度热榜第一位。多个相关微博热门话题获得网民高度关注，如："2021新年贺词"（5.6亿阅读数）、"我们啃下了最难啃的骨头"（3.1亿阅读数）、"每个人都了不起"（2.4亿阅读数）等。"平凡铸就伟大""英雄来自人民""每个人都了不起"等话语受到网民广泛转发、收藏。舆论认为习近平主席的新年贺词回顾了2020年极不平凡的奋进历程，彰显了中国发展的新成就。由"习近平主席发表2021年新年贺词"词云图可以看出，"疫情""脱贫""初心""伟大""征程""新时代""现代化""征途"等词语成为网络热词，习近平主席的贺词体现了一心为民、上下齐心，极大地激发了广大人民群众的爱国主义情怀，一句句真挚的话语鼓舞人心、催人奋进，网民纷纷祝福伟大祖国2021年风调雨顺、国泰民安。

图9-5　习近平主席发表2021年新年贺词词云图

第二节　网络亚文化：多元融合

网络亚文化是指区别于网络主流文化，体现出独特的审美观和价值观的网络流行文化，具有极强的渗透力和影响力。随着互联网的迅速发展，网络亚文化已经成为当今社会重要的群众文化现象之一，并对青少年群体的思想意识、行为方式产生着极为深刻的影响。网络亚文化主流化的态势越发明显，亚文化中的积极因素和正面效应不断得到社会主流文化的肯定和吸纳。与此同时，对网络亚文化的负面信息及其影响也需要及时进行治理和加以引导。

网络亚文化受众不断扩大

亚文化一般被认为是一种小众文化和圈层文化，然而相关数据显示，近年来网络亚文化的受众不断在扩大。包括饭圈、二次元、嘻哈、汉服等在内的各类亚文化，尽管核心受众仍然集中于局部，但它们已经越来越被大众所了解。腾讯企鹅智库发布的《2019—2020中国互联网趋势报告》显示，近

50%的中国网民对亚文化有了解，7.7%的网民至少是某一个亚文化的忠实粉丝，有着明确的集体身份认同。

人民论坛问卷调查中心2020年关于"网络亚文化"的一项调查研究也显示，公众对网络亚文化的了解度较高。相关研究从网络亚文化所展现出的直观内容为出发点，将网络亚文化分为网络艺术、网络语言、网络人物、网络恶搞、网络事件和网络意见等六个二级维度。经过问卷调查和数据处理，得到的结果如下：公众深处网络亚文化的浪潮之中，整体均分为79.47分（百分制），远高于参照线——60分。其中网络艺术和语言得分较高，分别为81.25分和80.68分。高达75.4%的受访者了解网络短视频，72.3%和73.0%的受访者了解网络文学和音乐。74.0%、71.4%和69.9%的受访者表示了解网络表情包、新闻和特定的语言风格。其次，网络人物和意见也是网络亚文化发展的产物，公众熟悉网络主播（65.6%）、网络红人（69.7%）和社会名人（70.5%），同时更倾向于从商界精英（67.2%）、小众草根（65.5%）和传媒人士（70.6%）

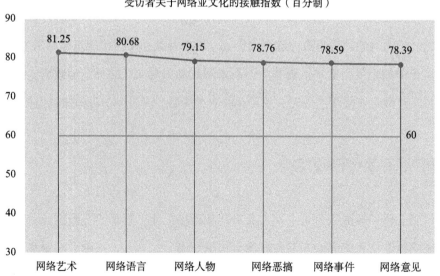

图9-6　网络亚文化接触指数
（数据来源：人民智库官方帐号）

获取信息。最后，大多数受访群体表示曾经听说过、经历过甚至参与过网络恶搞和网络事件。约68%的受访者看过"鬼畜"视频或者戏谑经典等恶搞视频，约66%的受访者知道人肉搜索、网络炒作，了解跟帖讨论。

相关调查显示，网络社交、专业内容创作、二次元是网络亚文化人群的聚集地。调查中，70.9%的受访者表示自己经常进行网络社交，58.4%的受访者经常活跃于漫画、游戏、小说等专业内容领域，45.1%的受访者是"二次元"热爱者，约34%的受访者活跃于"网络流行词汇""网络原创音乐"和"粉丝追星"等领域。因而，网络亚文化不再是过去社会边缘非主流青年们凭借着奇装异服式的强烈"风格化"的符号去提出社会诉求，而是广大网民通过共同的兴趣爱好进行的网络社交活动。

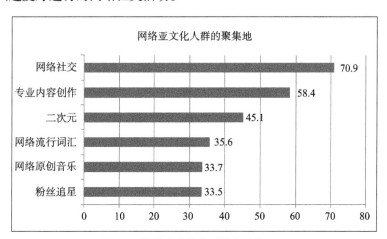

图9-7 网络亚文化人群聚集地排行图
（数据来源：人民论坛网）

"饭圈"文化的乱与治

"饭圈"是粉丝对自己所属的追星群体的统称，"饭圈"文化即粉丝圈文化，原本是从日韩传播而来的一种"fan"文化，在国内发展传播后，粉丝文化的影响力逐步扩大。我国的追捧偶像现象不是近几年才出现的，早在2005

年，"超级女声"选秀节目的火爆就是粉丝文化的兴起，依托于当时的大众传媒，粉丝们可以为自己喜欢的明星投票，帮助她们成功出道。但是，移动互联网带来的社交媒体的繁荣却是"饭圈"文化形成的基础，以微博、微信、QQ、贴吧、论坛等为代表的社交媒体，使得"饭圈"内形成高度组织化群体，不同于以往分散化的个体，现在的"饭圈"形成了一个等级分明、规则严谨、分工明确的互联网组织。除了利用社交媒体给喜欢的偶像进行打榜、投票、宣传、点赞、留言、评论、反黑、刷数据、刷流量以外，他们还依靠这些软件进行沟通交流、任务分发、信息分享与反馈，通过一系列的线上操作，帮助偶像获得成功①。

"饭圈"可以说是娱乐圈的衍生物，娱乐圈乱象频发的现象已经为社会大众见怪不怪，艺人罗志祥出轨事件带火了"时间管理"等一批网络热词，出轨、离婚等八卦新闻虽属个人私生活范畴，然而作为公众人物也会对社会风气及青少年群体价值观塑造产生负面影响。尤其是2020年以来，艺人仝卓高考身份造假、歌手曲婉婷为贪污入狱的母亲喊冤叫屈、演员郑爽被指国外代孕生子后欲弃婴等事件屡屡践踏道德底线和法律红线，令网民义愤填膺。

盘点2020年的"饭圈"热点事件，不管是从话题热度，还是从影响力和争议性等各个维度来看，"肖战粉丝大战同人圈"事件都可以作为一个典型案例。2020年2月24日，某同人小说作者在AO3网络平台上传一篇名为《下坠》的小说。在该小说中，肖战被设定为一名有性别认同障碍的男性，是一位"发廊妹"。该文作者通过微博发布了该小说后，引起了肖战粉丝群体的不满。大量肖战"饭圈"群体集体举报该小说作者和AO3平台，导致AO3网站、AO3百度贴吧接连遭殃，统统被封。肖战粉丝群体通过声讨、举报，甚至采用"人肉"等网络暴力方式进行反击，也殃及动漫、网游等众多其他文化圈

---

① 《事件梳理｜肖战"227事件"》，微信公众号"AHU传媒实验室"，2020-03。

层。于是相关圈层文化群体联合起来抵制肖战和他的各种代言，但凡肖战主演影视剧一律刷差评。面对外界逐渐强大的舆论压力，肖战的粉丝被迫在微博发表了第一份道歉声明。之后，肖战工作室正式在新浪微博上致歉称："注意到肖战粉丝的一些争论，占用了一些社会公共资源。"

3月11日，最高人民检察院主办的《检察日报》在报纸和微博官方账号上，陆续发表了《肖战事件：是非曲直如何评说》《不能任由粉丝喜好毁了同人文化》《肖战事件：没有胜利者的战争》《评判肖战事件的两个维度》《"同人小说"涉及的法律问题》5篇文章为此次事件定调。报道认为肖战粉丝的举报行为突破了文艺评论和社会争论的界限。3月13日，《解放日报》发表评论称，流量明星如果不依赖自身实力，仅靠仰仗粉丝爱的供养和金钱的供养，其实充满风险。不仅明星只能活成粉丝想要的"人设"，也在于"粉丝行为，偶像买单"。此次粉丝的出格举动，肖战注定需要一起承担。

此外，"主持人何炅被曝收应援礼"等事件也引发舆论对"饭圈"的关注。"应援礼事件"揭露"饭圈经济"暴利产业链，"饭圈经济"处于监管"洼地"等问题也成为舆论热议话题。《光明日报》评论称，对"饭圈"商业价值的过度开发，也导致乱象丛生，使得粉丝文化成为治理对象。在对商业变现与商业营销的无限追逐之下，一些"饭圈"诱导未成年人无底线追星，诱导粉丝"打榜灌水"，为"引流"挑起圈子互撕等，对互联网秩序及网络生态环境都造成一定的损害，致使"饭圈"沦为"黑圈"。

2020年7月16日，人民网连续刊发题为《频惹众怒，整治刻不容缓》《尊重个性，不可简单否定》《幕后黑手，必须坚决斩断》等三评"饭圈"文章称，应援打榜、刷量控评、一掷千金，群体对立、互撕谩骂、人肉搜索……近年来，随着娱乐产业的不断发展，兼之社交媒体的推波助澜，关于无底线追星、"饭圈"互撕、拜金炫富的负面新闻不断进入公共视野，一次次刷新公众的认知底线。当党同伐异的"饭圈"风气已经从网上蔓延到了网下，当为偶像应援砸钱可以不顾一切，当法律道德和社会秩序在偶像面前被置若罔闻，相应的整治就已经到了刻不容缓的地步。那些在"饭圈"背后推波助澜、洗脑诱导、煽动对立、恶意圈钱的个人、组织和营销号，难辞其咎，务须整治。从2020年7月13日，国家网信办发布《开展2020"清朗"未成年人暑期网络环境专项整治的通知》，7月14日新浪微博两次发布社区公告，关停处罚了多个宣扬仇恨、挑动群体攻击的账号，相关部门和平台果断行动，展现出了治理"饭圈"乱象的力度和决心。

"饭圈"的乱象丛生与"饭圈"群体展现出的正能量同时并存。2019年，"饭圈女孩""出征"海外社交媒体，"守护全世界最好的阿中"，让公众看到这个群体正向、积极的另一面。2020年，在抗疫一线，"饭圈女孩"以极快的行动力与较强的组织性，驰援湖北、捐赠物资，并加入志愿服务队伍。很多奋战在武汉抗疫一线的95后、00后医护人员，就是穿上防护服的"饭圈女孩"。"令人骄傲的饭圈女孩们""饭圈女孩花式抗疫"等话题轮番登上微博热搜，获得大众的认可。

"饭圈"的形成，是时代、技术和产业发展的结果，尽管负面信息不断，饱受诟病，但也要看到，凡事都有两面性。"饭圈"群体的动员能力、组织能力极强，尤其在一些公共事件中，在涉及国家利益等核心问题上，能迅速呈现出极大的凝聚力和团结力，如果能被加以正面引导，可以释放出难以想象的正能量。

二次元文化的虚与实

"二次元"源自日本，是指二维、平面之意，特指漫画、二维动画、电子游戏等形式展示的"虚拟化"的人物和世界。同时，"二次元"还具有"架空""假想""幻想""虚构"之意，与之区别的三次元则指代现实世界。二次元文化是围绕着二次元作品而产生的，是一种架空现实的虚拟文化，最初与其他亚文化一样只在小部分群体传播，不断扩大的群体规模逐渐与现实社会相融合，最终形成了一个社会公认的文化类型[①]。二次元文化作为在中国较有影响的一种网络亚文化，其独特的文化风格和丰富的内涵影响着青少年和喜爱二次元文化的成年人。二次元平台也积极扩展边界，寻找与主流文化和价值观的融通点，为网络亚文化寻求正名和理解[②]。根据艾瑞咨询发布的《2020年中国移动游戏行业研究报告》显示，2020年中国泛二次元用户规模依旧呈现上涨趋势，预计从2019年的3.9亿涨到4.1亿。根据《2020微博动漫白皮书》数据显示，截至2020年4月，微博泛二次元用户达2.92亿，较2019年同比增长11.4%，连续4年保持增长态势，其中核心动漫用户达4186万，占比14.3%。

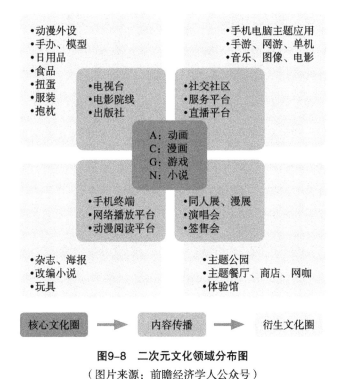

图9-8　二次元文化领域分布图
（图片来源：前瞻经济学人公众号）

① 苗野：《短视频中的二次元文化研究》，黑龙江大学出版社，2019年。
② 《青年亚文化，在"破壁"中展现新图景》，百家号"光明日报"，2020-07-24。

2021年1月11日，中国动漫金龙奖组委会发布了中国二次元指数2020年度十大关键词：1.盲盒：盲盒已成为潮流玩具中受众面最广、热度最高的品类，Mob研究院发布报告预计2024年盲盒行业市场规模将翻2倍，达300亿元。2020年12月，潮流玩具公司泡泡玛特正式在香港联交所主板上市，成为国内"盲盒第一股"。2.漫改（动漫改编）：近年来，被改编为真人影视剧的动漫不在少数。截至2020年7月，中国影史票房超过10亿元的电影共有73部，其中动漫改编作品有11部，占比12%。3.原神：《原神》是由米哈游自研的一款冒险RPG游戏，发布30天收入突破2.45亿美元，是有史以来首月收入最高的手游之一。《原神》获选为Google Play 2020年最佳游戏，也是国内首个获苹果App Store年度精选的游戏。4.汉服：淘宝数据显示，2020上半年，在天猫购买汉服的人数在2000万以上，随着汉服热的继续蔓延，汉服爱好者数量已超过2019年的356.1万人。5.跨界：越来越多品牌选择与动漫IP①合作，跨界营销，较为知名的案例有《全职高手》《魔道祖师》《一人之下》《狐妖小狐娘》等等。6.科幻：《灵笼》《吞噬星空》《雏蜂伊甸之子》等多部泛科幻题材动画作品接连上线。在腾讯视频、爱奇艺、哔哩哔哩、优酷四家平台发布的新作动画片单中，科幻成为未来几年重点投入的类型，包括《三体》在内的21部科幻动画待播出。7.抗疫：疫情防控期间，各大漫画平台和漫画作者们以笔为枪，漫画战"疫"，推出许多优秀的抗疫题材漫画，如《漫画战"疫"》《全民战"疫"》《抗疫能量站》《疫战：遍地英雄》《预防新型冠状病毒——有趣有用的健康科普知识》等。8.知识漫画：以《如果历史是一群喵》《半小时漫画》等系列为代表的知识漫画在图书市场大放异彩。《如果历史是一群喵》系列在微博的阅读量达20亿、在哔哩哔哩网站播放量达1亿次；《半小时漫画》

---

① 动漫IP指的是动漫作品的知识产权。动漫IP一般分为几个阶段，网文(小说)→漫画→动画，其作品本身或者是作品中的人物都能成为流量巨大的动漫IP。

系列累计销量超千万册。9.亚运电竞：2020年，电竞正在成为众多城市的新文化名片，如全球电竞运动领袖峰会在博鳌召开，2020英雄联盟全球总决赛在上海如期上演。电竞更成为杭州亚运会正式竞赛项目，实现历史性的突破。10.虚拟IP：2020年虚拟IP成为短视频、直播带货、陪玩等多个泛娱乐领域中最具潜力的代名词。如从动漫短视频中孵化出来的虚拟IP"我是不白吃"定位于美食领域，半年时间收获千万粉丝，"双十一"直播商品销售额超过100万元[①]。

二次元文化以弹幕为重要社交载体。弹幕是指在视频网站播放界面中像子弹一样飞过的即时评论字幕，观众们可以通过弹幕评论剧情、展开互动，它模糊了"内容生产者"和"观众"的界限，增强了观众的参与度。弹幕首先在二次元小众文化圈内传播流行，最具代表性的弹幕网站就是哔哩哔哩视频网（Bilibili，简称B站）。随着2016年央视和共青团中央先后入驻B站，弹幕文化逐渐大众化[②]。2019年，哔哩哔哩网站用户共发送了超过14亿条弹幕，2020年弹幕数量则增加了8亿多。弹幕已从网络虚拟空间中存在的边缘文化，逐渐形成一种特有的文化价值体系、思维模式和生活方式，渐渐有席卷网络之势。从爱奇艺、腾讯和芒果TV等各大视频门户网站，到新浪微博等社交平台，都给视频添加了弹幕功能。

2020年"鬼畜"视频频频出圈。"鬼畜"作为一种视频制作手法，典型特点为画面和声音重复率极高，且富有强烈的节奏感。以碎片化素材剪辑而成的洗脑音乐为背景，大量的短片画面不停地重复、变调，甚至加上变化画面的颜色，观看后让人不能自拔、完全陷入洗脑境界并产生莫名的愉悦感。且"鬼畜"视频常常以新鲜事为素材，对于新闻事件即时、突出"重点"地反映

---

① 《中国二次元指数"2020年度十大关键词"发布》，中国新闻网，2021—01—11。

② 张蕊：《新媒体时代下弹幕文化现象分析——以Bilibili弹幕视频网为例》，《新闻研究导刊》，2020年11月，229—230页。

常会赢得大量关注与追捧[①]。

　　哔哩哔哩网站是内地首个建立"鬼畜"分区的弹幕网站。2020年，哔哩哔哩网站播放最高的两个鬼畜视频分别是《最强法海》和《敢杀我的马？！》，播放总量超过了7000万。从"奥利给""歪嘴战神""想要成为rapstar吗"再到马保国的"年轻人不讲武德""耗子尾汁""接化发""我大意了，没有闪"等一系列"鬼畜"热门素材，得到了"病毒性传播"，成为全网热点话题。在新浪微博上，马保国相关话题曾5次登上微博热搜榜单[②]，模仿马保国说话的段子更是充斥网络。"鬼畜"不应成为低俗娱乐的代名词，"娱乐至死"的乱象更不应该放任自流。2020年11月28日，《人民日报》发布评论文章称，马保国"哗众取宠、招摇撞骗，说到底是一场闹剧"，该立刻收场。

　　2020年也是虚拟偶像大众化的元年。虚拟偶像是指"通过绘画、音乐、动画等形式制作，在因特网等虚拟场景或现实场景进行演艺活动，但本身并不以实体形式存在的人物形象。"近年来，虚拟偶像的产业链已逐渐清晰，主要由技术厂商、IP运营商和内容创作者/艺术家构成。在2020年，产业链上的一些解决方案获得了突破，让虚拟偶像成本下降，加上直播电商、短视频等内容行业的爆发增长，许多虚拟偶像走入了民众的日常生活。2020年，各大互联网公司布局虚拟偶像。作为国内最大的虚拟偶像社区，哔哩哔哩网站主办了一些业界重要的演唱会，包括中国最早的虚拟偶像线下演唱会品牌BML-VR；腾讯QQ炫舞虚拟偶像"星瞳"与杨丽萍跨界合作了孔雀舞，与刘柏辛合作了主题曲《瞳雀》；2020年9月，在选秀节目备受瞩目的潮流下，爱奇艺推出了虚拟偶像选秀节目《跨次元新星》；2020年间，淘宝天猫与万象文

① 《不明真相的吃瓜群众围观：鬼畜到底是个什么鬼？》，网易，2016-08-29。
② 《年终盘点｜回顾2020年B站所发生的热门大事件，精彩！》，微信公众号"Charlie—席话"，2021-01-06。

化合作，打造淘宝天猫带货虚拟偶像Mika和新国风偶像苏朵朵①。

二次元文化虽然不直接反映现实世界，甚至对立于现实世界，但它总是利用现实世界中的基础材料，换置到虚构时空里，按照自己的规则进行变形或重构，最后形成客观折射现实的效果。媒体认为，对于很多二次元用户来说，人与人的往来没有阶层的束缚，没有功利的导向，有的只是志趣相投的平等状态。他们对未来的探究充满着乌托邦色彩，而对自我的探究又激发起关于成长、梦想与坚持的热情，这些构成了二次元文化重要的精神内核。主流文化只有站在二次元文化的精神内核基础上与其互动，才是真正平等有效、直达内心的互动，而这必然也会促成三次元和二次元在互通中产生更富有价值的火花②。

网络亚文化与主流文化的互动融合

网络亚文化走向"破圈"与"融合"的趋势更加显著。《中国青年报》称，近年来，以青年亚文化为主要标签的哔哩哔哩网站，日益构成当代文化的关键性领域。无论是B站的跨年晚会、还是四大名著影视的弹幕热潮，B站作为网络青少年传承与创新优秀传统文化的重要阵地，体现出网络青年亚文化与主流文化互动的新格局。这显示出当代网络青年亚文化对主流文化的不断靠近与对话的内在需要。B站的国风热潮与抖音上的青少年对非遗文化的喜爱，正是年轻一代将数字文化经验与传统文化融合创新的一种实践。《光明日报》称，2020年年初，在某文化社区跨年晚会上，电视剧《亮剑》中楚云飞的扮演者张光北代表的红色文化、国乐艺术家方锦龙象征的传统文化与虚拟

---

① 《虚拟偶像大众化元年，如何挖掘蓝海市场｜虚拟偶像公司2020年盘点》，36氪，2021-01-18。
② 《二次元文化的精神内核》，《中国青年报》，2017-06-19。

歌手洛天依表征的青年亚文化同台亮相且成功实现跨次元合作，获得网民不低的评分。汉服文化、国货潮牌文化、老字号"复兴文化"等借助直播带货、网红传播以及线下夜经济、市集经济模式，不断升温发酵，促进了青年亚文化与传统文化、主导文化之间的互相认知和接受。

2020年尾，"甜野男孩"丁真走进了大众的视野。2020年11月11日，摄影师胡波拍下的一段藏族青年丁真的短视频全面爆红，丁真迅速成为"流量明星"。这段短视频只有7秒钟的长度，一位肤色黝黑、身穿藏族服饰、有着标志性高原红和清澈眼神的小伙，对着镜头露出纯真甜美而又有几份野性的笑容。"甜野"丁真爆火以后，以四川观察为代表的本地主流媒体迅速反应，多次对丁真进行采访沟通，在主流媒体的引导下，丁真"纯真""质朴"的形象得到最大限度的传播和保持。11月18日，丁真与四川甘孜理塘县国资委下属的一家国有公司理塘仓央嘉措微型博物馆签约，成为理塘县的旅游大使；11月25日，丁真为家乡拍摄的宣传片《丁真的世界》正式上线，将甘孜美景瞬间推送到了全国人民眼前。"四川发布""四川文旅""甘孜文旅"等官方微博平台开启联动传播，积极回应微博相关热门话题，主动发起互动话题如"其实丁真在四川"吸引网民广泛参与讨论，使事件热度持续高位运行。甘孜州政府借此向广大民众发出冬季旅游邀请，顺势宣布全州旅游优惠政策，一系列快准狠的组合拳也获得极好的传播效果，"四川甘孜A级景区门票全免"成为微博热门话题且阅读量破亿，为实质性拉动当地经济增长，打好脱贫攻坚战打下基础[①]。丁真的走红可以说是网络短视频传播生态下的偶发性现象，但在后续政务官博、官方媒体的护航下，丁真成了"真"流量。这与主流媒体在宣传上维护其真实性，着重打造其努力向上的形象相关。无论是《丁真的世界》里的丁真还是出现在媒体直播、视频中的丁真都仍保持着最真实质朴

的形象，而真实是当前"虚拟社区"下网民越来越乐于追崇的特质。丁真现象反映了主流文化主动吸纳网络流行文化中的积极因素，发扬社会正能量的趋势和特点。

青年评论网称，相比较于网络主流文化，我们也可以发现，在时代的发展之下，我们的文化更趋于包容与开放，很多网络亚文化正在被网络主流文化所认同。同时，近年来，我们也可以看到，各大网络流行语也不断出现在网络主流文化之中。因此，时代背景下的网络亚文化将成为未来时代的另一种文化体现，将有更多的网络亚文化被网络主流文化所接受，成为时代文化下的新的文化特色。

第三节　网络文化产业：逆势上扬

由于疫情原因，2020年线下的实体文化产业长期处于暂时性歇业状态，云演出、云直播、云录制、云展览、云综艺、云拉歌等大量文化活动搬上"云端"。这种看似无奈的应急之举，客观上为文化技术融合发展提供了契机。2020年，网络文化产业异军突起、逆势上扬，用丰富优质的线上内容供给，满足人民群众精神文化需求，重塑了文化消费的新形态。前瞻产业研究院称，2020年1—5月，我国互联网企业信息服务（包括网络音乐和视频、网络游戏、新闻信息、网络阅读等在内）收入2940亿元，同比增长22%，在互联网业务收入中占比为62.3%。

网络文学蓬勃发展

网络文学就是以网络为载体而发表的文学作品。随着数字阅读生态发展完善，网络文学发展也迎来高峰，在2020年继续保持繁荣发展态势。艾媒咨询数据显示，2020年中国数字阅读行业市场规模达到372.1亿元。据中国互联网信息中心、中商产业研究院整理数据显示，截至2020年3月，我国网络文学的阅读用户规模达到4.55亿人，较2018年末的4.32亿人增加2337万人，用户使用率为50.4%。其中，使用手机进行网络文学阅读的用户规模为4.53亿人，较2018年末的4.10亿人增加4283万人。用户阅读网络文学的习惯正在逐步形成，网络文学的用户使用率仍具备较大的上升空间。

2020年的网络现实题材创作呈"整体性崛起"之势。网络文学界对现实题材创作必要性、重要性、可行性的共识度明显提高，创作现实题材已经从一种社会期待变成网络作家的自觉追求。丰富多样的现实题材作品让网文类型和风格出现结构性变化，作品的思想内涵不断深化，精品力作时有所见。中国作协积极倡导现实题材创作，2020年重点扶持的32部网络作品选题中，就有"庆祝中国共产党成立100周年"主题的《冲吧，丹娘！》，有表现脱贫攻坚主题的《故园的呼唤》《晚妮》《我的草原星光璀璨》，有"一带一路"主题的《画春光》和《应识我》，还有反映同舟共济、全民抗疫主题的《白衣执甲》《春天见》《共和国医者》《逆行者》等。有统计表明，过去的一年，在各大网站平台发布的年度新作品中，现实题材作品占60%以上，涌现出一批主题格调健康、艺术品质上乘、社会效益凸显的现实题材佳作[1]。

跨界融合趋势更加明显。前瞻产业研究院2020年9月9日发布《2020年中国网络文学行业市场现状及发展趋势分析》指出，未来网络文学行业的跨界融合趋势将更加明显。网络文学与网络视频领域占据领先地位的企业开始涉足对方领域的内容创作业务，进一步完善自己的内容生态。在业务发展方面，网络文学企业版权运营收入保持高速增长，且在整体营业收入结构中的

---

① 欧阳友权：《最是一年春好处——2020年网络文学述评》，《文艺报》，2021-01-29。

比重明显提升，未来将成为大型网络文学企业的主要营收增长动力。以网络文学版权为核心进行影视剧、电子游戏、动漫及周边衍生产品等系列全产业链开发的模式日趋成熟，跨界融合更加深入，版权综合运营能力逐步提升。

网络文学出海规模进一步扩大。2020年11月16日首届上海国际网络文学周发布《2020网络文学出海发展白皮书》指出，目前我国网络文学出海主要呈三大趋势：翻译规模扩大，原创全球开花，以及IP协同出海。数据显示，起点国际自2018年4月上线海外原创功能以来，吸引了来自全球的超10万名创作者，推出海外原创网络文学作品超过16万部，优秀海外网络文学作家和优质海外网络文学作品如雨后春笋般不断涌现。随着国内网络文学IP全面开发的规模效应不断增强，网络文学IP改编出海也初具规模。中国网络文学的海外规模与影响力正日益扩大，海外读者增长率颇为可观，相较于2019年，2020年新增海外读者数超过73.7%。但网络文学出海的过程中还存在渠道、文化差异、版权等潜在问题。有超过六成的用户对网络小说的翻译质量感到不满，翻译质量不高导致的阅读不畅已成为海外读者面临的最大痛点；超过五成的读者认为更新速度过慢是另一大问题。

网络视频发展态势强劲

随着科技的发展和人们对互联网使用习惯的改变，短视频这一移动互联网时代的新兴产物凭借低门槛、强参与、强连接的延展性，正在成为新一代社交语言。受新冠肺炎疫情影响，网民娱乐需求持续转移至线上，短视频产业进一步迎来新发展机遇。根据中国互联网络信息中心发布的第47次《中国互联网络发展状况统计报告》显示，截至2020年12月，我国短视频用户规模为8.73亿，占网民整体的88.3%。短视频已成为新闻报道新选择、电商平台新标配。

网络直播行业整体保持稳定上升的发展态势。中国互联网络信息中心发布的第47次《中国互联网络发展状况统计报告》显示，截至2020年12月，我国网络直播用户规模达6.17亿，较2020年3月增长5703万，占网民整体的62.4%。其中，电商直播用户规模为3.88亿，较2020年3月增长1.23亿，占网民整体的39.2%。

网络影视光彩熠熠

2020年，新冠肺炎疫情让网络成为社会公众观影的重要渠道和有力补充。2020年可以说是网络影视的"升维年"，互联网正在逐步影响电影产业走向。在疫情期间，《囧妈》《大赢家》等院线电影转到网络免费播出，《肥龙过江》《我们永不言弃》《春潮》通过网络单片付费等形式的出现，让院线电影与互联网平台结合更加紧密，由此也开创了一种院线电影从"线下"走向"线上"的发行新模式。观众对于优质内容的付费意愿也逐步增强，《2020上半年度电影市场数据洞察》显示，73%观众曾进行过线上观影消费，64%的观众选择了"完全可以接受"与"比较能够接受"。线上视频行业发展至成熟阶段，付费模式的建立有助于片方、平台、用户三方获益，促进健康的商业循环。

总体来看，传统气质网络电影题材仍然在网络电影市场占据绝对优势。古装、奇幻、魔幻、动作等题材几乎包揽了三大平台分账前几名。另外，像《鬼吹灯》《奇门遁甲》《倩女幽魂》等热门影视IP，对网络电影的票房加成也较为明显。单片方面，由爱奇艺与腾讯视频联合播出的《奇门遁甲》，凭借5641.07万的总分账票房打破《大蛇》分账纪录，成为网络电影市场的新一任票房冠军。值得一提的是，这部影片也是网络电影诞生以来首部多平台联播的网络电影作品。在此之后，《陈情令之乱魄》《龙虎山张天师》等作品也陆续试水网络电影联播，获得了不错的市场反响。

网络电影优质题材逐步丰富，原创作品爆发出巨大潜力。聚焦时代、聚焦英雄、聚焦人民的现实主义题材作品不断涌现，赋予网络电影市场更多类型选择。其中，讲述赈灾救人的《芬芳》、展现革命先驱秋瑾舍身就义的《生死时刻》、致敬民族抗战的《奇袭地道战》、展现脱贫攻坚事业的《春来怒江》，聚焦外卖小哥群体的《中国飞侠》均是以往少见的现实主义题材作品。同时，《新冠爱情故事》《疫战》《一车口罩》《一呼百应》等作品中展现的抗疫主题，也成为2020年网络电影中不可或缺的现实主义题材之一。

根据微信公众号"电视指南"2020年12月28日发布的《2020年网络电影调研报告》显示，截至12月12日，2020年71部网络电影分账过千万，近12亿的票房让院线复苏后的网络电影市场光彩熠熠，票房回落、品质下滑等现象并未出现，市场依然保持整体向好的局面。2020年，网络电影市场的发展已经完全摆脱了过往野蛮生长阶段，整体制作品质、投资体量、盈利能力都在快速提升，头部和腰部力量明显增强，网络电影正在迈入更成熟、高品质、高段位的竞争赛道。

网络音乐飞速发展

网络音乐作为国内最受欢迎的娱乐休闲方式之一，在互联网时代得到了飞速的发展，既有包括酷狗、QQ、酷我等在内的全用户覆盖的音乐软件，又有网易云、虾米等有着较高用户针对性的产品。以数字音乐产业为代表的新动能成为推动中国音乐产业整体快速增长的主要动力。同时，在政策扶持和资本青睐下，传统音乐产业与新兴音乐产业加快融合，不断重构产业链条、创新商业模式、激发消费活力，推动中国音乐产业在经济新常态下正式进入快速增长的"新时代"。另外原创性内容的生产与消费对于音乐产业链的良

271

性循环起到决定性作用。艾媒咨询数据显示，2020年中国网络音频行业市场规模为175.8亿元，同比增长55.1%，预计2022年将增长至543亿元；在线音频用户数量也在2020年达到5.4亿，播客和娱乐类音频将成为行业主要的增长动力。

随着国内音乐正版化的发展和原创音乐的不断涌现，我国数字音乐付费用户不断增长。据中国互联网络信息中心（CNNIC）第47次《中国互联网络发展状况统计报告》数据显示：截至2020年12月，我国网络音乐用户规模达6.58亿，较2020年3月增长2311万，占网民整体的66.6%;手机网络音乐用户规模达6.57亿，较2020年3月增长2379万，占手机网民的66.6%。此外，随着国内音乐正版化的发展和原创音乐的不断涌现，我国数字音乐付费用户不断增长。艾媒咨询数据显示，中国数字音乐市场规模保持稳定增长态势，2020年市场规模为357.3亿元，预计2021年将增长至428.9亿元[1]。

据Fastdata极数公司2020年10月发布的《2020年中国在线音乐行业报告》显示，截至2020年10月，中国在线音乐月活排名中，腾讯系的QQ音乐、酷狗音乐、酷我音乐分别占据第1、第2和第4的位置，这三家App的月活用户数量超过4.5亿；阿里系的网易云音乐以8895万月活勉强挤进第3，而虾米音乐的月活仅为2236万。在线音乐市场进入寡头时代，"一超一强"格局已然形成，促使网络音乐行业更加重视建设上游创作生态。网易云音乐、酷狗音乐、酷我音乐、全民K歌、唱吧等网络音乐平台纷纷施行音乐人扶持政策，借平台资源帮助音乐人发展。

2020年越来越多特立独行的创作歌手也在寻找个人风格和大众口味的最大公约数。买购网参考各大音乐平台榜单，同时依据播放量、收藏量、搜索量、分享量、影响力等指标综合总结发布了2020年十大网络歌曲。其中，《飞鸟和蝉》《Mojito》《天外来物》被排在前三甲。这些音乐作品旋律简单抓耳，

---

① 《中国在线音乐行业发展概况分析：2021数字音乐市场规模将近430亿》，艾媒网，2021-03-06。

歌词朗朗上口，非常契合当前短、平、快的传播模式。

表9-3　2020年网络音乐TOP10排行榜

排行	音乐名	演唱	作词	作曲
1	飞鸟和蝉	任然	耕耕	王健
2	Mo jito	周杰伦	黄俊郎	黄雨勋
3	天外来物	薛之谦	薛之谦	罗小黑
4	麻雀	李荣浩	李荣浩	李荣浩
5	情人	蔡徐坤	蔡徐坤、丁彦雪	蔡徐坤等
6	微微	傅如乔	潘凯、周禹成	周禹成
7	起风了	买辣椒也用券	米果	高桥优
8	少年	梦然	梦然	梦然
9	后来遇见他	胡66	李艺皓	李艺皓
10	粉雾海	易烊千玺	夏鸢等	丁世光等

网络游戏持续增长

游戏行业成为文化出海排头兵。2020年上半年，国内游戏行业实现营收和企业数量双双逆势增长。2020年上半年，我国自主研发游戏在海外营收达75.89亿美元（约合人民币533.62亿元），同比增长36.32%。作为文化产业的"新兴"部分，网络游戏成为互联网文化产业发展的重点方向之一。中国互联网络信息中心（CNNIC）发布的第47次《中国互联网络发展状况统计报告》显示，截至2020年12月，我国网络游戏用户规模达5.18亿，占网民整体的52.4%；手机网络游戏用户规模达5.16亿，占手机网民的52.4%。尽管游戏用户规模增长趋势总体放缓，但2020年游戏市场实际销售收入高达2786.87亿元，较2019年增加了478.1亿元，行业发展势头仍然强劲。移动游戏的高速增长主要受益于智能手机的飞速发展所带来的移动游戏用户规模的迅速提升。

中国的自主研发游戏在海外发展迅速。前瞻产业研究院发布《2020年中国网络游戏行业市场发展现状分析》指出，2020年上半年，中国游戏企业积极拓展海外市场，在海外市场持续布局，中国自主研发游戏在海外市场的实际销售收入达75.89亿美元（约合533.62亿元），同比增长36.32%。中国自主研发游戏海外市场实际销售收入增速高于国内市场，出海市场主要集中在美国、日本、韩国，其中美国占将近三成，已连续两年成为中国游戏企业出海的重要目标市场。

第四节　网络热词：集体记忆

年年岁岁花相似，岁岁年年"词"不同。网络热词作为网络文化的一种表现形式，代表了某个阶段的网络热点话题和社会集体记忆。从某种意义上来说，网络热词具有记载历史、传递民情的作用。各大媒体或机构评选的2020年度网络热词，背后反映了网民的集体记忆和社会心态的变迁。

2020年网络热词盘点

2020年年底以来，各大媒体和机构开始纷纷推出不同版本的年度网络热词。通过数据统计分析显示，2020年度网络热词排名前20依次为：新冠、后浪、逆行者、内卷、打工人、凡尔赛、爷青结/回、集美、云监工、有内味了、双循环、带货、网抑云、干啥啥不行XX第一名、武汉加油、抗疫、健康码、尾款人、脱贫攻坚、工具人。

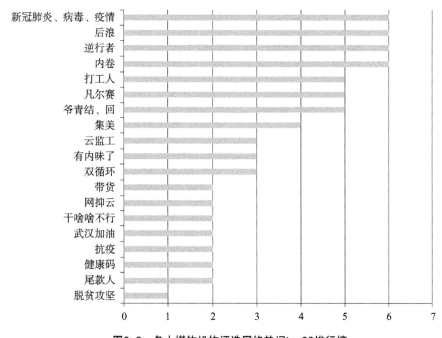

图9-9　各大媒体机构评选网络热词top20排行榜

新冠肺炎疫情成为2020年最难忘的集体记忆

2020无论是媒体还是机构平台的热词榜单都绕不过"新冠"或"抗疫"这个大主题。除了位于榜首热词"新冠"外，还有众多与新冠肺炎疫情相关网络热词上榜，如"逆行者""云监工""武汉加油""抗疫""健康码""口罩""群体免疫""社交距离""核酸检测"等。

从钟南山院士明确指出新冠病毒存在"人传人"现象后，公众遵循防疫要求，自觉地戴起了口罩，保持"社交距离"，建立健康第一道防线。随着武汉疫情告急，全国医护人员白衣执甲，逆行出征，舆论纷纷为"逆行者"感佩点赞；全国各地星火驰援，社会各界守望相助，"武汉加油"的声音在全网刷屏。千万网民"云监工"火神山、雷神山方舱医院拔地而起，见证中国速度；疫情防控常态化背景下"健康码"成为全国通行证，互联网技术应用为疫情防控加码护航。"核酸检测"成为迅速排查感染病例的秘密武器,"神兽"们通过"网课"复学,商家通过"直播带货"实现"复工复产"。

"前浪"与"后浪"的隔阂与互动

"后浪"来自俗语"长江后浪推前浪",2020年五四青年节前夜,哔哩哔哩网站献给新一代的演讲视频《后浪》在央视一套播出后迅速刷屏网络平台,"后浪"走红成为网络热词。这段演讲视频中,国家一级演员何冰登台演讲,认可、赞美与寄语当今年轻一代。"你们有幸遇见这样的时代,但时代更有幸遇见这样的你们。"虽然"后浪"迅速走红,但是对《后浪》的评价却出现了褒贬不一的分化态势,有网民称赞其为"少年中国说现代版",也有部分网民斥之为"鸡汤"。企鹅号"新京报评论"称,有趣的是,虽然演讲面向的是年轻人,但转发者更多的是中年一代。演讲者的本意是驳斥那种"一代不如一代"的陋见,认为这代年轻人生逢盛世,且拥有了选择自由,他们"心里有火,眼里有光",这令人羡慕也让人满怀感激。但简单的"讨好"并不见得会打动年轻人。人民论坛网称,"后浪"在成长中总是不可避免地被"前浪"贴上各种标签。这种贴标签现象,本质上是一种代际关系中的负面表现,体现的是一种不平等的代际关系。要改变这种状况,既需要"前浪"以发展的眼光包容理解信任"后浪",也需要"后浪"学会与"前浪"良性互动,同时还要积极营造良好的社会氛围。

"打工人""尾款人""工具人":无奈、吐槽与自嘲

2020年,网民纷纷给自己和他人立人设,"打工人""尾款人""工具人"

等新词流行网络，网民以此表达面对压力时的无奈，并用自嘲的语气进行吐槽和自我解构。"打工人"往往起早贪黑，拿着微薄的工资，但工作却十分辛苦，而所谓"尾款人"，就是在购物平台付了一堆商品的定金，欠了一屁股"尾款"的人。"李佳琦熬夜赚钱白天补觉，尾款人熬夜花钱早起打工"，"尾款人"和"打工人"几乎是同一批年轻人。打工人的内核是苦中作乐，而尾款人则是买中带泪。工具人，指某人对他人任劳任怨，随叫随到地付出，在情感上或经济上却始终不能得到平等对待，一直被对方当工具使唤。年轻人自称工具人，是以此来消解自己所面临的无奈，也表达了想摆脱这一尴尬处境的愿望。《光明日报》认为，"你我皆打工人"的自嘲是当前这个压力型社会的一种微观镜像。它们多是从职场所衍生出的问题，但背后的原因又不仅仅是来自职场，而是深嵌于社会的结构性变迁之中，对应着诸多宏大社会命题。

第十章 网络技术：科技赋能助转型

2020年新冠肺炎疫情深刻地改变着人们的生活方式，"在家办公""在线网课""云社交"已成为年度热点现象。而在这些热点的背后，以"口罩人脸识别""健康码"等为代表的网络技术发挥着重要的推动作用。随着人工智能、大数据、工业互联网等新技术逐步深入日常生活，带来了网民对于数据、算法、应用等多层面的隐忧，但隐忧也是一种激励，使得我们更加关注冰冷技术背后的人性与社会性，为"技术向善"指明了努力的方向。2020年，美国也没有停下对我国科技业打压的步伐，频发的"实体清单"和"封杀令"令网络技术发展的外部环境面临着诸多的不确定性。即便如此，我国的基础网络技术却依然逆势上扬，为创新应用提供了无限可能的空间。

第一节 科技护航共克时难

对比2019年和2020年百度沸点年度科技热词不难发现，在一年的时间里，大众对网络技术的关注焦点呈现由宏观概念到微观应用的转移。在疫情防控的阻击战中，人工智能等技术逐步渗透于辅助诊断、疫情筛查防控、远程办公、工厂生产等诸多方面。网络技术对社会生产和经济发展的支持，让人们真切感受到技术的价值与意义。网民对网络技术的信任价值与认知程度不断

表10-1　百度沸点年度科技热词（2019年、2020年）

序号	2019 年	2020 年
1	AI	口罩人脸识别
2	5G	量子计算
3	区块链	虚拟人
4	机器人	脑机接口
5	VR	无人出租车
6	AI 寻人	工业互联网
7	智能家居	云服务器
8	物联网	产业智能化
9	刷脸支付	人工神经网络
10	AR	智能红绿灯

提升。网络技术赋能生活的场景被放大，有效推动着疫情分析、疫情防控与复工复产，整个社会的生产、生活在线化和智能化显著提升。

网络技术助力疫情分析

从公元前的雅典大瘟疫，到后来的鼠疫、天花、霍乱、非典疫情、埃博拉，以及目前仍在全世界范围内肆虐的新冠肺炎疫情，正如李兰娟院士指出的，"人类的生存史就是与传染病斗争的历史"。但此次抗疫不同以往，以多尺度人群移动与环境空间大数据、高维机器学习算法、运算集群算力等为代表的"新基建"基础支撑能力的提升，使得无论是宏观层面的疫情传播预警预测，还是微观层面的医疗实战，都展现出了更高的精准性与防控效率。如网民所言，"在这场众志成城抗击新冠肺炎的战疫中，新技术的应用让我们看到了中国科技的速度与力量。"

大数据与机器学习技术助力疫情精准预警预测

疫情发生以来，业界与学术界纷纷投身多源时空大数据分析技术与机器学习技术研发，从疫情信息收集与可视化展示、病毒传播态势分析等方面助力准确把握与预测疫情传播态势。

在疫情收集与可视化分析方面，众多媒体娴熟运用可视化工具，信息图、数据图表、数据查询小程序等多点开花，实时展示疫情动态。人民网、《人民日报》客户端、人民好医生、新华网、央视新闻、《新京报》、封面新闻、《人民日报》与丁香园等基于国家卫生健康委员会等权威机构公布的数据，以折线图展现疫情发展趋势，并以滚动屏的形式实时播报最新疫情消息，数据更新频率在一天两次以上。部分数据平台还设有紧急寻人、床位查询等功能，为患者和家属提供及时帮助。截至2020年12月31日，仅《人民日报》与丁香园合作推出的"新型冠状病毒肺炎疫情实时动态"页面就有超过44.5亿次点击。网民认为，"在严峻的疫情面前，权威及时的信息可以帮助大家了解事态变化，更好地保护自己和家人。"

在病毒传播态势分析方面，时空大数据与人工智能算法的融合使得疫情预警与推演、病毒传播特性分析成为可能。关于新冠肺炎基本再生系数R0值①的推断能够反映疫情突发的潜力与严重程度，为学者和网民密切关注。在新冠肺炎疫情出现后，基于指数增长、最大似然估计等机器学习方法，国内外专家深入挖掘新冠肺炎病毒传播特性。2020年2月初，便已有15篇研究给出了关于R0值的估计，其平均值3.31高于非典初期的R0值2.9，科学界以此预计疫情大流行风险可能高于非典，此后新冠肺炎疫情在全球蔓延也证实了这一点。

---

① R0，也叫基本传染数，或者基本再生数，英文为Basic reproduction number。通俗地说，就是一个人得病，可以传染给多少个人。

互联网+5G+人工智能助力高效医疗实战

新冠肺炎疫情牵动全国人民的心，在医务工作者和医疗团队努力开展工作的同时，科研人员也在加紧对疫情的研究工作。"互联网+5G+人工智能"成为医疗实战尖兵，医疗协作、疾病诊疗、药物研发按下"加速键"，网民点赞新技术赋能医疗实战。

在5G网络的支撑下，远程医疗协作系统跨越空间限制，为抗疫提供了医疗技术支撑。在5G远程医疗协作系统的帮助下，会诊专家无须进入隔离病房，也能通过协作终端与隔离病房内的医护人员视频交流，查看病人的各项身体指标情况，为隔离病房提供后方专家资源。5G远程医疗在提高诊疗质量、降低医患接触率的同时，也降低了交叉感染和防护物资的压力。仅2020年1月至3月，便有北京、上海、河南等20余个省市开展了远程医疗应用。相关报道获得网民广泛关注。"钟南山参与危重患者远程会诊""雷神山医院5G远程CT会诊"等话题微博网民关注度超过十万。网民认为，"5G+远程医疗真正打破了地域限制，让随地'看名医'成为可能。"

在人工智能技术的加持下，疾病诊疗向着更快、更准的方向发展，为医疗救治工作注入了智慧和动力。在病毒检测方面，2020年1月30日，百度研究院宣布，向各基因检测机构、防疫中心及全世界科学研究中心免费开放线性时间算法LinearFold，以及世界上现有最快的RNA结构预测网站，以提升新冠肺炎RNA空间结构预测速度。LinearFold算法可将新冠病毒RNA分析所需时间从55分钟缩短至27秒，提速120倍。AI技术加入战疫，从新冠病毒手里抢时间。在疾病诊断方面，平安智慧、依图医疗、推想科技、腾讯觅影、国家超算天津中心、深睿医疗等机构纷纷推出新冠肺炎智能辅诊系统，充分发挥人工智能算法在病灶检测、分割、分类等领域的技术优势，辅助新冠肺炎诊断与疑似病例量化评估。其中，推想科技推出的相关算法处理300幅胸片仅需10

秒，相关研究成果被国际知名医学杂志《柳叶刀》报道。

在大数据、人工智能算法与集群算力的帮助下，药物研发也大大提高了效率，为对抗新冠病毒提供了有效武器。李兰娟院士和研究团队通过大数据、人工智能算法、基因测序分析，从151种上市药物中筛选出了5种药物，证实了5种药物在抑制病毒中的有效性。所筛选的5种药物最终均进入了国家临床指南，在指导药物临床研发方面发挥了积极作用。对此，李兰娟院士称，"突如其来的新冠疫情成为人工智能企业检验实力的'阅兵场'，这是人类历史上首次将人工智能技术应用于公共卫生危机事件处理中。"此外，阿里云在疫情期间还向全球公共科研机构免费开放了一切人工智能算力，在病毒基因测序、新药研发、蛋白筛选等工作中，帮助科研机构缩短研发周期。

网络技术筑牢疫情"防护墙"

疫情防控，"防"字当先。在以控制传染源、切断传播途径、保护易感人群三大环节构筑的疫情防控体系中，大数据、智能图像处理、智能语音处理等技术发挥了精准有效的支撑作用。互联网新技术与新应用成为风险人群的"感知器""红区"物品的"传递器"以及防疫物资的"调度器"。新技术与新应用形成的体系正逐步在疫情中筑起"防护墙"。

面对突袭而至的新冠肺炎疫情，政府部门投入了巨大的人力、物力、财力实施社区封闭管理、居家隔离等措施。诸如人员动态管理、测量体温等风险人群发现工作令一线工作人员倍感压力，且存在较大的感染风险。以大数据与人工智能为基础的人脸口罩检测与识别、智能体温检测、健康码、云流调、智能语音等技术的出现，从异常检测和高危筛选等两方面，提升了风险人群的感知速度与精度，在疫情防控中发挥了积极作用。

异常检测方面，人脸口罩检测与识别、智能体温检测等技术有效减轻了基层防控人员的工作压力。人脸口罩检测能够通过人脸和人体分析的方式检测用户是否佩戴口罩，及时对未佩戴口罩人员做出提醒，降低人群交叉感染的可能性。口罩人脸识别，能够在佩戴口罩的情况下通过人脸检测、特征抽取和比对实现身份验证，使得不摘口罩、无接触通行成为可能，减少了人员聚集。"口罩人脸识别"也因实用性和普及性受到关注，在百度沸点列出的年度科技热词中，"口罩人脸识别"位列第一。体温是健康状态的重要指针，智能体温检测为疫情防控关键环节注入了科技力量。百度、中国联通、中国电信、中国移动等纷纷部署人工智能测温系统。百度部署于北京清河火车站的人工智能测温系统，在人群高密集、高流动的环境中，实现了单人通道顺序通行下1分钟内逾200人同时实时检测体温，极大提升了人员密集场所体温检查的效率。

　　高危筛选方面，健康码作为信息技术的产物，提升了防疫的精准度和效率，助力复产复工。2020年2月9日，第一张以红、黄、绿三色动态管理的健康码在杭州余杭推出，11日在杭州市全面推广。健康码以浙江省政务云为基础，通过支付宝和钉钉两个端口呈现，打通了全民健康卡和企业复工申请平台，运用数字技术赋能疫情防控和安全复工。健康码由市民或返工返岗人员自行上网申报，经后台审核生成属于个人的二维码。显示绿码者，亮码通行；黄码，实施7天内集中或居家隔离，连续申报健康打卡超过7天正常后，将转为绿码；红码，实施14天的集中或居家隔离，连续申报健康打卡，将转为绿码。健康码是杭州在全国率先推出的数字化防疫措施，是数字化战"疫"的创新之举，随后，多座城市通过健康码进行数字化防控疫情管理。据第47次《中国互联网络发展状况统计报告》显示，疫情防控期间，全国一体化政务服务平台的"防疫健康码"累计申领人数近9亿，使用次数超过400亿人次，支撑全国绝大部分地区实现"一码通行"。健康码的推出，极大地便利了居民出行，也为企业复工复产按下了"加速键"。《中国日报》等多个媒体报道，工人们早上上班不用再在厂门口等待，只需拿出健康码，"一秒进厂！"

健康码作为中国防疫措施的重要经验之一，广为其他国家借鉴和推广。2020下半年，新冠肺炎疫情仍在西半球快速蔓延，墨西哥首都墨西哥城政府受中国健康码启发，开始用二维码等数字手段追踪确诊患者的密切接触者，抗击第二波疫情。墨西哥城负责数字政府领域的官员爱德华多·加西亚表示，中国是最早开始使用健康码等技术手段抗疫的国家之一，武汉等城市在疫情中应用数字技术构建起抗疫体系，帮助有效控制疫情。2021年2月，西班牙卡斯蒂利亚—拉曼恰大区宣布，当地时间12日起，该大区餐饮场所将重新开放，同时，客人必须在入口处下载健康码才能进入餐饮场所，便于开展可能的密切接触者追踪工作。

大数据、人工智能、智能语音技术的运用也使得病毒传播溯源及传染方向判断变得更加细致、精准和高效。运用新技术可以进行精确翔实的数据归集和分析，有效帮助政府进行科学化决策。据健康界等媒体报道，各地政府利用大数据可以分析疫情突发后多少人流向北上广深等一线城市，多少人流向内陆广大农村，了解他们的分布态势，从宏观上预测多少人可能被感染，对决策物资投放和疫情管控提供帮助。同时还可以精确掌握散落在各地的隐性传染者。例如基于大数据可以获知在武汉华南海鲜市场关闭前，有多少人曾去过那里，通过跟踪他们的信息，进而提高精准防控能力。

北京新发地疫情发生后，有关部门通过大数据云流调，针对高危人群进行时空回溯，定位了确诊患者的密切接触人群，对无意识密切接触人群进行了重点监控和防控。在云流调的助力下，北京突发疫情得到了及时有效控制。中国电子科技集团、第四范式、中国普天、腾讯云工业云基地等多家单位上线了新冠肺炎监测溯源系统，通过大数据集成和多维分析，找准重点关注人群，及时阻断传染源，辅助疫情防控部门做好重点区域、重点人群和重点场景管理。针对疫情网格防控涉及人员多、走访效率低的问题，智能语音技术投入基层疫情防线，帮助一线防控人员进行健康询问，分类整理相关人员临床表现，大幅提升了潜在风险人群摸排效率。"智能语音坐席"落地武汉后，语音排查耗时5分钟便完成了1200户居民的信息确认、体温报备、症状问询、分级上报等。媒体纷纷点赞智能语音外呼在疫情防控中的高效率，称"科技进步大大解放了人力，使得医护人员有更多的时间服务患者、抗击疫情"。

网络技术助力"红区"物品传递

"红区"是抗疫医院中隔离病房的别称，是人类与疫病激烈交锋的战区。相比于2003年的非典病毒，新冠肺炎拥有飞沫、接触、气溶胶三种超强传播途径。若要降低人员交叉感染概率，就要尽量规避病患与外界的接触。在5G、无人驾驶等技术的助推下，机器人、无人车的出现让医务人员从导诊、消毒、测温、送药、送餐、回收医疗垃圾等密切与病患接触的工作中脱身，有效地节约了人力，降低了人员感染风险。

在此次应对新冠肺炎疫情中，5G应用在医院快速落地。导诊台是医院里人流量最大、最拥挤的区域，5G智能医护导诊机器人在抗疫前线正式上岗后，可以在医院大厅导诊、宣传防疫知识，分担导诊台人员工作量，减少交叉感染机会。消毒作为抗疫医院的重要环节，因其频繁性往往需要投入大量人力。5G智能医护消毒清洁机器人的出现极大地解放了人力。机器人可以在疫区配制消毒药水后自动进行地面消毒清洁。中国移动、达闼科技捐赠的5G智能云端机器人在2020年2月初便在武汉协和医院、同济天佑医院等收治新冠肺炎病患的医院使用。此外，普渡科技、北理工中山研究院、广州赛特、新松等还研发了配送机器人，在武汉汉口医院、武大中南医院、广东人民医院等抗疫一线为医务人员分忧。配送机器人可根据病患下达的指令需求即刻反馈，只需医务人员将药物、生活用品放在机器人置物架上，便可从出发区自动前往病房门口，途中基于多传感器融合的定位导航算法能够灵活规划路径，躲避障碍物。基于5G网络大带宽、低时延的支持，智能医护机器人的反应灵敏度、控制精度得到显著提升。新浪微博网民评论道，"作为一名特殊的逆行者，机器人不仅见证了中国人民抗疫胜利的历史事件，也彰显了我国科技抗疫的重要成果"。

无人驾驶技术之前长期受到"真实应用场景"问题困扰，却在此次新冠肺炎疫情中得到了实践机会，在疫情中发挥了关键作用。2020年2月6日，京东物流机器人从仁和站出发，灵巧躲避车辆和行人，顺利将医疗物资送到了武汉第九医院。这是疫情突发后武汉智能配送的第一单。此后在武汉抗疫的107天中，京东物流机器人"大白"完成了1.3万件包裹的配送，往返行程超过6800公里。2020年8月，"大白"被国家博物馆永久收藏。智行者研制了"汽车+医疗"跨界无人消毒车"蜗小白"，通过在无人车上加装大容量喷洒水箱，可每小时对3.5公里长的道路喷洒消毒，单次充电可清扫2万平方米，做到对疫区重点防疫地区、医院路面、小区内部、城市道路等区域最大限度地全覆盖喷洒消毒，减少保洁、消毒、环卫等工作人员的感染风险。"蜗小白"也被用在了多家收治新冠肺炎病患的隔离区中。

网络技术助力防疫物资调度

突袭而至的新冠肺炎疫情为我国应急医疗物资生产调配带来巨大挑战。一方是亟须找到医疗物资"卖方"的疫情防控部门、医院、企事业单位，一方是具备医疗物资供应能力期待快速找到"买方"的制造企业，供给与需求之间的数字化"桥梁"迫切需要搭建。互联网应用、工业互联网、区块链等技术的日趋成熟，使得紧急状况下高效物资配置成为可能。

首先，互联网应用的普及为供需信息快速传递搭建了桥梁。在2020年的新冠肺炎疫情中，互联网应用为紧急医疗物资供需信息发布提供了平台，更好地促进物资供需精准对接和高效匹配。人民网"人民好医生APP"联合火石创造于2020年1月紧急上线了医护物资供需发布平台，动态发布疫情相关物资需求与物资供应企业信息。截至2020年1月底，该平台对接捐助物资价值超过7亿元。京东云、望海康信等也持续发力医院应急物资供应管理，打造医院应急物资管理平台，高效匹配院端物资需求。相关应用为处于抗疫一线的武汉市金银潭医院、武汉市中心医院、武汉雷神山医院等百家医疗机构提供了紧缺物资发布平台。

其次，作为新一代网络信息技术与制造业深度融合的产物，工业互联网以其连接产业体系全要素、全产业链、全价值链的能力，在精准对接供给侧和需求侧信息方面发挥着独特作用。海尔COSMOPlat上线了疫情医疗物资信息共享资源汇聚平台，覆盖了医疗防护物资需求、生产企业、医疗物资生产原材料和物流等重要信息，实现了医疗防护物资供需精准快速匹配。2020年2月初，平台访问量便超过了8万人次，吸引了政府部门、各地医院、医疗企业、物流企业等千余家组织机构发布、对接供需信息，赋能医疗物资采购。航天云网的"医疗卫生用纺织品防疫物资平台"将中石化的熔喷布产能与常州、苏州、青岛等地的多家大型口罩生产企业对接，每天熔喷布供货超过5万吨，生产医用口罩超过45万只。

在供需方精准匹配基础上，区块链技术进一步确保了对关键物资实时物流仓储信息的精准掌握，大幅提升了关键物资调度使用效率。区块链技术在医疗关键物资生产储存时打上唯一标识。一方发出需求清单后，从物资进入物流环节的那一刻就开始信息上链。物资所到之处的每一个环节、经手人确认都在链上显示。区块链的全程记录存证、各方确认不可修改、可高效追溯，确保了关键物资不存在进入黑箱的可能。支付宝、博雅正链（北京）科技有限公司、北京大学纷纷建设战疫医疗物资存证平台，助力医疗物资需求方及时掌握物资实时动态。此外，在疫情防控初期，面对医疗物资捐赠和调拨引发的质疑之声，区块链在物资调配中的应用也重构着慈善信任的基础。基于国产自主可控区块链核心技术，相关部门上线了一个中立、可信、开放的医疗物资捐赠信息存证公益平台，做到了捐赠信息存证、捐赠物资使用追踪上链，实现了过程可监管，实时报告反馈捐赠人。2020年2月26日，人民日报海外版发表名为《区块链应用助力疫情防控》的文章，点赞区块链在抗疫事业中大显身手。

网络技术助力复工复产

疫情防控关乎生命，复工复产关系生计。习近平总书记多次发表重要讲话、作出重要指示，强调要求在全力以赴抓好疫情防控的同时，统筹做好"六稳"工作，尽可能降低疫情对经济的影响，努力完成经济社会发展各项目标任务。伴随着政务新媒体、区块链、工业互联网等渗透于经济和社会生活的各个领域，数字科技从政府和企业两端赋能实体经济，为复工复产按下了"快进键"。

新冠肺炎疫情发生以来，多地充分发挥"数字政府"平台优势，优化线上服务，从强化复工复产信息服务供给、提供复工复产指引、快速响应困难诉求等多方面助推企业复工复产全面开展。

在强化复工复产信息服务供给方面，多地政府部门积极利用门户网站和政务新媒体等互联网服务渠道，及时发布本地区复工复产相关信息。据光明网报道，自2020年2月以来，各地利用政府门户网站和政务新媒体发布的复工复产信息始终处于活跃状态。31个省级地方政府部门利用政务微博及时发布了本地区复工复产信息，总量超过1.7万条，单日最高信息发布量超过500条。

在提供复工复产指引方面，多地政府部门网站开设专栏，为不同类型企业提供针对性指引服务。中国软件评测中心数据显示，超过60%的地方政府利用网站或新媒体渠道为企业提供有针对性的复工复产指引。北京、浙江、广东、海南等地方政府网站开设了专栏。北京市政府门户网站的复工复产专栏，按照办公场所、预防性消毒、建筑工地、楼宇商场、快递和外卖人员等多种场所和不同人员，分类发布复工复产指引。广东省政府门户网站还开设了专栏为房屋市政工程、个体工商、商业服务区、劳务派遣单位和用工单位等不同类型企业提供了具体指引。

为快速响应困难诉求，多地政府部门开通复工复产咨询热线或在线留言板，为企业提供指导服务。安徽省政府门户网站设置了复工复产问题反映通道，为有效解决问题提供便利。江西省政府部门利用支付宝、"赣服通"收集企业咨询投诉，并在政府服务网设立复工复产专区提供咨询。广东省依托"粤商通"APP和广东政务服务网，及时回应疫情期间在粤企业反映最突出的用工、融资、税务、进出口等方面的诉求，根据企业所在地区和问题类型进行精准分发流转，第一时间响应处理。

人员、资金、生产是企业运转的核心要素。疫情之下，这些要素均受到不同程度的影响，制约企业生产。网络技术凭借跨越时空的特点，保障企业生产要素平稳供给，精准快速推动企业产能恢复。

人员是企业生产的基石。突如其来的疫情、交叉感染的风险，令人员到岗面临挑战，远程办公需求大幅增加。据百度搜索大数据显示，2020年2月远程办公需求环比增长高达625%。远程会议和协同办公为化解企业复工难题提供了技术支撑。疫情期间，阿里、华为、用友等企业免费推出钉钉、Welink、友空间等网络化协同解决方案，帮助企业以低成本快速实现在线会议、协同办公。腾讯公司依托工业互联网平台免费开放腾讯会议、企业微信、小程序·云开发等多款办公协同与开发工具。浪潮云、易安联、航天云网等企业也相继上线了协同办公和安全工作系统。以航天云网的航天云信为例，上线5

天累计注册用户12.38万，每天约为8万用户、百余家企业提供远程办公环境。工业互联网产业联盟数据显示，工业互联网平台企业共推出了超过300款APP助力企业复工复产，包括研发设计、生产制造、经营管理、运维服务、疫情防护等五大类。

资金是企业运行的血液。受疫情影响，小微企业受到前所未有的冲击。因客户流失、订单量减少，小微企业经营资金周转困难。据众云大数据平台监测显示，在武汉封城后的两周时间里，舆论关于"企业融资"话题的关注度呈直线上升趋势，相关信息累计超过25万条。而区块链+大数据技术的日趋成熟，为拓宽融资路径，探索普惠金融提供了更多可能。例如，由人民在线控股的人民金服在将核心企业接入人民普惠平台后，其链属的上下游企业可凭借与核心企业的真实贸易凭据，在人民普惠平台上直接发起融资需求，人民普惠平台通过大数据风控筛选后，将选取平台后端对接的利率最低、流程最快的银行作为放款银行。针对餐饮、文旅、养殖等受疫情冲击较大的民营非上市企业，人民金服还可以基于企业自身和政府大数据，联合金融机构进行数据建模，给特定产业、特定场景内的中小微企业提供无抵押线上信用融资服务。区块链+大数据为解决中小微企业"融资难、融资贵"提供了新思路。

生产是企业的根本。疫情之下，到岗人手紧缺，如何能够保障生产机械平稳运转成为企业面临的棘手问题之一。工业互联网使得"云监工"成为可能，为企业产能提升保驾护航。例如，在武汉火神山医院建设过程中，徐工信息通过汉云平台的远程智能化服务，监测了百余台施工设备，包含挖掘机、起重机、压路机、摊铺机、混凝土搅拌、装卸机六类设备。截至2020年2月3日，累计监控工作时长2199.83小时。再如，树根互联的工业互联网平台能够实时监测设备数据变化，保证机械的"生命体征"平稳健康，确保设备运行效率最大化。中科云谷的工业互联网平台设备监控维护小组，能够快速、就近调度处于最佳状况的百余台设备前往工地支援，通过实时在线监控，为设备高效连续运转保驾护航。江西联通的"远程设备管控"服务，能够让企业管理及操作人员在远端随时监控数据、跟踪设备、预测故障，并进行设备控制、管理能源等以往在现场才能完成的操作。

第二节　高速发展难掩隐忧

疫情肆虐全球，远程医疗、协同办公、共享平台等数字服务广泛应用，在推动国际抗疫合作、经济平稳复苏中发挥了重要作用。这其中离不开大数据、人工智能、工业互联网、区块链等新技术的支撑。然而，任何事物都具有两面性，在唯效率至上的一路狂奔中，网络技术的局限性及带来的隐患也正面临着诸多争议。在基础数据层面，个人隐私安全问题愈发难以回避。在核心算法层面，效率与人性化之间的悖论持续搅动舆论场。在技术应用层面，技术的普及加大了人们在信息可及性及应用性上的差距，引发社会对公平性的担忧。在争议与探讨之中，人们对于网络技术的客观认识逐步深入，也为"技术向善"指明了前进的方向。

算法隐忧：人性关怀与公平性仍存短板

公共部门和私人部门越来越多地使用算法自动生成决策，算法的广泛使用使得其越来越复杂。当新技术忽视伦理道德准则时，在日渐强势的算法面前，人们的自尊、权益也受到了挑战。2020年，引发舆论场热议的"困在系统中的外卖骑手""我被美团会员割了韭菜"等事件让人们不禁发出对算法的疑虑与追问：算法究竟有没有价值观？算法可以理解各类用户的真实处境并引入数据之外的人文关怀吗？系统问题最终需要系统背后的人来解决，为算法注入人文关怀和公平性等"柔性"逐步为网民关注和热议。

"困在系统中的外卖骑手"引发舆论对算法人性关怀的关注。2020年9月，《人物》杂志发布的调查报告《外卖骑手，困在系统里》指出，外卖平台的智能算法导致外卖配送员的配送时间被精准计算和逐步压缩。以3公里为例，2016年，3公里送餐距离的最长时限是1小时；2017年，变成了45分钟；2018年，变成了38分钟；2020年，则变成了30分钟。《人物》杂志称，系统不断"吞掉"时间，这是人工智能算法深度学习能力的体现，但对于外卖员而言，这却可能是"疯狂"且"要命"的。外卖员一旦发生超时，便意味着差评、收入降低，甚至淘汰。为此，骑手们不得不超速、逆行、违章、闯红灯。

针对系统算法推动骑手"越跑越快"的现象，专家呼吁优化算法协商机制，在人工智能应用时更多体现人性关怀。《光明日报》评论道，精巧的算法机制通过大数据分析，对配送时间进行了确定安排，却没有对外卖骑手的安全、道路意外等不确定因素进行权重合理的考量，并给予足够的容错空间。在强大的平台面前，外卖骑手并没有足够的话语权。对此，专家建议建立多元协商机制，邀请包括计算科学家、程序员、架构师、劳动者、社会组织、平台参与者、政府和社会科学家等在内的多方参与到外卖经济算法规则制定和协商中来。

"我被美团会员割了韭菜"则引发舆论对算法公平性的关注。2020年12月24日微信公众号"漂移神父"发布了题为《我被美团会员割了韭菜》的文章称，为了省钱开通美团外卖会员后，一家经常点餐的餐馆配送费从2元变成了6元。同一时刻，另一个没有开通美团外卖会员账号的配送费则是2元。并且，不仅是一家店存在这种情况，开通美团外卖会员后，几乎附近所有外卖商户的配送费都要高出非会员配送费1—5元不等。"美团被曝杀熟外卖会员""曝美团会员配送费比非会员多两倍"随即冲上微博热搜榜，相关话题阅读人数超过8亿。网民通过微博、知乎、黑猫投诉等多渠道"控诉"表达了愤慨。部分网民称，"大数据杀熟"是公开的，不仅是点餐，很多互联网平台都存在"大数据杀熟"行为。9月15日，央视点名报道了在线旅游平台的"杀熟"现象，提到在线旅游平台针对不同消费特征的旅游者对同一产品或服务在相同条件下设置差异化的价格。针对"大数据杀熟"现象，专家建议引导"技术向善"，全社会形成合力，实现用户、行业团体、监管机构和平台企业的多方联动、协同共治。

数字鸿沟：接入鸿沟和使用鸿沟亟待弥合

疫情之下，社会生活智能化、数字化程度不断升级。为有效防控疫情，健康码、网上预约逐渐成为人们生活中的一部分。当大多数人享受科技创新带来的智慧生活便利之时，相当一部分农村群体、贫困群体、老年群体面对的却是数字鸿沟的尴尬。

数字鸿沟，即在进入数字时代后，人们在信息可及性上存在的明显差距。伴随着智能技术的日新月异，不同人群对信息化技术与工具在拥有程度、应用程度和创新能力上的差异越来越大。贫困学生因没有网络或缺少设备遭遇上网课困难、老年人为"码"所困不会甚至不敢"触网"等系列事件持续引发网民关注，也将数字鸿沟话题拉进公众视野。

接入鸿沟：农村及贫困群体教育不公平持续引发网民讨论。疫情期间"停课不停学"，网课成为全国各地学校的选择，2.65亿在校生大多转向线上课程。由于经济发展水平的差异，网课对于网络条件欠佳、缺少电子设备的农村孩子或贫困家庭孩子而言，学习几乎陷入"泥沼"。"追网""蹭网"频频引发网民热议，在线教育亟须打通"最后一公里"。在内蒙古呼伦贝尔，一户世代生活在草原的牧民，为了女儿顺利上网课，不得不收拾好蒙古包等家当在草原上迁徙找网；在西藏那曲，一名大学生为了"追网"，走2小时山路，爬到4000米的高山上边放牧边听网课；在河南邓州，一名初三女生因家庭贫困没钱买手机上网课，服用母亲精神药物试图自杀。"牧民全家迁徙为女儿找网上课""贵州老师打着电筒上山顶直播授课""孩子山顶搭棚上网课冻感冒"等话题屡上微博热搜。缺少上网设备、网络未覆盖、宽带流量费用负担等因素，使得部分农村偏远地区学生或贫困学生处于"脱网""半脱网"状态，无法正常开展在线学习。据《人民日报》报道，西安交通大学调查显示，相较于城市学校，农村学校网课开设率要低10个百分点。电脑作为网课的重要工具之一，城市学生的拥有率为90.38%，而农村学生的拥有率仅为37.06%。

中国发展研究基金会秘书长方晋认为，这次疫情体现了教育信息化的重要性，同时也暴露出农村在这方面的短板，居家信息化学习或将拉大城乡教育差距。对此，专家学者呼吁多方助力消弭"数字鸿沟"带来的教育差距和社会不公平。"芥末堆网"刊载北京师范大学资深教授顾明远观点称，面对数字鸿沟带来的教育差距，一方面要运用信息技术、远程教育把优质教育资源输送到农村基础教育中，另一方面要加强农村信息化基本建设。

使用鸿沟：老年群体运用智能技术困难引发多方关注。新技术层出不穷，智能化、数字化让社会运转更加高效，却也给众多老年人带来了一道难以逾越的数字鸿沟。2020年以来，关于老年人因智能技术使用障碍而面临出行难、支付难、看病难的新闻持续引发网民关注，也将"银发族"数字鸿沟话题带入公众视野。2020年8月7日，一段"老人无健康码乘地铁受阻"的视频在网上热传。2020年11月21日，一则湖北随州94岁老人被抱起进行人脸识别以激活医保卡的视频在网络传播。2020年11月23日，"湖北宜昌老人冒雨用现金交医保被拒"迅速引发网民热议。相关话题微博阅读量达6.7亿，讨论逾8.7万。探究老年数字鸿沟的成因，恐惧心理与科技产品适老性不足被认为是两大关键因素。对此，舆论呼吁多渠道助力老人迈过数字鸿沟。东方网称，首先应该破除老年人使用数字产品的顾虑和恐惧。其次，相关产品设计和服务应更加人性化，以更好地满足老年人的需要。

　　针对老年数字鸿沟问题，政府相关部门也在积极行动。2020年12月25日，工业和信息化部在北京举办切实解决老年人运用智能技术困难新闻发布暨成果展示会。会上，工业和信息化部副部长刘烈宏发布了老年人一键呼入人工客服、电信服务营业厅爱心通道及主流手机"老人模式"等三项重要适老化措施成果。针对目前老年人面临的最突出、最迫切的使用网站和APP的困难问题，工业和信息化部正式启动为期一年的"互联网应用适老化及无障碍改造专项行动"。专项行动方案将推动8大类115家网站、6大类43个APP进行适老化及无障碍改造。首批改造APP名单包括腾讯新闻、新浪微博等新闻资讯类产品，也有QQ、微信、淘宝、滴滴出行、支付宝等生活类APP，涵盖通讯、购物、出行等多个领域，充分满足了老年人群体的工作和生活需求。

第三节　突破逆境百折不挠

　　2020年，中美博弈持续升级，美国并没有因为疫情停下对我国的打压脚步，反而加大了挥舞大棒的力度，对我国科技技术打压广度与深度均呈现上升态势。我国超过160家机构先后被美国列入"实体清单"，打压范围涉及军事技术、半导体、人工智能等前沿领域，以Tiktok为代表的中国软件企业也逐步成为美国科技打压的新目标。打压范围从基础硬件到应用软件的扩展显现美国企图遏制我国科技竞争力的战略意图。

频发"实体清单"　前沿技术成美科技打压"重灾区"

　　"实体清单"是美国商务部下属的工业和安全局不定期维护的一份列表。

清单上的机构或个人在涉及美国产品与技术出口、转口和转让贸易时必须事先获得有关机构发出的许可证。2020年5月，美国商务部宣布将33家中国企业、机构、院校和个人列入贸易管控的所谓"实体清单"。名单中包括奇虎360、云从科技、云天励飞、达闼科技、东方网力及其子公司深网视界等科技企业，以及北京计算机科学研究中心、哈尔滨工业大学、哈尔滨工程大学等高校及研究机构。美国打压中国科技崛起的野心昭然若揭。商务部国际贸易经济合作研究院国际市场研究部副主任白明认为，美国禁令的对象不仅是中国企业，更多瞄准的是产业。美国不仅仅针对华为这样的巨头，它也在密谋围捕那些有潜力做大做强的中小型企业，对他们进行集体打击。

2020年8月，美国商务部进一步收紧对华为获取美国技术的限制，同时将华为在全球21个国家的38家子公司列入"实体清单"。美国商务部官员表示，"这涵盖了华为可能从第三方设计公司购买现成设计的路径。"对于美方频繁打击中企特别是华为的行为，我国外交部发言人华春莹强调，在华为等中国企业问题上，美方没有任何证据可以证明他们对美国家安全构成威胁。华为最大的"错"就是它是中国的，就是它在5G领域比美国更先进。

2020年12月，美国继续增强挥舞大棒的力度，将中芯国际、大疆等企业，以及北京理工大学、北京邮电大学、中交建等24个研究所和1个测试中心等59家企业、机构列入"实体清单"。

至此，美国对我国科技打击方向逐渐明晰。打击方向之一，为我国军事技术研发。截至2020年12月，"国防七子"院校（北京航空航天大学、西北工业大学、北京理工大学、哈尔滨工业大学、哈尔滨工程大学、南京航空航天大学、南京理工大学）纷纷上榜。打击方向之二，为我国半导体技术。这也是美国非常看重的核心技术领域，继我国三大存储器项目之一的福建晋华、我国最大的集成电路设计企业海思被列入"清单"之后，中芯国际也难逃厄运。打击方向之三，为人工智能技术。随着云从科技被拉入"清单"，国内计算机视觉领域四家主要独角兽企业无一幸免。华为、中兴、大疆、海康威视、大华股份、旷视科技、商汤科技、依图科技、科大讯飞、美亚柏科、颐信科技等业务涉及"安防+AI"领域的企业也均被以"莫须有"的原因限制。

随着中美在高科技领域博弈的展开，我国在技术领域依赖美国技术发展的风险越来越高，比拼科技原始创新的时代已然到来。谁在原始创新中投入越大，谁的自主化能力越高，谁才更有可能在长期竞争中取胜。中安网称，美国对中国企业的打压已日益加深，也需要各企业联合起来，做好核心技术自主研发及产业联系，以应对美国"实体清单"限制的不时之需。网民对此表示，"科技战是有利有弊的，短期内肯定会让国内一些企业感到阵痛，长期而言会提高国内对自主科技的重视，痛定思痛、埋头苦干，在自研科技领域逐步突破，打破美国垄断。"

Tiktok遭封杀　软件企业成美科技打压新目标

2020年8月以来，美国政府快速推出一系列针对中国软件和互联网平台的打压和限制行动，进一步扩大对华科技遏制的范围。2020年8月6日，美国总统特朗普签署两项行政命令，宣布将从9月20日起禁止美国个人及企业与我国互联网企业字节跳动和腾讯微信有关的任何交易。特朗普政府指责上述两家公司所存储和收集的美国用户信息对"美国国家安全构成威胁"。同日，美国国务卿迈克·蓬佩奥在记者会上宣布一项旨在"遏制潜在的国家安全风险"的"净网计划"，呼吁美国盟友与合作伙伴加入该计划。该计划旨在彻底排除我国应用软件和云计算服务。迈克·蓬佩奥在发布会上点名了腾讯、百度、阿里等中国互联网企业。2020年8月14日，特朗普政府再次发布一项行政令，要求中国互联网企业字节跳动在90天内出售旗下产品抖音国际版Tiktok在美国的业务。

与此前美国通过出口管制对中兴、华为等中国企业在科技上"卡脖子"不同，此次美国针对字节跳动的行动凸显对华科技企业打压在范围与力度上的全面升级。中国现代国际关系研究院美国研究所副研究员孙立鹏指出，打压Tiktok等中国企业是美国对华精准施压的重要战略抓手之一。从范围看，美国发力的目标不仅包括中兴、华为等硬件信息通讯企业，还扩展至字节跳动、腾讯等软件互联网企业。从力度看，美国打压中国科技企业更加放肆，不仅直接将其剔除出美国市场，甚至还涉及更广泛的全球业务。让字节跳动在90天内做出决策和行动，导致其与美国有关部门进行周旋的时间很有限。美国对华科技企业施压正从"软刀割肉"升级为"快刀夺命"，以"闪电战"的方式立刻取得想要的"摧毁性"结果。可以预见的是，后续还会有更多的中国企业，成为美国战略遏制的微观目标，以科技和产业脱钩的做法，有效打击中国科技竞争力。

美国针对Tiktok等企业的打压还凸显了其巨大的战略意图。中国现代国际关系研究院美国研究所副研究员李峥指出，美国的主要战略意图是推动全球用户在中美互联网生态上"选边站"。近来，美国政府日益意识到互联网生态竞争在中美科技战略竞争上的关键作用，因此试图像针对中国5G一样将中国互联网生态挤出美国，让其他国家在两者之间选择，缩减中国互联网生态的覆盖范围。其次要战略意图是打击中国科技产业的"应用优势"。相比于光刻机、芯片设计等基础信息技术上的差距，中国在应用层面上与美国几乎同时起步，因此可充分运用"工程师红利"实现赶超。应用软件和互联网平台是当前中国具有较强国际竞争力的产业之一，该领域同样能够创造巨大的现金流和技术积累，并能够依靠优势并购硬件厂商，因此成为美国重点打击的目标。

除美国外，多个国家也纷纷出台针对Tiktok的审查措施。印度政府于2020年6月宣布，出于"国家安全"考虑，禁止包括Tiktok和微信在内的59款中国应用。澳大利亚联邦议员于2020年7月推动对Tiktok的调查。日本自民党议员联盟于2020年8月向政府发出建议，要求对Tiktok等中国开发的APP进行审查甚至更进一步的限制。巴基斯坦电信管理局2020年10月发布声明，禁止Tiktok应用。这进一步凸显了国际科技竞争之激烈，与我国网络技术外部发展环境的严峻。

逆境中网络基础逐步扎实

即便在疫情与美方打压双重压力下，我国网络技术依然逆势上扬，表现出前所未有的"韧性"。特别是在网络基础层面，5G的快速应用、北斗全球组网的完成都为新技术释能点燃了加速剂。逐步扎实的基础为创新应用提供了无限可能的空间。

5G网络发展初具规模　为低时延应用提供基础支撑

2020年，我国5G正式进入规模商用时期。3月4日，中共中央政治局常务委员会召开会议，要求加快5G网络、数据中心等新型基础设施建设进度，5G作为新型基础设施的战略地位进一步凸显。在中央及地方政策共同支持下，中国5G网络建设在3月份迅速开启，并于10月初提前完成全年建设目标。一年以来，我国5G商用网络建设成绩卓著。工业和信息化部、中国信息通信研究院数据显示，我国已建成全球最大规模的5G商用网络。截至2020年10月，我国已累计建设5G基站超过70万个，占全球5G基站的六成以上，5G终端连接数超过1.8亿。全球5G规模排名第2的韩国，截至2020年8月底5G基站部署数仅为13.2万个。

我国也率先实现了SA全国组网规模商用。2020年11月7日，中国电信官宣"全球最大规模的5G SA网络正式商用"，这是中国在全球5G发展过程中的又一领先之举。中国电信表示，这意味着，中国电信的5G用户只要拥有一部支持SA的5G手机，不换卡、不换号即可升级为5G SA。其后，中国移动也宣布全国5G SA网络商用。因为中国联通与中国电信5G网络共建共享，中国三大基础电信运营商在2020年均实现了全国范围的5G SA规模商用。根据GSMA报告显示，截至2020年8月，全球24个国家的47家运营商正在对5G SA公共网络投资，其中美国T-Mobile和南非RAIN两家运营商宣布商用。但无论是网络规模，还是用户数量，中国电信都成为5G SA的执牛耳者。对此，《中国电子报》点评道，与全球5G相比，中国运营商与众不同的地方是5G独立组网，众多要求高安全、低时延、高可靠性的工业、制造业、运输业、医疗保健业应用都需要5G独立组网支持。鉴于中国对5G独立组网的重视，预计中国将引领独立组网市场发展。

疫情也加速了5G应用进程。在业界共同努力下，5G创新应用频频亮相，让人们更加真切地感受到5G的速度，以及与新技术融合带来的新动能。在火神山、雷神山医院建设过程中，央视《疫情24小时》栏目全天候直播建设过程，背后正是中国电信提供的高性能5G网络平台的支持。在火神山、雷神山医院抗击疫情的日子里，5G还与人工智能、大数据分析等新技术融合，助力了远程会诊、远程CT、远程超声等医疗实战。

在推进5G应用的进程中，我国也开始前瞻性地布局6G。2020年11月6日，我国在山西太原卫星发射中心发射了第一枚6G通信卫星"电子科技大学号"，成为世界上第一个发射6G通信卫星的国家。与5G通信相比，6G的频谱资源更丰富、传输速率更高。"全球首颗6G实验卫星升空"也引起了网民的关注，7500万网民参与到相关新浪微博话题中，纷纷点赞6G前瞻研究，并感叹道"实干兴邦，科技强国！"

北斗一飞冲天 全球组网为赋能新技术奠定坚实基础

2020年7月31日，我国向全世界宣告，中国自主建设、独立运行的北斗三号全球卫星导航系统已全面建成。这是我国第一个，也是迄今为止唯一一个面向全球提供公开免费服务的航天信息系统。为了建成"北斗"，全国400余家单位、30万科技人员集智攻关，接连攻克了高精度原子钟、星间链路等160余种核心技术，研制出500余个国产部件，终于实现了"北斗"核心部件的100%国产率目标。

从20世纪80年代提出设想，到1994年"北斗一号"建设正式启动，到2000年发射2颗地球静止轨道卫星，再到2020年发射最后一颗"北斗"完成全球组网，30年的征程对中国来说意义非凡。新浪微博财经领域知名博主"占豪"评论道，"北斗全球卫星导航系统"开通对中国、对世界的战略意义重大。它打破了美国作为霸权国家的大国国力垄断霸权、科技能力垄断霸权和全球服务能力霸权。微信公众号"环球视野"指出，"北斗"的到来，对中国来说具有护卫国家安全的军事意义，推动中国经济与社会发展的经济意义，服务于日常生活的民生意义，大国综合实力的彰显意义，反技术"卡脖子"的激励意义。

北斗全球组网的完成也振奋着社会各界之心。在由中国科学院、中国工程院主办的"2020年中国十大科技进展新闻"中，《北斗三号最后一颗全球组网卫星成功发射，北斗全球系统星座部署完成》入选。网民也密切关注北斗动态，为北斗而自豪。微信公众号"人民网""环球网""参考消息"等发布的文章《北斗三号，正式开通！》《"在165国，北斗令GPS失色"》《美媒：GPS小心点，"北斗"来了》均获得网民10万次以上的阅读。网民纷纷留言表示，"北斗向世界证明中国的实力、中国的精神。"

"北斗三号"的升空开启了"后北斗时代"，也为新技术融合应用开启了无限空间。为珠穆朗玛峰量身高、给武汉医疗废弃物画路线图，北斗正在扩大其应用边界。据《2020中国卫星导航与位置服务产业发展白皮书》预测，2020年我国卫星导航产业规模将达到4000亿元，其中北斗市场产值约为2400亿元。

据中国北斗卫星导航系统工程总设计师杨长风介绍，目前，我国已经有70%以上的智能手机接入了北斗服务，世界上已经有半数以上的国家在全球范围内使用北斗系统。北斗的技术特性也使得其与5G、物联网、大数据、云计算等新技术深度融合，创造更广阔的应用空间。2020年9月10日，杨长风在中国北斗应用大会上表示，"北斗将与互联网、物联网、5G、大数据深度融合，进一步拓展信息技术边界，塑造形成基准统一、覆盖无缝、安全可信、便捷高效的北斗综合导航定位授时体系。"民用领域方面，"北斗"目前直接能产生经济效应的领域是无人驾驶。日常用的手机定位精度为5米到10米，这对于自动驾驶车而言是不够的。在"北斗"定位的基础上，通过在地面设置基站，把5G大宽带、低时延的特点发挥到极致，就可以实现高精定位网，定位到厘米甚至毫米级，在这样的精度下无人驾驶才更可靠。正如中国工程院院士、武汉大学教授刘经南所言，"北斗"是一种技术赋能，通过与其他技术的融合，北斗为这些技术赋予时空新功能，使这些技术升维增效。